FUERTEVENTURA

MAGIE EINER INSEL / MAGIA DE UNA ISLA

TEXTO:
KARIN MEURER

FOTOS:
RAINER MÜLLER

Autoren und Mitarbeiter / *autores y colaboradores:*

Text / *Texto:* Karin Meurer.

Fotos / *Fotos:* Rainer Müller.

Deutsches Lektorat / *Revisión texto alemán:* Ilona Krone.

Übersetzerinnen / *Traductoras:* Angelika Vogel, Concepción Rodriguez Manotas.

Überarbeitung des spanischen Textes / *Revision texto español:* RobertoFernández Castro.

Verlag / Editado por: Promociones Artísticas K.P.H.N., S.L.

Diseño y realización: Daute Diseño, S.L.
Impresión: Printek
Depósito Legal: BI 1504-00
ISBN: 84-607-0713-X

INHALTSVERZEICHNIS

Vorwort 7-9

Geburt einer Insel 10-15

Die Majos 17-21

Yesenia 21-36

Eine Reise ins 15. Jahrhundert 36-57

Die Saavedras: Die ersten Señores Fuerteventras 58-60

Constanze 60-85

Cofete. 85-94

Lorenza 94-114

Die Zeit der grossen Herrscher: Señores und Coroneles 115-141

Antonio und Antonina 142-156

Juana Maria 157-167

Vom Feudalismus in das Jahrhundert der Kaziken und Freimaurer
....167-193

Bibliographie 194

Erläuterungen zum deutschen Text 195-196

Danksagung 197

ÍNDICE

Introducción. 7-9

Nacimiento de una isla 10-15

Los Majos 17-21

Yesenia 21-36

Un viaje al siglo quince 36-57

Los Saavedras: Los primeros Señores de Fuerteventura 58-60

Constanze 60-85

Cofete 85-94

Lorenza 94-114

La época de los grandes Gobernantes: Señores y Coroneles   115-141

Antonio y Antonina 142-156

Juana María 157-167

Del sistema feudal al siglo del caciquismo y del masón 167-193

Referencias Bibliográficas 194

Notas de Agradecimiento 197

VORWORT

Das Wichtigste an der Entstehung eines kreativen Werkes ist das Motiv, das den Künstler dazu bewegt hat, sich auszudrücken. Später hängt das Ergebnis davon ab, wieviel Hingabe und Geduld er in seine Arbeit investiert hat. Dabei ist es zweitrangig, ob er als Werkzeug einen Fotoapparat, eine Feder, einen Pinsel, ein Musikinstrument oder seine eigenen Hände benutzt hat.

Seltsamerweise entsprang der Beweggrund zu diesem Buch einem Anti-Motiv. Wir wußten von Anfang an, was wir nicht wollten.

Dieses Buch ist kein Reiseführer über die Insel Fuerteventura, und es will sie auch nicht von diesem Standpunkt aus touristisch anpreisen.

Es ist auch nicht die objektive Beschreibung eines Ortes, durch die Augen eines zufälligen Besuchers. Wir glauben nicht an die Objektivität, und selbst, wenn wir sie jemals besessen hätten, wäre sie inzwischen längst verlorengegangen.

Nach vierzehn Jahren auf Fuerteventura ist uns bewußt geworden, wie tief diese Insel in unser Leben eingedrungen ist. Wir sind nicht mehr dieselben. Bei gelegentlichen Besuchen in der ehemaligen Heimat fühlen wir uns jedesmal mehr als Fremde. Viele der alten Gewohnheiten dort erscheinen uns plötzlich seltsam und manche sogar absurd. Was bewegt diese Menschen zu ihrer frenetischen Suche, die sie Tag für Tag vorantreibt? Erleichtert steigen wir in das Flugzeug für den Rückflug. Dort gehören wir nicht mehr hin. Wir erinnern uns auch nicht mehr daran, welche Suche uns seinerzeit nach Fuerteventura verschlug, wir wissen nur, daß die Insel uns gefunden hat.

Unser Buch ist eine Liebeserklärung an dieses kleine Stück Erde im Meer, das uns in andere Menschen verwandelt hat. Der Prozeß schreitet natürlich weiter fort, und wer weiß, wo er enden wird.

Bezüglich der praktischen Seite des Projektes beschlossen wir, verschiedene Wege zu beschreiten, um zur Essenz dieser Insel vorzudringen. Das Bild, die Information, Überlieferungen und die Phantasie wurden unsere Instrumente, um den Geist und das Gefühl des Lesers zu erreichen.

Im Andenken an die Bewohner Fuerteventuras, die diese Insel jahrhundertelang, trotz Hungersnöten und Leid, bevölkert haben, halten wir dokumentarisch die wichtigsten historischen Geschehnisse fest. Es erscheinen auch einige Persönlichkeiten, die die Geschichte immerhin als wertvoll genug befand, um ihr Leben nicht ungehört verhallen zu lassen.

Unsere Zusammenfassungen erheben keinen Anspruch auf einen wissenschaftlichen Hintergrund. Wir haben die historischen Quellen

INTRODUCCIÓN

Lo más importante de cualquier tipo de manifestación artística es con frecuencia el motivo que ha llevado a su autor a expresarse, bien sea a través de la fotografía, la literatura, la pintura o la música. Como en este caso. Los autores teníamos muy claro desde un principio todo lo que no queríamos: este libro no es una guía turística, ni pretende promocionar Fuerteventura desde esta perspectiva; no se trata tampoco de una descripción objetiva de la isla vista a través de los ojos de un visitante casual. Es más, no creemos en la objetividad y, en todo caso, ya la hubiéramos perdido a lo largo de los años que hemos vivido en esta tierra.

Tras más de catorce años residiendo en Fuerteventura, hemos descubierto la profundidad con que esta isla ha penetrado en nuestras vidas. Es obvio que ya no somos los mismos: durante las esporádicas incursiones en nuestra patria se hace inevitable sentirse cada vez más extraños; las costumbres conocidas se antojan repentinamente ajenas y, muchas de ellas, absurdas. ¿Cual era el motivo que empuja a tanta gente, día a día, en sus frenéticos quehaceres?... ¿Compartimos acaso alguna vez esos motivos? Aliviados y sin respuesta cierta para tantas y tantas preguntas subimos al avión de regreso. Ya no es ese nuestro lugar.

Pero el olvido no ha dejado sólo esa marca; resulta también difícil recordar qué buscábamos cuando nos encontramos con la isla por vez primera, sólo sabemos que la isla nos ha encontrado. Estos son, junto con otros que continuaran ocultos, lo motivos que nos han empujado a hacer una declaración de amor a la tierra que nos ha convertido en personas diferentes, a sabiendas de que el proceso continúa inexorablemente su marcha... ¿Quién sabe donde terminará?.

El enfoque práctico del proyecto nos planteó la posibilidad de seguir distintos caminos para acercar al público nuestra visión de la esencia de la isla. Así, no sólo la imagen sino también la información, la experiencia personal e incluso la fantasía, son nuestros instrumentos para aproximarnos al sentir del lector.

Para rendir homenaje a los que han sido los moradores de Fuerteventura durante los siglos pasados, a pesar de penurias y hambrunas, se relatan en la parte documental los acontecimientos históricos más significativos y se citan personajes que hemos estimado lo bastante importantes como para ser rememorados. Nuestros trabajos no buscan valor científico alguno, ya que los historiadores son quienes han realizado ese trabajo, y su amor por esta isla se refleja en la elaboración e interpretación detallada de un material escaso y casi olvidado.

interpretiert und vielmehr im subjektiven Sinne aus ihnen geschöpft. Unser Respekt für die liebevolle Kleinarbeit, die die Historiker geleistet haben, um Ordnung in eine so wenig dokumentierte Geschichte, wie die Fuerteventuras zu bringen, ist grenzenlos.

Bewußt haben wir Themen wie den Tourismus und die Gegenwartspolitik ausgeklammert, weil es nicht unsere Intention ist, das „Heute" zu kommentieren. Vielmehr wollen wir dem Leser helfen, das „Heute" durch das „Gestern" verstehen zu lernen. Nur dies kann der Schlüssel zu unserem gegenwärtigen Leben sein, das, schließlich und endlich, Teil der ewigen Geschichte aller Völker ist.

Aber wir wollten noch weitergehen. Wir sind davon überzeugt, daß die Insel Fuerteventura, abgesehen von ihren außerordentlichen Menschen, auch ein eigenes Leben besitzt. Und nicht nur das allein, die Insel formt außerdem das Leben ihrer Bewohner auf eine solche Art und Weise, daß diese am Ende ein Teil von ihr selbst werden. Wie schon Enrique Nacher in seinem Buch „Cerco de Arena" behauptet: „.....indem sie jeden Tag ein paar Körner Sand schlucken".

Es ist schwierig, diese Mystik, dieses Lebensgefühl auf den ersten Blick wahrzunehmen. So schwierig, wie die Schönheit dieser Natur in all ihrer Nacktheit zu erkennen.

Unamuno sagt in einem Vergleich: „...man müsse zu verstehen wissen, wie man in einem Totenschädel einen schönen Kopf entdecken könne."

Manchmal offenbart sich Schönheit einfach in dem Spiel der Lichter und Elemente.

Fuerteventura ist keine Insel, die bezaubert, sondern sie beeinflußt das Leben ihrer Bewohner wie eine elementare Kraft. Wer empfangen will, muß zuerst geben, hier, wie sonst nirgendwo. Man muß eine Welt überquellenden Konsums und visueller Reize zurücklassen, um erneut sehen und fühlen zu lernen. Nur wer bereit ist, der Insel zu geben, was sie von ihm verlangt, wird reich beschenkt heimkehren oder sogar für immer auf ihr verweilen.

Fuerteventura ist voller Kontraste. Seine Landschaft kann schockieren, aber plötzlich durch ihre Schönheit den Beobachter atemlos werden lassen. Seine Bewohner, bezwungen von Hunger und der Unerbittlichkeit des Klimas, haben der Insel viele Male den Rücken kehren müssen. Genauso oft kehrten sie jedoch zurück, so als ob sie die Illusion bewege, das Leben selbst endlich besiegen zu können.

Mit der touristischen Industrie ist zum ersten Mal seit vielen Jahrhunderten eine sichere Einnahmequelle auf Fuerteventura entstanden. Aber einige seiner Bewohner leben heute noch auf die gleiche Weise wie ihre Vorfahren. Die Bauern, Fischer und

Hemos dejado a un lado los temas turísticos y políticos contemporáneos, pues lo único que deseábamos era poner nuestro granito de arena para la comprensión del **hoy** por medio del **ayer**, algo que, como en todas partes, es la clave para comprender y situar nuestras vidas en el presente, dentro de la historia de los pueblos.

Pero hemos cometido la osadía de pretender llegar más allá. Nos empuja el convencimiento de que la isla de Fuerteventura, aparte de su gente extraordinaria, tiene vida propia, algo que incluso va dando forma a la vida de sus habitantes de manera que éstos llegan a convertirse en parte suya, por medio de *"los granos de arena que se tragan todos los días"* (Enrique Nacher, "Cerco de Arena"). No se presenta fácil la tarea de percibir esta mística, este sentir de vida, con el primer contacto. Tan difícil como captar la belleza de esta tierra dentro de la desnudez de su naturaleza. En palabras de Unamuno, "[...] *para el que sabe descubrir en una calavera una hermosa cabeza"*. Esta belleza con frecuencia se revela en el humilde juego de luces y elementos. Fuerteventura no es una isla, por así decirlo, que encanta al visitante al primer golpe de vista, pero sí que impresiona y modifica la vida de sus habitantes de igual manera que lo pueda hacer una fuerza elemental.

Quien quiera recibir, tendrá que dar en primer lugar; aquí tanto o más que en ningún otro sitio. Dejar atrás un mundo desbordado de consumo y efectos visuales para volver a aprender a ver y sentir. Sólo quien está dispuesto a sacrificar lo que la isla le pide, volverá a su casa enriquecido, ó quizás no vulva nunca más y permanezca aquí para siempre.

Esta isla está llena de contradicciones. Su paisaje puede resultar chocante en un momento dado y, de repente, por su belleza, dejar sin respiración al observador. Su gente, acuciada por el hambre y la hostilidad de su clima, se ha visto obligada a abandonar sus tierras en no pocas ocasiones, para volver con unas gotas de lluvia que revivieran de inmediato sus esperanzas; como si la ilusión de vencer por fin a la vida misma fuera una obsesión.

Con la industria del turismo, por vez primera en muchos siglos, se dispone de una fuente de ingresos segura, pero no faltan habitantes que sigan viviendo de la misma manera que sus antepasados. Agricultores, pescadores y artesanos, están aún en contacto con la fuerza elemental que ha regido desde siempre el destino del Majorero. Conocen su sitio entre la tierra y el cielo y no añoran ni lamentan nada; simplemente viven. Por esto sus testimonios forman parte de estas páginas, porque son la voz del pasado, tan fácil de olvidar ante

Kunsthandwerker stehen immer noch in Kontakt mit jener elementaren Kraft, die von jeher das Schicksal des Majoreros bestimmt hat. Sie kennen ihren Platz zwischen dem Himmel und der Erde, sie vermissen nichts und beschweren sich über nichts; sie leben einfach. Daher mußte ihr Zeugnis auf diesen Seiten erscheinen, denn sie sind die Stimme der Vergangenheit. Eine Stimme, die im Zuge des schnellen Wachstums des modernen Lebens schnell vergessen wird. Der moderne Segen kam praktisch über Nacht nach Fuerteventura, so wie die spanischen Eroberer vor sechshundert Jahren. Das Versprechen von Tibiabín und Tamonante an die Majos, daß die Invasoren das ewige Glück brächten, hat sich nicht erfüllt. Es bleibt abzuwarten, ob das neue Abenteuer des Majoreros, der Tourismus, das versprochene Glück für die Zukunft bringt. Immerhin sind sie ihren Vorfahren gegenüber im Vorteil, denn die heutigen Zeiten erlauben ihnen, wesentlich mehr Einfluß auf ihr Schicksal zu nehmen, wenn sie es verstehen, von ihrer Weisheit Gebrauch zu machen.

Zum Schluß haben wir uns noch dort der Phantasie bedient, wo die Stimme der Vergangenheit nicht laut genug war, um bis zur Gegenwart vorzudringen. Wir hoffen, daß die Protagonisten der Kurzgeschichten uns verzeihen werden, in ihr Leben eingedrungen zu sein, um für den Leser eine verschwundene Welt wiederzuentdecken. Hätten wir doch genauere und vielfältigere Daten über die Vergangenheit, die die Antworten auf die Fragen von heute verbirgt! Da wir nicht in ihrem Besitz sind, haben wir den historischen und archäologischen Untersuchungen ein wenig Farbe gegeben und ein Theaterstück inszeniert, das hier eines Tages stattgefunden haben könnte.

Die Fotos benötigen keiner Erklärung. Derjenige, der die Insel kennt, wird die Geduld und Ausdauer des Fotografen zu schätzen wissen, ein Bild in diesem besonderen Licht, zu jener speziellen Jahreszeit einzufangen. Nur der, der die Insel von ihrer nördlichsten bis zur südlichsten Spitze ergründet hat, weiß im richtigen Moment auf den Auslöser zu drücken. Die Bilder erzählen ihre eigene Geschichte. Wem käme in ihrer Betrachtung in den Sinn, zu sagen, daß „es hier nur Steine gibt" ?

Der soeben eingetroffene Besucher muß einfach nur der obigen Anleitung folgen. Es wird ihm offenbart werden, daß dort, wo scheinbar nichts ist, sich eine Welt von Farben, Lichtern und Schatten verbirgt, und daß in der Leere die Fülle auf ihn wartet.

el rápido crecimiento que la vida moderna conlleva, que, por cierto, llegó de la noche a la mañana a Fuerteventura, al igual que lo hicieran los españoles hace 600 años. Tibiabín y Tamonante prometieron a los majos que con los invasores llegaría la felicidad eterna, pero la promesa no se cumplió. Habrá que dar tiempo al tiempo para comprobar si la nueva aventura del turismo en la que se embarcó el Majorero traerá la felicidad prometida en este siglo. Lleva ventaja sobre sus antepasados ya que ahora sí puede influir en su destino, siempre que la sabiduría rija el empleo de los medios a su alcance.

Por fin, donde la voz del pasado no era lo bastante fuerte para llegar al presente, hemos recurrido a la fantasía; esperamos que los protagonistas de los cuentos cortos nos perdonen haber cambiado un poco sus vidas para resucitar un mundo desaparecido a los ojos del lector. ¡Ojalá poseyéramos datos más amplios de aquellas épocas, que ocultan las respuestas a tantas preguntas del presente!. Pero como no los hay, hemos coloreado las investigaciones históricas y arqueológicas poniendo en escena actores y situaciones que bien podrían haber tenido lugar algún día, de la forma relatada o de otra.

Las fotos no requieren explicación. El conocedor de la isla apreciará tanto la paciencia como el afán del fotógrafo por captar una imagen bajo esa luz y en esa época del año. Sólo quien ha descubierto el paisaje majorero a golpe de zapatilla, viendo cada año el cambio de las estaciones, puede conocer el mejor momento para apretar el disparador. ¿A quién se le podría ocurrir ante la vista de estas imágenes que *aquí solo hay piedras*?.

Cualquier recién llegado ha de seguir sencillamente las instrucciones dadas arriba. Se le revelará que, donde aparentemente no había nada, hay en realidad todo un mundo de colores, luces y sombras, y que en el vacío le espera la abundancia.

Ära/*Era*	Periode *Periodo*	Epoche *Época*	Jahre/*Años*	Entwicklung von Lebensformen *Evolución de seres vivos*
Känozoikum *Neozóico*	Quartär *Cuaternaria*	Holozän *Holoceno*	10.000 bis heute/*hasta hoy*	
		Pleistozän *Pleistoceno*	1.600.000	Der Mensch, Mammut, Rentier, Höhlenbär. *El Hombre, Mammut, reno, el oso de las cabernas*
	Tertiar *Tercenario*	Pliozän *Plioceno*	5.200.000	Starke Entwicklung der Säugetiere (Nage-, Huf - und Rüsseltiere, sowie Raubtiere), Rückgang der Reptilien. *Adelanto de la evolución de los mamíferos (roedores, ungulados, proboscidios, carnívoros), descenso de los reptiles*
		Miozän *Mioceno*	23.300.000	
		Oligozän *Oligoceno*	35.400.000	
		Eozän *Eoceno*	56.500.000	
		Palözan *Paleoceno*	65.000.000	
Mesozoikum *Mesoico*	Kreide/*Cretácico*		145.600.000	Primaten, Blütenpflanzen *Primates, Fanerógamas*
	Jura/*Jurásico*		208.000.000	Vögel/*Pájaros*
	Trias/ *Triásico*		245.000.000	Dinosaurier, Säuger *Dinosaurios, Mamíferos*

GEBURT EINER INSEL

Wie sehr schrumpft die Bedeutung des Menschen in sich zusammen, wenn er versucht, die Entstehungsgeschichte der Erde zeitlich zu ermessen. In der geologischen Zeitrechnung gleicht seine Anwesenheit einem Atemzug. Seit er im Pleistozän seine ersten zaghaften Gehversuche machte, hat er der Welt mehr schlechte als gute Dienste erwiesen; aber im Grunde bleibt er eine sehr verletzliche, vorübergehende Erscheinung.

Solche Überlegungen tauchen bei einem Spaziergang über die Hochebene von Ajui auf. Unter ihrer Kalkkruste befinden sich metamorphosierte Quarzsände, deren Alter auf über hundert Millionen Jahre geschätzt wird. Dieser Art Meeresbodenablagerungen sind heute nur an wenigen Orten der Erdkugel sichtbar. Sie stammen aus der Jura- und Kreidezeit (vor 208-66 Millionen Jahren) und fanden „erst" vor dreißig Millionen Jahren, in der zweiten Hälfte des Tertiär, ihren Weg an die Erdoberfläche. Zu jenem Zeitpunkt verschoben sich die gewaltigen Platten, auf denen der afrikanische Kontinent ruht, und der Meeresboden wurde nach oben gedrückt. Die Geburtsstunde einer neuen Insel war gekommen: Fuerteventura.

NACIMIENTO DE UNA ISLA

En el transcurso de la evolución geológica de la tierra, la importancia del hombre se reduce a un mínimo; cronológicamente su presencia es comparable a un suspiro. Desde que diera sus primeros y tímidos pasos, ya en el Pleistoceno, mas que ser de gran utilidad, ha prestado flacos servicios al mundo, pero al fin y al cabo sigue siendo una apariencia pasajera y bastante frágil.

Al caminante, le surgen tales pensamientos al pasear por el altiplano de Ajui.

Bajo su corteza calcárea han sido depositadas las arenas de cuarzo metamórficas, cuya edad es superior a los 100 millones de años. Este tipo de sedimentos submarinos hoy en día sólo se pueden ver en muy pocos lugares del globo terrestre. Datan de hace entre 208 y 66 millones de años (era jurásico-cretácica), y "sólo" hace 30, durante la segunda mitad del Terciario, emergen a la superficie terrestre. En aquella época se desplazaron las placas gigantes sobre las que descansaba el continente africano, y el suelo marino fue empujado hacia arriba. Había llegado la hora de nacimiento de una nueva isla: Fuerteventura.

„Mal Pais" - Lavalandschaft bei Tuineje
"Mal País" - Municipio de Tuineje

Bei diesem gewaltigen Naturereignis erhoben sich aus den Fluten die jetzige Hochebene von Ajui und das Betancuriagebirge. Die erste explosive vulkanische Phase der Insel und die Entstehung des Basaltgesteins erfolgte wesentlich später, vor zwanzig Millionen Jahren.

Die sichtbaren Gesteinsformationen, die von der Geburt der ältesten Insel der Kanaren zeugen, sind alle unterschiedlicher Konsistenz. Der Gebirgszug von Betancuria besteht aus Gabbros und Syeniten, die plutonhaltig sind, während der Berg von Tindaya aus Trachyt geformt ist. Die vulkanische Entwicklung dieser Gesteine fand unterhalb der Erdoberfläche statt, wo bei hohen Temperaturen Magma schmolz und später wieder erkaltete, ohne daß es zu einem Ausbruch kam. Das Tal Valle de Sta. Inés hingegen ist eine Mischung aus versteinerter Vulkanasche und Sand, deren heutige Kalkkrusten starke Erosionsspuren aufweisen.

Bis zehn Millionen Jahre später die erste explosive Vulkanphase den Wachstumsprozeß der Insel vorantrieb, war bereits das Miozän angebrochen. Die Erde trug fast ihr heutiges Gesicht. Die Kontinente hatten sich geteilt und waren durch Wasser getrennt. Glühende schwarze Basaltströme bahnten sich ihren Weg aus dem Innern der Erde und formten durch ihre Aufschüttungen den größten Teil des Reliefs des Südens und der Mitte der Insel. Die Lava floß teilweise ins Meer und ihre Erkaltung führte zur Kieselbildung.

Von nun an kontrollierte der Kreislauf der Elemente den weiteren Aufbau der Insel. Ausgelöst durch Klimaverschiebungen während der verschiedenen Eiszeiten, kam es immer wieder zu einer Erhöhung des Meeresspiegels, sobald sich ein Teil der gigantischen Eisberge auflöste. Das Meer grub tiefe Täler in die Basaltaufschüttungen. Bei seinem Rückgang hinterließ es Muscheln und Sand. Wind türmte den Sand zu Dünen auf. Die zurückgelassenen Strände versteinerten unter Erosions- und Klimaeinflüssen und konservierten für immer die fossilen Ablagerungen des Meeres. Klimaschwankungen riefen starke Regenperioden hervor, die Verschwemmungen von Erde und Geröll auslösten. Es folgten neue Eruptionsphasen, die die alten Strände und Dünen überdeckten und neue Gebirge schufen. Doch schon bald erhöhte sich der Meeresspiegel wieder, und der gleiche Kreislauf begann aufs neue.

Auf Fuerteventura können wir an vielen Stellen steinerne Zeugen der geduldigen Kleinarbeit von Feuer, Wasser und Luft finden. Aus der Zeit des oberen Pleistozän, vor ca. 100.000 Jahren, stammt der Jandiense, ein versteinerter Strand, der sich mehrere Meter über dem heutigen Strand von Las Playitas, im Osten der Insel, verewigt hat. Im späteren Holozän entstand der Erbanense. Seine jüngsten Versteinerungen sind 1.400 Jahre alt und gut am Strand von La Jaqueta, im Süden der Insel, zu sehen.

Durante aquel gigantesco suceso de la naturaleza se levantaron de las aguas el actual altiplano de Ajui y la cordillera de Betancuria. La primera fase volcánica de la isla y la formación de la roca basáltica tendrían lugar mucho más tarde, hace unos 20 millones de años.

Las formaciones geológicas visibles que testifican el nacimiento de la que es la más antigua isla del archipiélago canario son, según su edad, de distintas características. La cordillera de Betancuria está formada por gabros y sienitas (rocas plutónicas), mientras que la montaña de Tindaya es de traquita. La evolución volcánica de estas rocas tuvo lugar por debajo de la tierra, donde se fundieron a altas temperaturas para originar el magma que a su vez se volvió a enfriar posteriormente en el interior, sin llegar a alcanzar la superficie. Por otro lado está el "Valle de Santa Inés", consistente en una mezcla de cenizas volcánicas y arena, cuyas actuales costras calcáreas se encuentran en un estado de erosión avanzada.

Hace 10 millones de años, ya en el Mioceno, la última fase volcánica explosiva adelantó el crecimiento de la isla. La tierra ya había llegado a tener casi su aspecto actual: los continentes estaban separados por agua y los ríos negros de lava basáltica surgieron desde las entrañas de la tierra hacia la superficie formando al acumularse la mayor parte de los relieves austral y central de la isla. Parte de la lava se deslizó al mar, causando su enfriamiento la formación de guijarros.

Desde entonces será el ciclo de los elementos el principal responsable de controlar el posterior desarrollo de la isla. Los cambios climáticos durante los distintos períodos glaciales harán subir el nivel del mar a medida que prosperan los grandes deshielos. El mar abriría profundas zanjas en las acumulaciones basálticas y al retroceder dejaría tras de sí conchas marinas y arena. El viento se llevaría la arena creando dunas, y las playas desnudas se petrificarían a causa de la erosión y las influencias climáticas. En ellas quedarán conservados para siempre los sedimentos fósiles del mar. Nuevos cambios climáticos provocaron períodos de lluvias fortísimas, causando a su vez aluviones de tierra y aglomerados. Siguieron nuevas fases de erupción, recubriendo las playas y dunas antiguas y creando nuevas montañas. Pero pronto volvería a elevarse el nivel del mar y una vez más, empezaría el mismo ciclo.

En Fuerteventura hay muchos lugares donde podemos encontrar los testigos petrificados del trabajo minucioso y paciente del fuego, el agua y el aire. Así el "Jandiense", data de los tiempos del Pleistoceno superior, hace aproximadamente 100.000 años, localizada al este de la isla: Es una playa petrificada, eternizada sólo a algunos metros por encima de la actual playa de "Las Playitas". Más tarde, durante el Holoceno, se formó la playa del "Erbanense": sus petrificaciones más recientes tienen 1.400

Die ersten Spuren des Homo sapiens, an der benachbarten afrikanischen Küste, liegen schon 40.000 Jahre zurück. Zu diesem Zeitpunkt lag das Meer siebzig Meter unter seiner heutigen Höhe. Diese ersten Menschen wurden Zeugen des Schmelzens der letzten Eisberge und der Entstehung der großen Seen in der Sahara. Ob sie damals auch schon die Kanaren bevölkerten, ist noch unbewiesen.

Vor 10.000 Jahren brachen die letzten Vulkane auf Fuerteventura aus. Die sogenannten Mal paises formierten sich im Norden und Osten der Insel. Hierbei wurde die Lava nicht explosionsartig aus den Kratern hinausgeschleudert, sondern sie drang aus den Erdspalten wie ein zäher, dicker Brei. Langsam verteilte er sich über den Boden und begrub zum Teil alte Dünen wie in Lajares. Aufgrund ihres unterschiedlichen Alters sind die Vulkane mehr oder weniger abgetragen und durch Erosionen gekennzeichnet.

Es gibt aber auch erosionsresistente Gesteine, wie den Trachyt in Tindaya. Das heute so begehrte Baumaterial ist schon dem Ureinwohner Fuerteventuras aufgefallen. Er machte den Berg zur Opferstätte und hinterließ dort seine rätselhaften Eingravierungen.

Die Kalkablagerungen, oder tosca blanca, an deren häufiges Vorkommen die vielen alten Kalköfen auf der Insel erinnern, wurden von den Einwohnern im letzten Jahrhundert abgebaut und exportiert. Sie stellten eine ihrer wenigen Einnahmequellen dar.

Das schwarze Basaltgestein, lapili, hat heute einen wertvollen Nutzen in der Landwirtschaft. Die Vulkanasche speichert Feuchtigkeit und schützt die Anpflanzungen vor dem Vertrocknen.

Wer einen Spaziergang durch einen der vielen Schluchten, barrancos genannt, macht, findet nicht nur die Zeichen von Verschwemmungen, sondern auch Muschelreste, Kiesel und manchmal kleine Fossilien. Obwohl die Krater auf Fuerteventura längst schweigen, ist seine vulkanische Entstehungsgeschichte überall präsent. Kein Grün verdeckt die unzähligen Schattierungen des Gesteins und der Erde. Schwarz, Braun, Grau und Beige variieren mit Rot, dunklem Violett oder Schwefelgelb. Jede Farbe spricht von einem anderen Jahrtausend. Las Coloradas (die Farbigen) heißt eine der Buchten von Jandía.

Wer bereit ist, neu sehen zu lernen, kann auf Fuerteventura unbekannte Schönheit entdecken.

---

años de edad y son perfectamente visibles en el sur de la isla, en la playa de "La Jaqueta".

Hace 40.000 años, el *Homo sapiens* dejó sus primeras huellas en la vecina costa de Africa. El nivel del mar estaba entonces a 70 metros por debajo de su nivel actual. Aquellos primeros humanos fueron testigos de la fusión de los últimos icebergs y de la formación de los grandes lagos en el Sahara. Aún hoy es un enigma si para entonces ya habían llegado a las Islas Canarias.

Hace 10.000 años, se produjeron las últimas erupciones volcánicas en Fuerteventura formándose los "Mal Países" al norte y al este de la isla. Esta vez la lava no fue lanzada de forma explosiva fuera de los cráteres: brotaba de las grietas terrestres como una papilla basáltica espesa y tenaz, extendiéndose sobre el suelo y enterrando parte de las antiguas dunas, como en Lajares. En virtud de sus edades y diferentes formaciones los volcanes actuales han sido más o menos modificados por la erosión.

Pero entre ellos también hay rocas resistentes a la erosión, como la traquita de Tindaya. Este material de construcción, tan preciado hoy en día, ya les llamaba la atención a los aborígenes de Fuerteventura. Ellos hicieron de esta montaña lugar para sus sacrificios religiosos dejando grabados allí sus enigmáticos dibujos, "los podomorfos".

De los sedimentos calcáreos (la "tosca blanca") dan testimonio las viejas caleras desperdigadas por la isla. Son el reflejo de la explotación y exportación de esta piedra, que supuso una de las escasas fuentes de ingresos durante el siglo pasado para los majoreros.

La negra piedra basáltica llamada "lapili", se usa hoy en la agricultura como "picón" donde tiene gran importancia. Estas cenizas volcánicas almacenan la humedad y protegen las plantaciones de la desecación en un clima casi desértico.

Paseando en nuestros días por un barranco, uno encontrará no sólo restos de aluviones, sino también de conchas marinas, guijarros y a veces hasta pequeños fósiles. Y aunque los volcanes de Fuerteventura llevan guardando silencio mucho tiempo, el origen volcánico de la isla está presente en todas partes. Ninguna vegetación cubre los innumerables matices de la roca o de la misma tierra. El negro, marrón, gris y beige varían con el rojo, violeta oscuro o un amarillo sulfurado. Cada color habla de otro milenio. Será por eso que una de las bahías de Jandía se llama "Las Coloradas".

Quien esté dispuesto a aprender, a mirar con otros ojos, podrá descubrir en esta isla una gran belleza desconocida.

Montaña Roja - Gemeinde la Oliva
Montaña Roja - Municipio de la Oliva

DIE MAJOS

„Ergebt Euch den Wesen, die über das Meer kommen und Euch den Weg in das ewige Glück zeigen werden", hatte Tibiabín, die Weise, den Königen Guize und Ayose geraten, worauf diese sich im Januar 1405 den spanischen Eroberern ergaben. Der Ratschlag verhinderte, daß die gesamte Urbevölkerung Fuerteventuras, die Majos, im Kampf um ihr Land, ihre Existenz und ihre Familien von den spanischen Eroberern niedergemetzelt wurden. Die Ratgeberin der Könige hatte bald erkannt, daß die Eindringlinge für den Kampf viel besser ausgestattet waren als die Hirten mit ihren Steinäxten. Die Bereitschaft, sich taufen zu lassen und zum christlichen Glauben überzutreten, brachte ihnen den Schutz der Kirche ein und entriß sie dem Tod oder Sklaventum.
Doch der Untergang dieses stolzen, schönen Volkes, dessen Existenz und Glaubenssystem tief in der göttlichen Willkür der Elemente verwurzelt war, wurde damit nur verschoben. Unter den neuen Herrschern fanden sie alles andere als das ewige Glück, und innerhalb des folgenden Jahrhunderts gingen die letzten Reste ihrer Kultur und ihrer Religion verloren.

Über die Herkunft der Majos und die Dauer ihrer Anwesenheit auf der Insel sind sich die Wissenschaftler bis heute nicht einig.
Im siebten Jahrhundert vor Christus begannen die phönizischen und punischen Völkerwanderungen entlang der afrikanischen Küste, bei denen es zu einer Vermischung mit den nordafrikanischen Völkern kam. Sprachvergleiche scheinen darauf hinzuweisen, daß die ersten Bewohner Fuerteventuras aus dem südländischen Marrokko stammen könnten. Parallelen zwischen den Lebensgewohnheiten der Majos und denen der nordafrikanischen Völker verstärken diese Theorie. Die Hauptwirtschaftsform war in beiden Fällen ein nomadenartiges Hirtentum. Die Herstellungsart von Haushaltsgegenständen aus Keramik ähnelt sich, und Steingravuren in Form von Fußabdrücken, wie im Berg von Tindaya, wurden auch in Libyen gefunden. Schließlich sind der Ahnenkult und die Verehrung der Elemente als Gottheiten auf dem afrikanischen Kontinent ebenso üblich, wie es die Eroberer im Glaubenssystem der Majos beobachtet haben.

Daß die Inseln zumindest bei den Seefahrern bekannt gewesen sein müssen, beweisen die Funde römischer Amphoren aus dem dritten oder vierten Jahrhundert vor Christus. Sie wurden in dem Kanal zwischen Fuerteventura und Lanzarote (La Bocaina) entdeckt.

LOS MAJOS

"Rendíos ante los Dioses que llegarán por el mar y os enseñarán el camino hacia la felicidad eterna".

Así lo aconsejó la sabia Tibiabín a los Reyes majos, Guize y Ayose, y siguiendo su advertencia, estos se entregaron a los conquistadores españoles en enero de 1405. Aquel consejo evitó que los invasores españoles exterminaran la población aborigen de Fuerteventura, los Majos, en la lucha por sus terrenos, su existencia y sus familias.

La consejera de los Reyes comprendió desde muy pronto la superioridad que, frente a las hachas de piedra de sus pastores, imponían las armas de los intrusos en la batalla. Su disposición a ser cristianizados dio a los Majos la protección de la Iglesia, salvándoles de la muerte o la esclavitud.

Sin embargo, sólo fue aplazada la extinción de este pueblo tan orgulloso y bello cuya existencia y sistema religioso estaban profundamente arraigados en la arbitrariedad divina de los elementos. Los nuevos gobernantes aportaron novedades, pero en ningún caso la felicidad eterna, y así, durante el siglo siguiente, se irían perdiendo los últimos restos de su cultura y religión.

Hasta hoy, los científicos no han llegado a ninguna conclusión definitiva respecto al origen de los Majos y la duración de su estancia en la isla. En el siglo VII a.C., fenicios y púnicos comenzaron la invasión de las costas africanas mezclándose durante el proceso de las migraciones con los pueblos norteafricanos. Las comparaciones lingüísticas realizadas parecen indicar que los primeros habitantes de Fuerteventura podrían proceder del sur de Marruecos. Algunas costumbres de vida muy similares de ambos pueblos apoyan esta teoría: eran pueblos pastoriles de nómadas, la fabricación de utensilios domésticos de barro se parecía bastante, y numerosos de los grabados en forma de huellas de pies como los de la montaña de Tindaya, también han sido encontrados en Libia. Por otra parte, hay que tener en cuenta que el culto de los antepasados y la veneración de Los Elementos como Dioses siguen siendo tan usuales en el Continente Africano como lo observaban los conquistadores en el sistema religioso de los Majos.

Los escritos del Rey mauritano Juba II (50?-23? a.C.) contienen otra referencia más a la que pudo ser una primera población. De niño, el Rey Juba fue enviado a Roma donde se casó con una hija de Cleopatra. Siendo un hombre culto, escribió un tratado sobre el valor medicinal de la *euforbia* que hasta hoy en día sigue siendo una planta común en

Einige Forscher gehen sogar noch weiter zurück und glauben, in der griechischen Mythologie die Kanaren mit den „Inseln der Glückseligen" und den „Inseln der Hesperiden" in Verbindung bringen zu können.

Einen weiteren Hinweis auf eine erste Bevölkerung geben Schriften des mauretanischen Königs Juba II. (ca. 50-23 v.Chr). König Juba wurde als Kind nach Rom gebracht, wo er später eine Tochter Cleopatras heiratete. Als gelehrter Mann schrieb er eine Abhandlung über den medizinischen Wert der *Euphorbia* (Wolfsmilchpflanze), die heute noch auf Fuerteventura wächst. Außerdem erwähnt er die *getulica* (eine Schneckenart, aus deren Drüsensekret der berühmte Farbstoff Purpur gewonnen wurde). Man vermutet, daß der König auf den Kanaren Untertanen oder Gefangene aussetzte, um dort die Färbung von Textilien durchführen zu lassen.

Wo die Überlieferungen und die Arbeit der Historiker endet, sucht man Unterstützung in der Paläontologie, der Erforschung des Lebens in der Vorzeit.
Die ältesten Fossilienfunde, wie die Knochenreste eines Schafes und fossile Eier bzw. Landwürmer, werden auf ein Alter von 3.000 Jahren geschätzt. Mit dem Anbruch des Holozäns versiegten die Regenperioden, die nach der letzten Eiszeit vor 10.000 Jahren, trotz eines immer wärmer werdenden Klimas, die Regel waren. Lebensbedingungen für den Menschen wurden somit geschaffen.
Wer noch mutiger ist, der behauptet allerdings, daß der Homo sapiens, der vor 40.000 Jahren die afrikanische Küste bevölkerte, sich durchaus auf die Inseln hätte „verlaufen" können. Schließlich war ihm die Überquerung der Meerenge von Gibraltar nach Europa gelungen, warum nicht auch das Übersetzen auf die Kanaren?
Den Ökologen fällt es schwer, sich mit den Historikern darüber zu einigen, welches ökologische System die Eroberer vorfanden.
Die spärlichen Reisebeschreibungen sind widersprüchlich und haben den Anschein der Übertreibung. Im *Le Canarien*, dem Tagebuch der franz.-spanischen Eroberer, werden achthundert Palmen im Tal von Vega de Rio Palmas mit einem reißenden Fluß in seiner Mitte erwähnt. Darauf stützen sich immer wieder Verteidiger der Theorie, daß es auf Fuerteventura einst Wälder gegeben hat. Ja, man glaubt sogar, Reste eines Waldbrandes entdeckt zu haben, der vor Jahrhunderten in den Bergen von Betancuria stattgefunden hat.
Erosionen, Verschwemmungen, Einflüsse des afrikanischen Klimas durch Verwehungen und die verhältnismäßig niedrigen Bodenerhebungen widersprechen diesen Interpretationen.

Fuerteventura. Además, nombra en sus textos la "purpura getulica" (especie de caracol de cuya secreción glandular se obtenía el preciado color púrpura) y se supone que Juba hacía desembarcar súbditos o prisioneros en las Islas Canarias para que buscaran los caracoles y tiñeran posteriormente los tejidos.

De los siglos III-IV a.C. datan las ánforas romanas halladas en el canal de La Bocaina (entre Fuerteventura y Lanzarote), demostrando así que al menos los marineros conocían las Islas en aquel tiempo. En su búsqueda por el origen de los Majos, algunos historiadores incluso retroceden mucho más en el tiempo creyendo poder relacionar las Islas Canarias con las "Islas de las Afortunadas" y las "Islas de las Hespérides" nombradas en la Mitología Griega.

Y donde las leyendas se agotan y el trabajo de los historiadores termina, el afán de saber recurre a la paleontología. Se estima que los hallazgos de fósiles más antiguos en Fuerteventura, como por ejemplo los restos de huesos de una oveja, huevos o gusanos terrestres fósiles, tienen una edad de 3.000 años. Su aparición se debe al hecho de que, al principio del holoceno, hace 10.000 años, finalizaban los períodos de lluvia tan habituales tras la última época glacial, a la vez que el clima se volvía progresivamente más cálido, creándose así las condiciones de vida idóneas para el hombre.

Existe una teoría aún más atrevida afirmando que el *Homo sapiens* de hace 40.000 años, poblador de la costa africana, pudo "perderse" pescando en el mar y "tropezar" casualmente con las Islas. ¿Y por qué no? Si supo cruzar el Estrecho de Gibraltar hacia Europa, ¿por qué no iba a dar el salto a Canarias?.

De igual manera ecólogos e historiadores no se ponen de acuerdo en la descripción del tipo de ecosistema que pudieron encontrar los primeros conquistadores al llegar a Fuerteventura. Las escasas descripciones que se encuentran en los diarios de viaje de los invasores sobre la flora de Fuerteventura, son contradictorias y parecen estar llenas de exageraciones. "Le Canarien", el diario de los conquistadores franco-españoles, menciona el Valle de la Vega del Río Palmas y achacándole su nombre a las 800 palmeras y el violento río que corría en medio del barranco. En esta mención se basan los defensores de la teoría que afirma la existencia de bosques de grandes dimensiones en Fuerteventura. Se defiende incluso la existencia de restos de un incendio forestal producido hace siglos en las montañas de Betancuria.

Por otro lado, la erosión, los aluviones, la influencia del clima africano con sus vientos saharianos, así como las montañas, relativamente bajas, contradicen estas interpretaciones.

Landschaft bei Las Casitas
Paisaje cerca de Las Casitas

Wem jetzt vor lauter Theorien der Kopf schwirrt, der kann sich entspannen. Dieses Buch ist keine wissenschaftliche Studie, sondern eine Einladung in die magische Welt der Majos. Die Rätsel, mit denen wir uns befassen, haben mit ganz anderen Fragen zu tun. Waren Tibiabíns Voraussehungen und Ratschläge wirklich umsonst, oder hat sich ein Teil der Majokultur bis in die heutigen Tage durchgesetzt? Reflektiert die Lebensweise der Majoreros bis Mitte dieses Jahrhunderts nicht viel dieser verlorenen Traditionen? Verwandelt Fuerteventura nicht vielmehr alle Menschen, die längere Zeit auf dieser Insel verweilen und ihren Prüfungen standhalten, unwiderbringlich in seine Söhne und Töchter?

Das wird der rote Faden sein, den wir an dieser Stelle aufnehmen. Unsere Suche nach der Identität und der Mystik Fuerteventuras und seiner Bewohner beginnt mit der folgenden Kurzgeschichte. Wir laden den Leser zu einem Besuch in die längst verloren geglaubte Welt der Majos ein.

YESENIA

Das erste Tageslicht drang durch das grobe Dach des Steinhauses. Schläfrig betrachtete Yesenia die Muster, die die Sonnenstrahlen auf dem festgetretenen Erdboden des Schlafraumes malten und lauschte den gewohnten Geräuschen des Morgens, draußen vor dem Haus. Plötzlich ließ ein freudiger Gedanke sie auffahren: „Das Fest!"

Heute Nacht würden sich die Majos zu dem höchsten aller Feste versammeln. Selbst die feindlichen Stämme des Nordens nähmen daran teil. König Guize, Oberhaupt der Sippen des nördlichen Königreiches, und König Ayose, mächtigster aller Krieger des Südens, gäben den Befehl, daß für eine ganze Nacht und den folgenden Tag die Waffen ruhen sollten. Im Licht der großen Feuer brächten Männer und Frauen Opfer und huldigten die Götter mit heiligen Ritualen. Im Morgengrauen erhöbe sich dann der Feuerball, Spender allen Lebens und höchster aller Götter, so früh wie sonst nie aus dem Meer, um den Tag zum längsten aller Tage zu machen. Große Vorfahren, wie der Riese Mahon, begleiteten ihn in Form von Wolken, wenn er strahlend am Horizont erschiene. Das Volk der Majos würde atemlos auf die Zeichen der Götter am Himmel warten, die nur Tibiabín, die Weise, zu lesen verstand. Sie könnte ihnen sagen, was das neue Jahr brächte. Aber bis es soweit war, mußte ihre Sippe noch viele Vorbereitungen treffen. Eilig warf Yesenia die Decke aus gegerbtem Ziegenfell von sich und lief hinaus.

Quien ahora se siente confundido por tantas teorías debería relajarse.

Este libro no es un estudio científico sino una invitación al mágico mundo de Fuerteventura y sus antiguos habitantes. Los enigmas que nos ocuparán se refieren a cuestiones bien distintas. ¿De verdad eran en vano las predicciones y consejos de Tibiabín, o ha podido sobrevivir una parte de la cultura de los Majos hasta nuestros días? ¿No refleja la vida que llevaban los Majoreros hasta mediados de nuestro siglo, con todas sus costumbres, muchas de esas tradiciones perdidas?

¿Acaso Fuerteventura no nos convierte a todos los que nos detenemos en ella y resistimos sus duras pruebas en sus embajadores?

Este será nuestro hilo conductor a partir de ahora. La búsqueda de la identidad y mística de Fuerteventura y sus habitantes comienza con el siguiente relato corto. El lector queda invitado a visitar el mundo de los Majos que todos creíamos perdido hace mucho tiempo.

YESENIA

La primera luz del amanecer se filtraba por el grueso techo de la casa de piedra. Medio dormida aún, Yesenia observaba los dibujos que los rayos del sol hacían en el suelo de tierra apisonada del dormitorio, mientras escuchaba los ruidos que como cada día llegaban desde el exterior. Súbitamente recordó algo que la hizo incorporarse de un salto: "¡la fiesta!". Esa misma noche los Majos se reunirían para celebrar un acontecimiento de gran trascendencia en el que participarían incluso las tribus del norte. El Rey Guize, jefe de los clanes del Reino septentrional, y el Rey Ayose, el más poderoso de todos los guerreros del sur, ordenarían el cese de las armas durante toda la noche y el día siguiente. A la luz de los grandes fuegos hombres y mujeres harían sacrificios rindiendo homenaje a los Dioses y celebrarían sus sagrados rituales.

Al romper el alba la gran bola de fuego, la dadora de vida, la suprema de todos los Dioses, saldría del más temprano que nunca para convertir ése en el más largo día del año. Los grandes antepasados, como el gigante Mahon, la acompañarían en forma de nubes cuando apareciera resplandeciendo en el horizonte. El pueblo de los Majos esperaría sin aliento las señales de los Dioses en el cielo, en las que sólo Tibiabín, la sabia, sabría leer el devenir del nuevo año.

Hasta la llegada de la hora, su clan tendría que hacer aún muchos preparativos. Apresuradamente Yesenia se liberó de la manta de piel de cabra curtida y salió corriendo fuera de su casa.

Die Bergkette, die den Süden der Insel der Länge nach teilte, hatte zu beiden Seiten mächtige Ausläufer gebildet. Zwischen diesen Berghängen waren weitläufige Täler entstanden, die zum Meer hin durch hohe Riffe begrenzt wurden. In einer der breiten Talsohlen hatte sich Yesenias Familie, zusammen mit drei anderen Sippen, angesiedelt. Ihre runden Steinhäuser waren in gebührendem Abstand zueinander errichtet. Jedes Haus besaß zwei Schlafräume, einen Vorratsraum und einen großen *corral* für die Milchziegen. Der Aufbau der Häuser hatte viel Zeit gekostet. Die Steine mußten die richtige Größe haben, so daß beim Aufschichten keine Lücken in den Wänden entstanden. Die Dächer waren mit großen Palmwedeln bedeckt und, zum Schutz vor Wind, zusätzlich mit Ästen und Steinen beschwert worden.

Vor jedem Haus war ein kleiner Vorplatz angelegt, auf dem die Frauen ihre Arbeiten verrichteten.

Als Yesenia aus dem Haus trat, zankten sich ihre beiden kleinen Schwestern gerade um eine alte Muschel. Ihre Mutter, Attisa, hatte einen großen Topf mit Fett zum Kochen angesetzt. Aus einem *tofio* schüttete sie Milch in kleine Becher, die sie ihren kreischenden Töchtern in die Hand drückte. Ungeduldig beendete sie deren Streit mit einem scharfen Ausruf. Als Yesenia sich zu ihnen setzte, deutete Attisa auf die Feuerstelle im Boden.

„Das Holz reicht nicht aus, ich brauche noch mehr. Später gehst du mit Guasi und Llori welches suchen."

Yesenia nickte. Heute war ihr keine Arbeit zuviel.

„Darf ich mitkommen, wenn du heute mittag zur Höhle gehst?" fragte sie hoffnungsvoll die Mutter, während sie an ihrer Milch nippte. „Du hast es mir versprochen!"

Attisa stöhnte.

„Jeden Tag die gleiche Frage! Ich habe dir doch gesagt, daß du noch nicht alt genug dazu bist. Vielleicht im nächsten Winter."

Yesenia seufzte. Täglich wanderte die Mutter in die Berge, um in einer Höhle der Göttin der Fruchtbarkeit Opfer zu bringen. Ihre Bitten hatten bereits Früchte getragen; sie erwartete ihr fünftes Kind. Jetzt galt es, dafür zu opfern, daß es ein Junge würde. Bisher hatte sie nur einen Sohn zu Welt gebracht, Yesenias älteren Bruder Yerai. Es war Yesenias sehnlichster Wunsch, in die Geheimnisse der heiligen Bräuche eingeweiht zu werden.

„Es wird bestimmt ein Junge, ich fühle es", sagte sie. „Das bedeutet sicherlich, daß ich schon bereit bin, und es helfen würde, wenn ich mitginge."

Attisa mußte wider Willen lachen.

„Nein, bist du nicht. Aber du kannst mir trotzdem helfen. Trage mir die Milch her, damit ich den Käse ansetzen kann."

La cordillera que dividía longitudinalmente en dos el sur de la isla formaba en ambos lados inmensas estribaciones, y albergados en sus laderas nacían anchos valles y profundos barrancos cuyos límites naturales hacia el mar se encontraban en las inmensas playas y en los altos arrecifes.

En la llanura de uno de esos valles se había asentado la familia de Yesenia junto con otros tres clanes. Sus casas redondas requerían una laboriosa construcción, pues las piedras debían tener el tamaño exacto a la hora de apilarlas para cerrar sin huecos las paredes.

Cada una de las casas disponía de dos dormitorios, un almacén y un gran corral para las cabras lecheras, y se levantaban separadas entre sí a una distancia prudencial, dejando siempre en su parte anterior una pequeña explanada donde las mujeres podían trabajar. Sus techos se cubrían de grandes palmas y, para protegerlos del viento, se cargaban adicionalmente de ramas y piedras.

Yesenia saludó el nuevo día mientras sus hermanas menores reñían por la posesión de una vieja concha. Attisa, su madre, ya había puesto a hervir una gran olla llena de sebo sobre el fuego. Vertió leche de un tofio en pequeños vasos de barro para dárselas a sus hijas que chillaban aún. Con impaciencia, puso fin a su pelea soltando un grito brusco. Cuando Yesenia se sentó junto a ellas, Attisa señaló el tenique que se encontraba en el suelo:

"No queda leña suficiente, necesito más. Después, te llevarás a Guasi y Lluri a buscar algunas ramas."

Yesenia asintió con la cabeza. Hoy ningún trabajo le parecía demasiado:

"¿Puedo acompañarte cuando vayas a la cueva esta tarde?" - preguntó a la madre, muy esperanzada, mientras que bebía su leche a sorbitos.

"¡Me lo prometiste!"

Attisa respondió, molesta:

"¡Cada día la misma pregunta! Ya te he dicho que todavía no tienes edad para eso. Tal vez el invierno que viene."

Yesenia suspiró. Cada día, la madre peregrinaba a una cueva en las montañas para entregar su ofrenda a la Diosa de la Fertilidad. Sus súplicas ya habían dado fruto, y estaba esperando su quinto hijo; las ofrendas pedían ahora que se tratara de otro varón. Hasta el momento, sólo había dado a luz a un hijo, Yerai el hermano mayor. Yesenia deseaba fervientemente ser iniciada en los secretos de los ritos sagrados:

"Estoy segura que será niño, lo presiento", dijo. "Esto seguramente significa que ya estoy preparada para acompañarte y que eso te ayudaría mucho".

Jeden Morgen molk Attisa noch vor dem Sonnenaufgang, zusammen mit den anderen zwei Frauen ihres Mannes, die Milchziegen der Sippe. Ein Teil der Milch wurde für die Tagesration der Familie abgenommen, der andere Teil für die Käsebereitung zum Gären gebracht. Auf einem flachen Stein füllte Attisa die *guajada* danach in geflochtene Ringe aus Palmwedeln und drückte mit den Händen auf sie ein, bis der *suero* abgeflossen war. Ihre Kinder stritten sich jedesmal um einen Becher der säuerlichen Flüssigkeit.

Maulend stand Yesenia auf, um die Milch zu holen. Sie traute sich nicht, weiter zu betteln. Zuviel stand auf dem Spiel. Das Fest an diesem Abend war das einzige im ganzen Jahr, an dem auch die Kinder teilnehmen durften. Sie wollte sich diese Erlaubnis auf keinen Fall verscherzen. So lief sie in den Schatten hinter das Haus, wo Attisa die Milch zur Kühlung in *tabajostes* im Boden versenkt hatte. Ein paar Meter weiter lag Fleisch zum Trocknen auf großen flachen Steinen. Zur Feier des Tages waren mehrere Ziegen geschlachtet worden. Das meiste davon würde heute nacht gegessen werden, und von dem Rest legte Attisa Vorräte an.

Yesenias Blick fiel auf eine mit *aulaga* abgedeckte Feuerstelle im Boden. So schnell sie konnte, lief sie mit dem schweren Krug Milch zur Mutter.

„Sind die neuen Schüsseln heil geblieben?" fragte sie aufgeregt. Attisa nickte.

„Ja, dieses Mal stimmte die Mischung. Aber vielleicht war ja das letzte Mal auch das Feuer nicht heiß genug."

Attisa war stolz auf die Tonschüsseln, die sie herstellte. Die Frauen wetteiferten untereinander, wer die schönsten Dekorationen in die Oberfläche ritzte. Yesenia schaute gerne dabei zu, wenn ihre Mutter die rote, klebrige Erde mit schwarzem Sand und Wasser vermischte. Die Zusammensetzung mußte genau richtig sein, sonst zersprangen die Schüsseln beim Brand sofort. Attisa stammte aus einer Sippe des nördlichen Königreiches, von der ihr Mann sie einst gekauft hatte. Jetzt lagen alle Sammelplätze für gute Erde, die ihr ihre eigene Mutter als Kind gezeigt hatte, zu weit entfernt. Oft erzählte Attisa ihrer Tochter, wie viele Wanderungen es sie in den umliegenden Bergen ihrer neuen Heimat gekostet hatte, um die jetzigen Sammelplätze zu finden. Desto aufmerksamer prägte sich Yesenia die Fundorte ein, die die Mutter sich so mühsam hatte erforschen müssen. Aber die Haltbarkeit der Schüsseln hing nicht nur von der richtigen Zusammensetzung aus Erde, Sand und Wasser ab, sondern auch von der Hitze des Feuers. Vorsichtig holte Yesenia eine der Schüsseln hervor, die die Mutter am Vortag gebrannt hatte. Behutsam zog sie mit dem Finger die haarfeinen Linien der Dekoration nach.

Contra su voluntad, Attisa se echó a reír:

"No, no lo estás. Pero no obstante, podrás ayudarme. Tráeme la leche para que pueda preparar el queso".

Antes del amanecer, Attisa ordeñaba las cabras del clan, junto con las dos otras mujeres de su marido. Una parte de la leche servía de ración diaria para el consumo de la familia. A la otra parte le añadía el cuajo para preparar el queso y más tarde llenaba con la leche así fermentada los anillos de palma trenzados, utilizando una piedra plana de soporte y apretando con las manos hasta sacarle todo el suero. Los niños siempre se peleaban por un vaso de aquel agrio líquido.

Refunfuñando, Yesenia se levantó para buscar la leche. No se atrevía a seguir implorando. Había demasiado en juego. La fiesta de esa noche era la única en todo el año en la que se permitía la participación de los niños. Bajo ningún concepto podía perder esa oportunidad.

Corrió detrás de la casa a cuya sombra Attisa guardaba la leche en los tabajostes enterrados en el suelo para mantenerla fresca. A pocos metros, sobre grandes lajas lisas, se desecaba la carne. Se habían matado varias cabras para la fiesta, una parte de la carne se consumiría esa noche, y el resto se almacenaría.

La mirada de Yesenia se fijó en un tenique que, cubierto de aulaga, estaba en el piso. Tan rápido como lo permitió la pesada jarra de leche, regresó a donde estaba su madre:

"¡Las nuevas vasijas han quedado intactas!" Gritó exaltada. Attisa asintió con la cabeza:

"Si, esta vez la mezcla estaba muy bien. Pero tal vez el último fuego no fue lo bastante fuerte".

Attisa estaba muy orgullosa de las vasijas de barro que fabricaba. Las mujeres competían entre ellas por grabar las más bellas decoraciones en su superficie. A Yesenia le encantaba observar a la madre cuando mezclaba la tierra roja y pegajosa con arena negra y agua. La composición tenía que ser exacta o las vasijas estallarían nada más empezar su cocción. En ocasiones Attisa le contaba cuantas caminatas a las montañas cercanas le había costado averiguar el lugar donde se encontraba la tierra más apropiada. Ella procedía de un clan del Reino del Norte; su marido la había comprado allí, y todos los lugares que había aprendido de su madre quedaban ahora demasiado lejos para buscar los materiales. Por eso Yesenia memorizaba con mucha atención cada rincón de que le hablaban.

Ya entonces sabía que la solidez de las vasijas no dependía tan solo de la composición correcta de tierra, arena y agua, sino también del calor del

„Hier, nimm das Stück Käse, und beeile dich", riß Attisa sie aus ihrer andächtigen Betrachtung und drückte ihr ein großes Stück Ziegenkäse in die Hand. „Ich brauche das Holz bald. Und paß auf deine Schwestern auf!" Mit diesen Worten verschwand sie im Haus.

Sobald Attisa außer Sicht war, versetzte Guasimara ihrer Schwester Llorena einen Schlag, daß diese taumelte und ein fürchterliches Gebrüll anstimmte. Yesenia stöhnte. Bis die beiden vor Müdigkeit in der Nacht umfallen würden, war es ihre Aufgabe, auf die zwei zu achten.

Llorenas Geschrei war nicht mehr zu ertragen. Mit einer drohenden Geste brachte sie sie zum Schweigen und gab der älteren eine Kopfnuß.

„Schluß jetzt! Wir gehen Holz suchen, los!"

Entschlossen schob sie die Mädchen vor sich her und ignorierte deren Murren. Sobald sie jedoch aus der unmittelbaren Nähe des Hauses kamen, war die Aufmerksamkeit der beiden bereits von anderen Dingen in Anspruch genommen. Lachend stoben sie hinter einer kleinen Ziege her, die meckernd die Flucht ergriff.

Mit den Gedanken an das bevorstehenden Fest kehrte auch Yesenias gute Laune zurück. Auf der anderen Seite des Tals konnte sie die emsigen Vorbereitungen vor den Häusern der Nachbarsippe sehen. Einige junge Männer beendeten den Bau eines neuen runden Steinhauses für die vierte Frau ihres Sippenchefs, die heute aus dem Norden mit König Guize ankommen würde.

Yesenia fand das neue Haus wunderschön. Sie hoffte, daß ihr zukünftiger Mann eines Tages auch so ein Haus für sie bauen lassen würde.

Von weitem winkte ihre Freundin Idaira.

„Yesenia, sieh mal, was für eine schöne Kette ich heute nacht tragen werde!"

Bewundernd betastete Yesenia die glatte Schale der aneinandergereihten Muscheln. Das Gesicht der stolzen Besitzerin strahlte: „Ich habe sie gestern nachmittag am Strand gefunden", flüsterte sie ihr ins Ohr.

Yesenias Augen weiteten sich erschrocken. Idairas Wagemut war bekannt, aber einen Ausflug an den Strand zu machen, war höchst leichtsinnig.

Noch vor Yesenias Geburt waren böse Dämonen in Menschenform über das Meer gekommen und nahmen alle Majos, die sie am Strand gefunden hatten, mit. Die Erwachsenen erzählten heute noch von den erbärmlichen Schreien der Entführten, denen niemand zu Hilfe kam, da sich alle anderen in die Höhlen der Berge flüchteten.

Tibiabín, die Weise, hatte es vorausgesagt. Und immer wieder warnte sie davor, daß eines Tages die Dämonen zurückkommen könnten,

fuego. Cuidadosamente, Yesenia sacó una de las vasijas que la madre había cocido el día anterior y siguió con el dedo las finísimas líneas de la decoración.

La madre interrumpió su meditación a la vez que colocaba un gran trozo de queso de cabra en su mano:

"Coge este trozo de queso y date prisa. Necesito la leña ya. ¡Y cuida de tus hermanas!"

Con estas palabras, desapareció dentro de la casa.

En el momento que Attisa estuvo fuera de su vista, Guasimara le dio un golpe a su hermana que la hizo tambalear y que originó un griterío tremendo. Suspirando, Yesenia lanzó una mirada al cielo. Hasta que el sueño les hiciera caer en sus lechos esta noche, sería su deber cuidar de las dos.

Ya no aguantaba más los gritos de Llorena. Con un gesto amenazador, la hizo callar de un cogotazo:

"¡Ya está bien! Vamos a buscar la leña, ¡vengan!".

Empujó a las niñas hacia delante ignorando sus quejas. Lejos ya de la inmediatez de la casa la atención de las niñas se dirigió a otras cosas y, entre carcajadas, intentaron perseguir a un baifo que huyó de ellas balando.

Acordándose de la inminente fiesta Yesenia recuperó su buen humor. Al otro lado del valle podía ver los últimos preparativos delante de las casas del clan vecino. Algunos de los hombres jóvenes estaban terminando la construcción de la nueva casa redonda, hecha de piedra, para la cuarta mujer del jefe de su clan, que llegaría hoy del Norte junto con el Rey Guize.

A Yesenia la nueva casa le parecía preciosa, y soñaba que algún día su futuro marido le construiría una igual.

De lejos, su amiga Idaira le hizo señas:

"Yesenia, ¡mira que collar más bonito llevaré esta noche!"

Se acercó maravillada hasta acariciar cuidadosamente la lisa cáscara de las conchas enhebradas. La cara de la propietaria radiaba de orgullo:

"La encontré en la playa ayer por la tarde", le susurró al oído.

Sobresaltada Yesenia miró a la amiga. Idaira era conocida por su osadía, pero era más que imprudente hacer una excursión a la playa. Antes de que Yesenia hubiera nacido, unos demonios malignos de apariencia humana habían llegado por el mar y se habían llevado a todos los Majos que encontraban en la playa. Los mayores todavía recordaban las desesperadas llamadas de socorro de los secuestrados, a quienes nadie les ayu-

Landschaft bei Antigua
Paisaje cerca de Antigua

wenn die Majos den Göttern durch ihr Handeln erneut mißfallen würden.

Seitdem gingen die Männer keine Fische mehr fangen. Die Wälle, die sie am Strand aus Sand gebaut hatten, um die Fische bei Flut in den so entstandenen Lagunen zu sammeln und mit der Milch der *tabaiba* zu vergiften, waren vom Meer davongespült worden. Wer Muscheln suchen ging, forderte die Götter heraus und brachte unter Umständen seine ganze Sippe in Gefahr.

Unwillkürlich griff Yesenia nach dem Amulett an ihrem Hals. Es war ein Geschenk von Attisa, und sie hatte versprechen müssen, daß sie es niemals ablegen würde. Der Stein trug geheime Zeichen und würde sie vor bösen Geistern schützen. Trotzig hob sie das Kinn.

„Meine Mutter hat mir für heute abend ein neues Kleid genäht", brüstete sie sich.

Attisa war dafür bekannt, daß sie sehr gut nähen konnte. Mit Hilfe von spitzen Knochen und dünnen Lederriemen fertigte sie für ihre Kinder wunderschöne Kleider aus gegerbten Ziegenfellen an.

Diese Nachricht schien Idaira jedoch wenig zu beeindrucken, denn sie war voller Neuigkeiten.

„Stell dir vor, ich habe von meiner Mutter gehört, daß die neue Frau, die König Guize heute mitbringt, verstoßen wird, wenn sie keine Kinder bekommt. Genauso wie die dritte Frau deines Vaters. Stimmt das? Soll sie verstoßen werden?"

Yesenia starrte sie verblüfft an. Es ärgerte sie maßlos, eine so wichtige Neuigkeit, die ihre eigene Sippe betraf, von Idaira zu erfahren. Sie spielte mit dem Gedanken, so zu tun, als wüßte sie es längst. Andererseits würde sie dann wahrscheinlich nichts weiter erfahren. Sie gab sich einen Ruck.

„Ich habe keine Ahnung. Woher weiß deine Mutter das?"

„Vor ein paar Tagen sah ich sie mit der Hauptfrau deines Vater reden. Die muß es ihr gesagt haben."

Natürlich, wer sonst. Yesenia spürte, wie die Wut in ihr hochkam.

Ihr Vater besaß drei Frauen. Seine Hauptfrau hatte ihm drei Söhne und eine Tochter geboren. Sie bekam die schönsten Felle, die größten Fleischrationen, und ihre Macht in der Sippe war unantastbar. Eifersüchtig achtete sie darauf, daß Yesenias Bruder nicht in der Gunst des Vaters stieg, denn sie hegte den ehrgeizigen Plan, daß ihr eigener Sohn eines Tages Sippenchef werden sollte. Und je mehr Yerai zu einem starken Krieger heranwuchs, um so öfter intrigierte die Hauptfrau gegen Attisa. Sie nannte sie Töchtermutter und lauerte darauf, sie zu erwischen, wenn sie heimlich eine größere Ration Essen für ihre Töchter stahl. Yesenia haßte die ehrgeizige Frau dafür aus ganzem Herzen.

daba porque todos los demás huían asustados a las montañas para esconderse en la seguridad de las cuevas. Tibiabín, la sabia, lo había predicho. Siempre advertía que algún día regresarían los demonios cuando los Majos disgustaran de nuevo a los Dioses por su comportamiento.

Desde entonces, los hombres ya no iban a pescar. El mar se había llevado las murallas de arena que habían levantado en la playa para coger los peces cuando subía la marea y envenenarlos posteriormente mediante la leche de tabaiba. Quien fuera a buscar conchas desafiaba a los Dioses y podría poner en peligro a todo el clan.

Yesenia tocó intuitivamente el amuleto que colgaba de su cuello. Era un regalo de Attisa, a la que había prometido que nunca se lo quitaría. La piedra llevaba símbolos secretos que la protegían de los espíritus malignos. Con obstinación, levantó la barbilla:

"Mi madre me ha hecho un vestido nuevo para esta noche" alardeó.

Attisa tenía fama de saber coser muy bien. Con la ayuda de huesos agudos y finos cordones de cuero, hacía ropa maravillosa para sus hijos utilizando las pieles curtidas de cabra.

No obstante esta noticia no impresionó a Idaira lo más mínimo, pues también ella tenía novedades:

"Imagínate, he oído a mi madre que la nueva mujer que hoy traerá el Rey Guize, será expulsada del clan si no tiene hijos. Igual que la tercera mujer de tu padre. ¿Es verdad eso? ¿La van a expulsar?".

Yesenia la miró perpleja. Le fastidió enormemente tener que enterarse por Idaira de una novedad tan importante para su propio clan. Por un momento acarició la idea de fingir que ya lo sabía, pero de esa manera no se enteraría de nada más, por lo que hizo de tripas corazón:

"No tengo ni idea. ¿Cómo lo sabe tu madre?"

"Hace algunos días, la vi conversar con la mujer principal de tu padre. Ella debe de habérselo dicho".

Desde luego, quien sino ella. Yesenia sentía como se apoderaba de ella una ira tremenda. Su padre tenía tres mujeres. La mujer principal le había dado tres varones y una hembra. Ella recibía las pieles más bonitas, las mayores raciones de carne y su poder dentro del clan era intocable. Celosamente vigilaba que el hermano de Yesenia no se ganara demasiadas simpatías del padre, ya que en su corazón acariciaba el ambicioso plan de que algún día, su propio hijo mayor se convirtiera en el jefe del clan.

Pero al ver que Yerai se estaba haciendo un guerrero fuerte, la mujer principal tramaba cada vez más intrigas en contra de Attisa. La llamaba

„Bestimmt hat die alte Hexe meinen Vater auf diese Idee gebracht. Jede Frau, die ihm Söhne gebären könnte, ist ihr ein Dorn im Auge. Wenn die Dämonen sie doch mitgenommen hätten!"

Erschrocken über das Ausmaß ihrer Wut schaute Idaira die Freundin beunruhigt an. Vielleicht hätte sie das Gerücht besser für sich behalten, aber im Grunde war es unmöglich, sich nicht mit den Ängsten der dritten Frau zu identifizieren. Für die Sippe war es unbedingt notwendig, daß die Frauen so viele Söhne wie möglich zur Welt brachten. Ohne Söhne besaß der Stamm weder Hirten noch Kämpfer und war unweigerlich zum Hungertod verurteilt. Zehn Monde waren bereits vergangen, und obwohl die dritte Frau täglich der Göttin der Fruchtbarkeit Opfer brachte, blieben ihre Bitten ungehört. Jeder wußte, daß der Sippenchef den hohen Preis, den er für sie bezahlt hatte, bereute. Die kleine Herde Milchziegen war sicherlich wesentlich gebährfähiger gewesen, als die Tochter, die er dafür bekommen hatte. Die Angst vor einer Verstoßung umgab sie ständig, besonders in den quälenden Hungerzeiten. Verzweifelt klammerte sie sich an ihre Jugend und hoffte täglich auf eine baldige Schwangerschaft.

„Hoffentlich passiert uns so etwas nie", murmelte Idaira. „Das brächte Schande über die ganze Familie."

„Niemals werde ich verstoßen!" schnaubte Yesenia. „Ich werde viele Söhne gebären! Viele große, kräftige Söhne!" Idaira schaute sie zweifelnd an.

„Vielleicht liegt ja ein Fluch auf der dritten Frau", überlegte sie. „Selbst Tibiabín hat ihr nicht helfen können."

Das war allerdings bedenklich. Tibiabín sagte immer, wer sich gegen sein Schicksal wehre, lenke den Zorn der Götter auf sich.

Auch Yesenia und Idaira wußten, daß ihre Väter sie eines Tages für eine Herde Ziegen an einen Mann verkaufen würden. Das konnte ein Mann aus dem benachbarten Tal sein oder sogar aus einem anderen Teil der Insel, wie es auch Attisa passiert war. Ihre eigenen Wünsche zählten dabei wenig, aber heimlich hofften sie, im Tal, in der Nähe ihrer Familien bleiben zu können.

Idairas Mutter rief ungeduldig nach ihrer Tochter und unterbrach die beiden Mädchen bei ihrem Schwatz. Yesenia sah der Freundin nach, die eilig ins Haus lief und nickte schadenfroh. Die Muschelkette würde Idaira teuer zu stehen kommen.

In der Zwischenzeit waren Guasimara und Llorena weit voraus. Yesenia beschleunigte ihren Schritt und folgte ihnen über den schmalen Ziegenpfad, tiefer in das Tal hinein.

despectivamente "la madre de hembras" y aguardaba a sorprenderla robando una ración más grande de comida para sus hijas, por lo que Yesenia odiaba con todo su corazón a esa mujer ambiciosa:

"Seguramente la vieja bruja le ha sugerido esa idea a mi padre. Le tiene manía a cada mujer que le pudiera dar hijos varones. ¡Ojalá los demonios se la hubieran llevado!".

Sobresaltada por la violencia de su ira, Idaira miró a la amiga con preocupación. Tal vez hubiera sido mejor guardarse el rumor pero, en el fondo, era imposible no identificarse con los temores de la tercera mujer. Para el clan era de crucial importancia que las mujeres dieran a luz múltiples varones: sin ellos el clan no tendría pastores ni guerreros y estaría sentenciado a la muerte por inanición. Ya habían pasado diez lunas y aunque la tercera mujer llevaba a diario sus ofrendas a la Diosa de la Fertilidad, su deseo permanecía incumplido. Todo el mundo sabía que el jefe del clan se estaba arrepintiendo del alto precio que había pagado por ella. El pequeño rebaño de cabras seguramente había sido mucho más fértil que la mujer que él había recibido a cambio. El miedo de la expulsión la acompañaba constantemente, sobre todo en los duros tiempos de hambre. Se aferraba desesperadamente a su juventud rezando cada día por la llegada de un embarazo.

"Espero que a nosotras, nunca nos pasará algo así" susurró Idaira. *" Eso sólo traería deshonra a toda la familia".*

"¡Jamás seré expulsada!" resolló Yesenia. *"¡Voy a tener muchos hijos! ¡Muchos hijos varones altos y fuertes!"*

Idaira la miró dudando.

"Tal vez, alguien echó una maldición a la tercera mujer", reflexionó, *"Ni siquiera Tibiabín ha podido ayudarla".*

Desde luego esto parecía sospechoso. Tibiabín siempre decía que quien se rebelaba contra su destino atraería hacia sí la ira de los Dioses.

Tanto Yesenia como Idaira sabían que, algún día, sus padres las venderían a un hombre por un rebaño de cabras. Este podría pertenecer al clan del valle vecino o incluso de otra parte de la isla, tal como le había pasado a Attisa. Sus propios deseos contaban muy poco, pero en secreto guardaban la esperanza de poder quedarse en el valle, cerca de sus familias.

Impaciente, la madre de Idaira llamó a su hija e interrumpió la charla de las dos chicas. Yesenia se quedó mirando como la amiga corría apresuradamente a su casa y sonrió alegrándose del mal ajeno. El collar de conchas le costaría caro a la amiga.

Landschaft bei Tefia
Paisaje cerca de Tefia

Die stark abfallende Berghänge zu beiden Seiten waren von Geröll bedeckt. Vor dem schwarzbraunen Hintergrund leuchteten die hellen Flecken der weidenden Ziegen, denen kein Hang zu steil und kein Abgrund zu tief war, wenn sie an seinem Ende Futter witterten.

Die Zeit des Festes war zugleich die heißeste Zeit des Jahres. Die Tiere mußten immer höher steigen, um noch ein hartnäckiges Grün zu finden, das den sengenden Strahlen der Sonne bisher entkommen war. Auf ihrer Futtersuche verstreuten sie sich über die Berge, und es wurde jeden Tag schwieriger sie zu kontrollieren.

Der Tag der *apañada* nahte. Yesenia liebte die Aufregung, die damit verbunden war. Alle Männer und Kinder nahmen daran teil und trieben mit viel Geschrei die Tiere über die Hänge in die *gambuesas*. Dort sortierte jeder Hirte seine Tiere nach ihren *teberites* aus. Yesenias Vater sagte immer, er würde seine Ziegen auch ohne Markierungen erkennen, denn sie hätten ihren eigenen Charakter, wie die Menschen auch.

Jedes Tier zählte, da man nie wußte, ob die Götter den Majos gnädig sein würden. In manchen Jahren wurden sie überreichlich mit Regenfällen beschenkt, und die Herden vermehrten sich schnell. Das führte im Sommer allerdings oft dazu, daß die Hirten weit suchen mußten, um Weideflächen zu finden.

Andere Male fielen kaum ein paar Tropfen, der Boden blieb trocken, und die Quelle oberhalb der Siedlung versiegte bis auf einen kümmerlichen Rest. Dann wurden die Tiere immer schwächer, bis man sie nur noch schlachten konnte, um wenigstens Trockenfleisch daraus zu machen. Die Frauen riefen die Hilfe der Vorfahren an, und die Männer versuchten, im Kampf neue Weidegebiete für die Sippe zu erringen. Oft kamen sie erfolglos, aber blutverschmiert von den Steinwürfen ihrer Gegner nach Hause. Besorgt scharrten dann die Frauen ihre Kinder um sich und fragten Tibiabín und ihre Tochter Tamonante heimlich um Rat. Es galt, neue Geburten zu vermeiden, denn wenn der Gott des Regens ungehalten war, gab es für neue Kinder keinen Platz. Diejenige, die sich nicht vorsah, wußte, daß das Leben des Kindes am Tag der Geburt ein Ende fand.

Aber wenn es genug regnete, dann bedeckten plötzlich weiße, gelbe und violette Blumenteppiche die Berghänge, selbst die stachelige *aulaga* bekam kleine weiße Blüten. Aus den dicken Fingern der *tabaiba* entsprangen saftig grüne Sprieße. Die *tarajales* wucherten, und das Brennholz war gesichert. Überall hörte man kleine Bäche von den Bergen plätschern. An den Palmen hingen schwere Dattelstauden, von deren Früchten Yesenia und ihre Schwestern, trotz der mütterlichen Ermahnungen, immer zuviel aßen.

Mientras, Guasimara y Llurena se habían adelantado mucho. Yesenia aceleró su paso y les siguió por el estrecho camino de cabras, adentrándose más en el valle.

A ambos lados se levantaban vertientes bruscas cubiertas de rocallas. Las cabras se veían desde lejos pastando en los riscos pues resaltaban en la oscura tierra sus pieles blancas. No temían abismos profundos ni laderas abruptas cuando olfateaban hierbas verdes en sus extremos.

La fiesta se celebraba en el mes más caluroso del año. Los animales subían a las cimas más altas en busca de las pocas hierbas que resistían todavía los rayos abrasadores del sol. En su búsqueda de alimento se dispersaban por las montañas y cada día era más difícil controlarlas.

Se acercaba el día de la apañada. Yesenia estaba encantada con la excitación que implicaba. Todos los hombres y niños participaban en conducir el ganado en medio del griterío por las vertientes en dirección a las gambuesas donde, cada pastor, identificaba a sus animales por sus teberites identificativos. El padre de Yesenia afirmaba poder reconocer sus propias cabras aunque no estuvieran marcadas, pues, al igual que los hombres, cada una de ellas tenía su propio carácter.

Cada animal era muy valioso, y es que nunca se sabía si los Dioses tendrían clemencia; había años en que les traían lluvias abundantes y los rebaños se multiplicaban rápidamente, obligando en verano a los pastores a buscar pastos suficientes y nuevos, aunque más lejanos. Otras veces, apenas caían algunas gotas de agua y la tierra permanecía reseca. Entonces, la fuente que se encontraba un poco más arriba de la aldea se reducía a un miserable charco. El ganado se debilitaba progresivamente hasta que ya no quedaba más remedio, para aprovechar al menos su carne seca, que matarlo. Las mujeres pedían ayuda suplicando a los antepasados mientras que los hombres intentaban conseguir nuevos pastos luchando contra los clanes de otros valles. Muchas veces regresaban a casa sin éxito, cubiertos de sangre y heridos por las piedras que lanzaban sus enemigos. Preocupadas, las mujeres juntaban a sus hijos y en secreto pedían consejo a Tibiabín y a su hija, Tamonante. Se trataba de impedir nuevos nacimientos ya que, al estar enfadado el Dios de la Lluvia, no había sitio para más niños. La mujer que no tenía cuidado sabía que la vida de su hijo terminaría el día mismo de su nacimiento.

Pero cuando llovía lo suficiente las vertientes rocosas se cubrían repentinamente de alfombras de flores blancas, amarillas y violetas, y hasta la aulaga espinosa criaba pequeñas flores blancas. De los dedos gordos de la tabaiba salían brotes verdes, los tarajales crecían con exuberancia y la leña estaba asegurada. Se podía oír por doquier el murmullo de los pequeños riachuelos cayendo de las montañas, y las ramas de las

In der Stille des Tals erklang der durchdringende Schrei eines Vogels. Yesenia hob den Kopf und sah zu, wie er langsam über das Tal segelte. Sein Hals war lang und seine großen Schwingen spreizten sich am Ende wie schwarze Finger, die im leuchtenden Kontrast zu seinem weißen Federkleid standen. Schließlich verschwand er hinter dem Bergkamm. Suchend schaute sie sich im Tal um. Von den beiden Schwestern war keine Spur zu entdecken.

„Lluri, Guasi!" rief sie mehrere Male erbost.

Sie war sicher, daß die beiden sich versteckt hatten. Nur zu oft nutzten sie ihre Verträumtheit aus, um sie zum Narren zu halten. Die Hitze des herannahenden Mittags lastete auf den steinigen Hängen. Sie rief erneut, aber außer dem vereinzelten Meckern einer Ziege war die Stille vollkommen. Yesenia begann zu laufen. Geschickt wich sie den spitzen Steinen aus und setzte ihre Füße nur auf den sandigen Boden dazwischen, so wie sie und ihre Schwestern es von klein auf gelernt hatten. Innerhalb kürzester Zeit war sie schweißgebadet. Das Kleid aus Ziegenfell klebte an ihrem Körper, und der Wind in ihrem Haar fühlte sich heiß und trocken an. Ihr Herz begann wild zu klopfen. Immer, wenn ihr die Schwestern davonliefen, redete sie sich ein, daß alles in Ordnung war. Sie hatten sicher nicht von der *tabaiba* gegessen, und es würde sie auch kein Mann eines anderen Stammes entführt haben. Sie brauchte sich nicht zu beunruhigen, es war nur ein Scherz. Aber sie sah auch jedesmal Attisas Gesicht vor sich, falls sie ohne ihre Schwestern nach Hause kommen würde. Die Angst schnürte ihr plötzlich den Hals zu. Niemals könnte die Mutter ihr verzeihen, niemals.

Lluri und Guasi hatten sich bestimmt hinter jenem großen Felsbrocken versteckt oder in einer der vielen Bodenkuhlen. Gleich würden sie kichernd hinter einem *tarajal* hervorkommen und sich an ihrer Sorge weiden, bevor es die wohlverdienten Ohrfeigen hagelte.

Sie hörte einen Pfiff und hielt keuchend inne. Über ihr im Hang, auf ihren hohen Wanderstab gestützt, schaute Tibiabín, die Weise, auf sie herab. Sie war auf dem Weg zum Festplatz. Für das Ereignis hatte sie sich bereits mit Federn, Knochen und heiligen Steinen geschmückt. Auch sie trug ein Kleid aus Ziegenfell, aber es war von einer besonderen Farbe, die Yesenia noch nie gesehen hatte. Die Haut der Alten besaß die gleiche Struktur wie Leder, und ihr Gesicht war von unzähligen Runzeln und Falten durchzogen. Das volle, graue Haar reichte ihr bis zu den Hüften und war mit verschiedenen Kräutern, Steinen und Knochen verflochten. Niemand wußte, wie alt sie war. So lange sich alle erinnern konnten, hatte es die Weise schon immer gegeben. Sie stand in Verbindung mit den Göttern und sagte die Zukunft

palmeras datileras se doblaban bajo el peso de sus frutas dulces de las que Yesenia y sus hermanas siempre comían demasiado, a pesar de las advertencias de Attisa.

De repente oyó el grito de un pájaro volando sobre su cabeza. Alzando la vista pudo ver como sobrevolaba lenta y majestuosamente el valle. Su cuello era largo y tenía las alas muy grandes, que en sus extremos se abrían como dedos negros, contrastando con el resto de su plumaje blanco. Finalmente desapareció detrás de la cordillera.

Miró a su alrededor en busca de las hermanas. En todo el valle, no había ni rastro de ellas.

"¡Lluri, Guasi!" - llamó varias veces, enfadada.

Estaba segura de que ambas se habían escondido. No era la primera vez que sus hermanas le tomaban el pelo por su costumbre de ensimismarse en sus pensamientos. El calor del cercano mediodía pesaba sobre las vertientes rocosas. Volvió a llamar pero la única respuesta fue el balido aislado de una cabra y el más absoluto silencio. Yesenia echó a correr evitando las piedras afiladas con habilidad, pisando sólo el suelo arenoso entre ellas, tal como lo habían aprendido ella y sus hermanas desde pequeñas. En breve se sintió empapada en sudor, con el vestido de piel curtida de cabra pegado al cuerpo y el viento cálido y seco acariciando su pelo. Su corazón empezó a palpitar impetuosamente. Cada vez que se le escapaban sus hermanas se decía que todo iba a salir bien: *"Seguro que no han comido de la tabaiba"*, *"ningún hombre de otro clan puede haberlas secuestrado"*, *"no hay de que preocuparse, simplemente es una broma"*.

Pero a la vez veía la cara de Attisa si se le ocurría llegar a casa sin sus hermanas... De repente sintió un nudo en la garganta. La madre nunca se lo perdonaría, jamás. Sin duda, Lluri y Guasi se habían escondido tras aquella roca grande o dentro de uno de los muchos hoyos del suelo. Aparecerían enseguida, entre risitas, detrás de un tarajal y se regodearían en su preocupación hasta recibir las bofetadas merecidas.

Oyó un silbido y se paró jadeante. Apoyada en su gran bastón Tibiabín, la sabia, la observaba desde la ladera. Se dirigía hacia la plaza, donde se celebraría la fiesta. Su piel de cabra estaba teñida de un color especial que Yesenia nunca había visto. La piel de la anciana parecía tener la misma estructura que el cuero y su cara estaba cubierta de innumerables arrugas. Para el evento se había engalanado con plumas, huesos y piedras sagradas. Su pelo, gris y fuerte, llegaba hasta la cintura trenzado y adornado de igual manera. Nadie sabía cuantos años tenía, y según recordaban los ancianos, la sabia siempre había estado allí. Predecía el futuro y decían que estaba en contacto con los Dioses; la verdad era que ninguno de los dos Reyes osaba partir a la guerra sin pedir su bendición. Su hija

Landschaft bei Lajares
Paisaje cerca de Lajares

voraus. Keiner der beiden Könige wagte es, in den Krieg zu ziehen, ohne um ihren Segen zu bitten. Ihre Tochter, Tamonante, war die Ratgeberin der Sippenführer und Könige. Sie sprach Recht in allen Streitfragen und besaß die Eigenschaft, plötzlich und unerwartet an den unterschiedlichsten Orten zu erscheinen.

Wie festgenagelt starrte Yesenia Tibiabín fasziniert an. Sie hatte diese nur wenige Male von weitem gesehen, denn sie richtete das Wort ausschließlich an die Sippenführer und ihre Frauen.

„Warum läufst du wie eine aufgeschreckte, dumme Ziege durchs Tal?" fragte Tibiabín. „Du solltest im Dorf sein und deiner Mutter bei den Festvorbereitungen helfen, anstatt spazierenzugehen."

Ihre Stimme klang nicht wie die einer alten Frau. Sie war tief, aber nicht so kräftig, wie die der Männer, sondern gedehnt, wie der Ton einer gespannten Sehne. Yesenia wurde sich ihrer schweigenden Unhöflichkeit bewußt und beantwortete eilig die Frage der hohen Frau.

„Das versuche ich ja gerade. Ich sollte mit meinen Schwestern Holz für das Feuer sammeln, aber sie sind davongelaufen und haben sich versteckt. Ich kann sie nicht finden."

Tibiabín kicherte. „Möchtest du wissen, wo sie sind?" fragte sie. „Wenn das deine Besorgnis ist, sag' ich es dir, weil ich heute guter Laune bin. Bedenke aber, daß dir nur eine einzige Frage gewährt ist und nicht mehr."

Aufgeregt trat Yesenia von einem Fuß auf den anderen. Die große Tibiabín würde ihr eine Frage beantworten, ihr, einem kleinen Mädchen, von dessen Existenz sie bisher sicher niemals Notiz genommen hatte. Sie versuchte verzweifelt, eine Entscheidung zu treffen, was ihr dringendstes Begehren war und hatte ihre Schwestern völlig vergessen. Schließlich gab sie sich einen Ruck und hob stolz den Kopf.

„Ich möchte wissen, ob ich eine Hauptfrau mit vielen Söhnen werde." Tibiabín schnaubte verächtlich.

„Alle wollen sie das gleiche wissen, wie langweilig! Aber bitte, wie du willst."

Ihr Gesichtsausdruck wurde plötzlich scharf und klar. Die schwarzen Augen fixierten Yesenia, als könnten sie in ihr Innerstes hineinsehen.

„Das Schicksal eines jeden ist unwiderruflich im großen Plan der Götter verwoben", sagte sie. „Jeder muß seinen Platz darin einnehmen, und nur der, der ihn erkennt, findet Erfüllung. Du wirst eine Hauptfrau sein und doch keine, du wirst Söhne haben, und doch werden es nicht deine sein. Allein deine Stärke wird entscheiden, ob du deines Schicksals würdig bist." Mit diesen Worten ergriff sie ihren

Tamonante era la consejera tanto de los jefes de los clanes como de los Reyes. Ella administraba justicia en todos los conflictos y poseía el don de aparecer repentina e inesperadamente en los lugares más inesperados.

Fascinada Yesenia clavó la mirada en Tibiabín. La había visto sólo en pocas ocasiones y de lejos, pues dirigía la palabra exclusivamente a los jefes de los clanes y a sus mujeres.

"¿Porque corres por el barranco como un baifito tonto y asustado?" - preguntó Tibiabín. - *"Deberías estar ayudando a tu madre con los preparativos de la fiesta en vez de pasear".*

Su voz no parecía la de una anciana. Era profunda aunque no tan fuerte como las de los hombres, sino más bien alargada, como el sonido de una cuerda tensa. Yesenia se dio cuenta entonces de su silencio descortés y se apresuró a contestar la pregunta de la mujer:

"Eso es lo que intento. Tenía que buscar leña para el fuego junto con mis hermanas, pero se escaparon y ahora están escondidas. No puedo encontrarlas".

Tibiabín soltó una risotada:

"¿Quieres saber dónde están?" - preguntó. *"Si es esa tu mayor preocupación, te lo diré porque hoy estoy de buen humor. Pero recuerda que te concederé una sola pregunta, no más".*

Se apoderó de Yesenia tal excitación que no pudo quedarse quieta, moviéndose de forma nerviosa. La gran Tibiabín respondería a su pregunta, a ella, una pequeña de cuya existencia a buen seguro no se había percatado hasta hoy. Olvidó completamente a sus hermanas e intentó con desesperación tomar una decisión sobre su más apremiante petición. Al fin, y haciendo de tripas corazón, levantó la cabeza orgullosamente:

"Quiero saber si llegaré a ser mujer principal con muchos hijos varones".

Tibiabín resopló con desdén:

"Todas quieren saber lo mismo. ¡Que aburridas sois! Pero bien, como quieras".

Su fisonomía se acentuó de repente, como la de una mujer joven, y tomó una expresión clara. Sus ojos negros se clavaron en Yesenia como si pudiera ver hasta el fondo de su corazón:

"El destino de cada uno está irreversiblemente tejido en el Plan supremo de los Dioses", aseveró. *"Cada uno tiene que ocupar el lugar que le fue asignado y sólo quien es capaz de reconocerlo, encontrará la felicidad. Serás y no serás mujer principal. Tendrás hijos y, no obstante, no serán tuyos. Unicamente tu fuerza decidirá si eres digna de tu destino".*

Stock und ging kichernd davon. Verblüfft starrte Yesenia ihr nach. Sie wußte wahrhaftig nicht, was sie mit der Antwort der weisen Frau anfangen sollte. Eine leise Angst beschlich sie. Vielleicht wäre es doch besser gewesen, Tibiabín nach dem Verbleib ihrer Schwestern zu fragen.

EINE REISE INS 15. JAHRHUNDERT

Es ist zweifellos eine Überforderung für den Autofahrer, den Weg von Pájara Richtung Betancuria gebührend zu würdigen. Die schmale Hochstraße, die zu einem der historischen Schauplätze Fuerteventuras führt, der Felsenge Mal Paso im Tal von Vega de Rio Palmas, wird auf der einen Seite durch die steilen, schroffen Felsen des Betancuriagebirges begrenzt und auf der anderen Seite durch schwindelerregende Abgründe. Bei einem vorsichtigen Blick in die Tiefe kann man auf dem sandigen Boden der ausgetrockneten *barrancos* vereinzelte grüne Flecken erkennen. Dort haben Pflanzenwurzeln einen letzten Rest Feuchtigkeit gefunden. In den unteren Regionen der kantigen Berghänge sieht man die Mauerreste alter *gavias*. Zwischen den Felsen wachsen *tabaibas*, *veroles* und die unverwüstliche *aulaga*. Letztere wird auch das „Pflanzenskelett" genannt. Die *aulaga* ist eines der Sinnbilder dieser Insel und wurde als solches von dem spanischen Dichter Miguel de Unamuno am Anfang dieses Jahrhunderts in seinen Gedichten verewigt.

Nach einer scharfen Kurve eröffnet sich plötzlich der Blick auf die Felsenge des Mal Paso und den Erdstausee des *barranco* de las Peñitas. War der Winter regenreich, führt der Stausee auch im Sommer noch Wasser. Voller Moos und Schlamm, ist er das Zuhause eines der größten Biotope der Insel. Die Diskussion um sein zukünftiges Schicksal zieht sich nun schon über Jahre hin. Welchen Weg man auch wählt, er fordert Opfer. Gegen eine „Entschlammungsaktion" spricht die unweigerliche Zerstörung des Biotops. Dazu käme der enorme Kostenaufwand, der mit solch einer Operation an dieser schwer zugänglichen Stelle des *barrancos* verbunden wäre. Läßt man den See jedoch wie er ist, verschlammt er immer mehr und bleibt ohne landwirtschaftlichen Nutzen.

Die Bauern sind zweifellos der Ansicht, daß die Wiedergewinnung dieses riesigen Wasserauffangbeckens für die Bewässerung der umliegenden, trockenen Felder absolut notwendig ist und würden kaum den Verlust der *tarajales* bedauern, die in einem großen Teil des

Tras pronunciar estas palabras recogió su bastón y continuó su marcha entre risas. Desconcertada, Yesenia le siguió con la vista mientras desaparecía en la montaña. De verdad que no sabía que hacer con esta respuesta. Un vago temor la sobrecogió.

Tal vez hubiera sido mejor preguntarle a Tibiabín por el paradero de sus hermanas.

UN VIAJE AL SIGLO QUINCE

Sería demasiado pedir para cualquier persona que apreciase debidamente desde su volante el camino que conduce hasta uno de los escenarios históricos más importantes de Fuerteventura, el desfiladero de Mal Paso, en el valle de La Vega de Río Palma. Una estrecha carretera de montaña limitada a un lado por las rocas bruscas y escarpadas del macizo de Betancuria y al otro por abismos vertiginosos, permite ver los secos barrancos a aquel que se atreva a mirar sus profundidades. La tierra arenosa se alterna con aisladas manchas verdes donde las raíces de las plantas han encontrado un último resto de humedad. En las regiones más declives de estas angulosas vertientes y sobre las capas de tierra que aún resisten, pueden apreciarse restos de murallas de las antiguas gavias. Entre las rocas crecen las tabaibas, los veroles y la sinigual resistente aulaga, también llamada «el esqueleto vegetal». Es uno de los símbolos de esta isla y como tal la inmortalizó en sus versos el poeta español Don Miguel de Unamuno a principios de este siglo.

Después de pasar una de las cerradas curvas de nuestro recorrido aparece ante nuestra vista el desfiladero del Mal Paso y la presa del Barranco de las Peñitas. Tras un invierno lluvioso, aún es posible que la presa tenga agua a pesar de que estemos ya en la estación de verano. Cubierta de musgo y fango, es el hogar de uno de los biotopos más grandes de la isla cuyo destino se discute desde hace años. Sea cual fuere el camino por el que se opte, siempre habrá víctimas. En contra de una «acción de desembarrar» se opone la inevitable destrucción del biotopo. Además una operación de esta índole significaría unos gastos enormes en este lugar del barranco donde el acceso es muy complicado. Sin embargo, dejando el lago como está, se irá embarrando cada vez más y perderá por completo su utilidad agrícola.

Los agricultores opinan que la recuperación de este gigantesco depósito de agua es imprescindible para poder regar los campos ahora secos a su alrededor; no lamentarían mucho la pérdida de los taraja-

*barranco*s wachsen. In der Zwischenzeit harrt der See gelassen seinem Schicksal.

Wer sich jedoch, so wie ich, auf den Spuren der Geschichte Fuerteventuras befindet, den interessieren die ökologischen und landwirtschaftlichen Sorgen der Majoreros zunächst wenig. Nach der anstrengenden Fahrt steige ich an dem Aussichtspunkt über dem Stausee erleichtert aus. Der Ausblick überwältigt mich immer wieder aufs neue. Vorsichtig wage ich mich an den Rand des Abgrundes und spähe in den Mal Paso hinein. Zwischen den nackten, grauen Felsen schimmert die kleine, weiße Kapelle der *Virgen de la Peña*, dessen Name, *Heilige Jungfrau aus dem Fels*, seinen Ursprung in der Auffindung einer Marienfigur hat, die an dieser Stelle im 15. Jahrhundert entdeckt wurde.

Abgesehen von den vereinzelten Reisebussen der touristischen Inselrundfahrten fahren hier oben nur wenige Autos vorbei. Mit etwas Glück bleibt man für kurze Zeit allein und kann die Stille „hören", die nur von dem Zwitschern der Vögel und dem Meckern einer Ziege unterbrochen wird. Es ist keine Stille, in der einfach nur die alltäglichen Geräusche fehlen, sondern eine Stille, in der man mit einem Mal den Atem der Zeit wahrnimmt. Auf Fuerteventura gibt es viele solcher Orte, denn man kann sich, auch heute noch, in kürzester Zeit von jeglicher Zivilisation entfernen.

Ich reiße mich von dem vertrauten Anblick los und fahre das kurze Stück bis zum Eingang des Dörfchens Vega de Rio Palma. Hier beginnen die Reste des berühmten Palmenhains, von dem die alten Chroniken erzählen.

In Anbetracht des mangelnden Baumbestandes der Insel ist der Hain auch heute noch eine Oase. Im Sommer mag es schwerfallen, sich die achthundert Palmen und den Fluß vorzustellen, von denen in dem Reisetagebuch der französisch-spanischen Eroberer, *Le Canarien*, die Rede ist. Wer jedoch in einem regenreichen Winter kommt, wird Zeuge, wie die Natur Fuerteventuras aus dem Dornröschenschlaf erwacht. Über Nacht verwandelt sich braunes Geröll in grünbewachsene Berghänge, Margeriten- und Klatschmohnfelder entstehen im Tal zwischen den Palmen, wildes Korn sprießt aus dem kargen Boden, der durch ein paar Tropfen Wasser plötzlich fruchtbar wird.

Ich lasse das Auto am Ende eines Feldweges stehen und beginne den Abstieg ins Tal. An dieser Stelle ist das trockene Flußbett voller weißer Salzkrusten. *Tarajales* und Palmen sind tief in dem sandigen Boden verwurzelt. Ich erinnere mich an den kleinen Bach, der vor einigen Jahren im Winter den Stausee, nach langer Zeit der Trockenheit, wieder gefüllt hatte. Heute ist der Bach versickert, und auch der See liegt

les que cubren gran parte del barranco. Mientras el embalse aguarda serenamente su destino, se realizan serios estudios agrícolas sobre el tema sin que exista hasta el momento una conclusión definitiva.

Sin embargo quien, como yo, sigue las huellas de la historia de Fuerteventura, no se interesa demasiado por las preocupaciones ecológicas y agrícolas de los Majoreros. En una más de mis muchas excursiones me bajo del coche, aliviada después de tan agotador viaje, en el mirador situado justamente sobre la presa; como de costumbre, la vista no deja de fascinarme. Me acerco con mucho cuidado al borde del precipicio para observar el interior del Mal Paso. Entre las desnudas rocas grises asoma resplandeciente la pequeña capilla blanca de la Virgen de la Peña, cuyo nombre tiene su origen en el hallazgo de la figura de la Virgen descubierta en este mismo lugar allá por el siglo XV.

Salvo las guaguas de los turistas pasando de tanto en cuando, aquí arriba circulan pocos coches. Se puede permanecer totalmente solo durante unos minutos y escuchar el silencio, interrumpido únicamente por el gorjeo de los pájaros y el balido de alguna que otra cabra. No es un silencio simplemente exento de los ruidos cotidianos, sino un silencio en que se puede sentir el hálito del tiempo. En Fuerteventura hay muchos lugares con estas características ya que, aún hoy, uno puede alejarse en un mínimo de tiempo de cualquier signo de civilización.

Dejo la vista que ya me es tan familiar y continúo un corto tramo hasta la entrada del pueblecito de Vega de Río Palma, donde empiezan los famosos palmerales de los que hablaban las viejas crónicas. Si tenemos en cuenta la escasez de árboles en la isla, este palmeral constituye un verdadero oasis. En verano resulta difícil imaginarse las ochocientas palmeras y el río que describe el diario de los conquistadores franco-españoles, *Le Canarien*, pero paseando por el lugar en un invierno lluvioso, uno puede ser testigo del despertar de esta naturaleza dormida de su sueño encantado: de la noche a la mañana la oscura rocalla se transforma en verdeadas laderas; en el valle, entre las palmeras, crecen campos enteros de margaritas y amapolas, granos silvestres brotan del suelo árido que, gracias a unas pocas gotas de agua, se ha convertido en tierra fértil.

Abandono el coche al final de un camino vecinal y emprendo el descenso al valle. En este punto, el barranco seco está lleno de costras blancas de sal. Los tarajales y las palmeras están profundamente arraigados en el suelo. Recuerdo el riachuelo pequeño que llenó la presa el invierno pasado tras cuatro años de sequía. Desde entonces

ausgetrocknet in der Sonne. Dem „guten Jahr" sind, ganz der Inseltradition entsprechend, wieder einmal mehrere „schlechte", also niederschlagsarme, Jahre gefolgt.

Am Fuß des gegenüberliegenden Hanges treffe ich auf einen ausgetretenen Pfad, den vor mir schon unzählige Pilger benutzt haben. Ehemals war dieser Weg befestigt und führte von der Westküste bis nach Betancuria. Viele Versprechen an die *Virgen de la Peña* sind darauf eingelöst worden, zu Fuß, und man sagt sogar auf Knien. Langsam gehe ich den moosbedeckten See entlang. Das dichte Schilf bewegt sich in einer leichten Brise, die aus der Felsenge kommt. Selbst wenn der See Wasser führt, hat er nur eine Tiefe von einem halben Meter, aber darunter liegen fünf Meter dicker Schlamm, der dem Wasser eine dunkelbraune Farbe gibt.

Hier unten ist die Stille vollkommen. Die Sonne brennt mir erbarmungslos auf Kopf und Schultern, und wie immer bereue ich, einen Sonnenhut vergessen zu haben. Kein Majorero würde einen Ausflug ohne Kopfbedeckung unternehmen.

Schließlich taucht die niedrige Staumauer vor mir auf. Im Winter kann man hier sehen, wie das Wasser sich unterhalb der Mauer durch die Erde filtert und über die ausgewaschenen Granitblöcke durch die Felsenge fließt, um sich dann in einem kleinen Teich zu sammeln. Wenn es ein wirklich „gutes Jahr" ist, nimmt das Wasser seinen weiteren Verlauf an die Küste durch ein tiefer gelegenes kleines Palmental, bis hin zur Madre del Agua, einer ehemaligen Oase am Fuß von Ajui.

Der Erdstausee wurde in den sechziger Jahren, unter der Regierung General Francos, von politischen Strafgefangenen angelegt. Zuvor floß das Regenwasser, das sich aus den Bergen Betancurias im Tal von Vega de Rio Palmas sammelte, ungehindert durch die Felsenge hinab bis ins Meer. Um Verschwemmungen dieser Art einzudämmen, legte man schon vor Jahrhunderten Terassen in den Bergen an, die sogenannten *gavias*, in denen Korn angebaut wurde.

Wie damals ist auch heute noch der Abstieg durch die Felsenge nicht ungefährlich. Die Syenit- und Granitfelsen sind so ausgewaschen und glatt, daß man sie selbst im trockenen Zustand nur mit gutem Schuhwerk begehen kann.

Vorsichtig hangel' ich an der Mauer entlang und suche mir den sichersten Weg in die Tiefe. Die Größe der glatten Granitblöcke ist überwältigend. Links und rechts ragen die Berge steil in die Höhe. Schlitternd bringe ich die letzten Meter hinter mich, bevor ich über einen wackeligen Holzsteg balanciere, der zu einer kleinen Treppe oberhalb der Kapelle führt.

Das Gebäude wurde aus dem damals typischen kalkhaltigen Baumaterial, der *tosca blanca* gefertigt. Die alte Holztür ist wie immer

el riachuelo se ha secado, no así la presa aunque al *año bueno* le siguió un *año malo*, es decir, con pocas lluvias, según corresponde a la tradición de la isla.

Al pie de la vertiente situada enfrente, encuentro un sendero ya utilizado por incontables peregrinos antes que yo. En otros tiempos, este sendero estaba afirmado y llegaba desde la costa occidental hasta Betancuria. Aquí se han cumplido muchas ofrendas a la Virgen de la Peña, a pie y, según cuentan, incluso de rodillas. Lentamente paseo alrededor del lago cubierto de musgo. La caña espesa se mueve al ritmo de la brisa del desfiladero. El embalse tiene apenas cincuenta centímetros de profundidad, pero por debajo la capa de fango puede alcanzar los cinco metros, dando al agua su característico color marrón oscuro.

En este lugar el silencio es absoluto. El sol quema los hombros y la cabeza con sus rayos abrasadores y, como siempre, me arrepiento de no haber traído un sombrero; ningún Majorero se iría de excursión sin llevarlo consigo. Llego por fin a la pequeña muralla por debajo de la cual, en invierno, se puede ver el agua filtrándose para seguir su camino a través del desfiladero, serpenteando a través de los bloques de granito lavoteados, para acumularse en un pequeño estanque. Si se trata de *un año realmente bueno*, el agua sigue su paso hasta la costa, atravesando el palmeral que se encuentra más abajo, en el valle, para llegar hasta un antiguo oasis situado al pie de Ajui llamado la Madre del Agua.

El embalse fue construido en los años sesenta, bajo el régimen del General Franco, por prisioneros políticos. Anteriormente la poca lluvia que se acumulaba en el valle de La Vega procedente de las montañas de Betancuria, iba a parar al mar sin que nada detuviera su rumbo. Ya desde antaño, con la intención de contener y aprovechar los aluviones, se construyen las gavias a modo de terrazas en las que se sembraba el grano tras las lluvias.

Ahora, como antes, el descenso por el desfiladero es peligroso. Las rocas de sienita y granito están tan derrubiadas y lisas que incluso secas sólo pueden ser superadas con el calzado apropiado. Con mucho cuidado y pegada a la muralla, busco el camino más seguro hacia la profundidad. El tamaño de los lisos bloques de granito me deja sin aliento. A derecha e izquierda las montañas empinadas parecen levantarse hasta el cielo. Atravieso resbalando el último tramo para poder cruzar por fin la pasarela de madera que, no sin un arriesgado balanceo, lleva hasta una pequeña escalera por encima de la capilla.

La blanca capilla fue construida con piedras secas. La puerta de madera, más vieja en cada nueva visita, permanece abierta. Su inte-

Westküste bei La Pared
Costa occidental cerca de La Pared

unverschlossen. In der Kapelle, die nur aus einem einzigen Raum besteht, sind die Wände übersät mit Inschriften von gläubigen und nicht so gläubigen Besuchern. Unzählige Heiligenbildchen, Geschenke der denkwürdigsten Art, sowie vollgeschriebene Schulhefte liegen auf dem Mäuerchen in einer Nische. Darüber hängt die Kopie des Gemäldes von der Entdeckung der *Virgen de la Peña* durch den Heiligen San Diego de Alcalá. Das Original wird heute in der Kirche von Vega de Rio Palmas aufbewahrt.

Die Legende über diese Entdeckung besagt, daß am 19. Mai 1434 Padre Fray Juan Torcaz, ein Mönch des Franziskanerklosters aus Betancuria, zum Kräutersammeln geschickt wurde. Seine Suche führte ihn in das Tal von Vega de Rio Palmas. Dort wurde er plötzlich von gewaltigen Blitzen überrascht und einer himmlischen Musik, die aus der Felsenge des Mal Paso zu kommen schien. Vor lauter Entsetzen versteckte er sich in einem tiefen Brunnen, wo er, seinen Rosenkranz betend, die Nacht verbrachte. Dort fanden ihn am nächsten Tag der Abt des Klosters, Diego de Alcalá, und Bewohner Betancurias. Wider aller Logik zogen sie den zu Tode erschrockenen Pater trockenen Fußes aus dem Brunnen. Auch die Hirten der umliegenden Gegend berichteten jetzt von Blitzen, die die Nacht taghell erleuchtet hatten. Unverzüglich begab man sich zum Mal Paso, um den geheimnisvollen Geschehnissen nachzugehen.

Die Musik schien aus dem Berg selbst zu kommen. Schnell wurde entsprechendes Werkzeug beschafft, um den Berg zu öffnen. Der Felswiderstand jedoch allen Hammerschlägen, bis Diego de Alcalá, einer göttlichen Eingebung folgend, auf eine bestimmte Stelle im Granit wies. Nach den ersten Schlägen öffnete sich dort das Gestein, und in der Nische erschien eine weiße Marienfigur. Später errichtete man der *Virgen de la Peña* diese Kapelle.

Ich verlasse den dunklen Raum und setze mich draußen, im Schatten einer kleinen Höhle, auf einen breiten Granitsockel. Oberhalb der Kapelle sind die Reste einer alten Trockensteinmauer zu sehen, die einst den Verlauf des Pilgerweges in Richtung Ajui begrenzte. Pilgerungen, Bittprozessionen und Versprechungen an ihre Schutzheiligen waren in früheren Tagen, während Hungersnöten und Trockenperioden, der einzige Trost und die ganze Hoffnung der Majoreros. Bis heute besitzt jede Gemeinde ihre(n) Schutzheilige(n), die jährlich gefeiert werden.

Durch ihre mysteriöse Erscheinung wurde die *Virgen de la Peña* in späteren Jahrhunderten nicht nur die zuständige Jungfrau für Wunder, sondern man wählte sie zur Schutzpatronin der ganzen Insel. Wenn es um Leben und Tod ging, gab man ihr ein Versprechen, das, falls der Wunsch gewährt wurde, an ihrem Gedenktag eingelöst werden mußte. Dieses Versprechen konnte jeglicher Art sein. Dazu gehörte

rior, formado por un único cuarto, muestra unas paredes recubiertas de las más variopintas inscripciones, tanto de sus fieles visitantes como de aquellos otros que no lo son tanto. Un sinnúmero de estampas de Santos, regalos de los más memorables, así como cuadernos repletos, están depositados sobre el muro de un nicho. Por encima se halla colgada la copia del lienzo del descubrimiento de la Virgen de la Peña por San Diego de Alcalá, cuyo original se guarda actualmente en la iglesia de Vega de Río Palmas.

Cuenta la leyenda sobre este descubrimiento que tal que un 19 de mayo de 1434, el monje Fray Juan Torcaz fue mandado a buscar hierbas por su abad, el superior del convento franciscano de Betancuria, Fray Diego de Alcalá. Su busca lo llevó al valle de Vega de Río Palmas donde, de repente, fue sorprendido por fuertes relámpagos y una música celestial que parecían proceder del desfiladero del Mal Paso. Se asustó de tal manera que hubo de introducirse en un pozo para esconderse, donde pasó la noche rezando con su rosario. En ese lugar, ya al día siguiente, lo encontraron el abad Fray Diego de Alcalá y otros habitantes de Betancuria. Sacaron al padre del pozo mortalmente asustado pero, contra toda lógica, totalmente seco. Entonces los pastores empezaron a relatar también la visión de relámpagos iluminando la noche anterior que se había hecho tan clara como el día. Sin mas demora caminaron hacia el Mal Paso para investigar tan misteriosos acontecimientos.

La música parecía salir de la misma montaña. Rápidamente buscaron las herramientas apropiadas para escarbar en la montaña, pero la roca se opuso a todos los martillazos hasta que Fray Diego de Alcalá, guiado por una divina inspiración, indicó un punto concreto en la pared de granito. La roca cedió a los primeros golpes, apareciendo en el nicho una figura blanca de la Virgen. Fue así como, tiempo más tarde, se levantó en ese mismo lugar la capilla en honor de la Virgen de la Peña.

Dejo la oscuridad de la capilla y me siento sobre un ancho zócalo de granito a la sombra de una cueva. Por encima de la capilla se pueden ver los restos de un viejo muro de piedras resecas que, antiguamente, limitaba el trayecto del camino de peregrinación en dirección a Ajui. En el pasado, durante las hambrunas y sequías, las peregrinaciones, procesiones, rogativas y promesas a sus santos patrones constituían el único consuelo y esperanza de los Majoreros. Hoy en día, cada municipio tiene su santo y cada año se celebra una fiesta en su honor.

genauso der Schwur, mit der Familie eine Pilgerfahrt durch alle Kirchen und Kapellen Fuerteventuras zu machen, wie die gesamte Insel zu Fuß zu durchqueren, oder sogar auf Knien den Weg bis zur Kapelle der Jungfrau zurückzulegen. Daß diese alte Tradition bis in die heutigen Tage ihre Bedeutung behalten hat, beweisen die Majoreros jedes dritte Wochenende im September. Jung und alt nimmt an den nächtlichen Wanderungen und dem Fest, im Anschluß an die religiösen Zeremonien, teil.

Der Historiker gibt sich mit der Legende über die Auffindung der Jungfrau, die heute in der Kirche von Vega de Rio Palmas steht, natürlich nicht zufrieden. Wie ist die Marienfigur nun wirklich in die Felsnische gekommen?

Hatte sie Jean de Bethencourt, der Eroberer, seinerzeit für die Kirche Betancurias mitgebracht? Ließ er sie, im Angesicht der ständigen Bedrohung durch Piratenangriffe, heimlich im Mal Paso verstekken, wo sie dann später einfach vergessen wurde? Zwei der vielen ungelösten Fragen über die Insel Fuerteventura.

Tatsache ist jedoch, daß im *barranco* Mal Paso nicht nur ein Wunder stattgefunden hat, sondern daß dieser auch einer der Schauplätze des Eroberungsfeldzugs der Spanier war. Der normannischen Edelmann Jean de Bethencourt eroberte, unterstützt durch spanischen Krone im Zuge der Christianisierung 1405 die Insel Fuerteventura. Diese „heilige Mission" wurde von seinen ergebenen Protokollführern beschrieben, doch die Lektüre ihrer Schriften läßt vermuten, daß es sich hier um eine sehr großzügige Zusammenfassung der historischen Geschehnisse handelt.

Wenn man im allgemeinen von „Edelmännern" spricht, kommen einem vielleicht sofort alte Ritterfilme in den Sinn. Wer die Geschichte studiert, weiß allerdings, daß der Adelsstand in den seltensten Fällen mit den Tugenden ausgestattet war, die der Romantiker ihm zuspricht. Die Majoreros können nach fast fünfhundert Jahren Feudalherrschaft ein Lied davon singen. Das Verhalten der „edlen Herren" stand oft in krassem Gegensatz zu ihren proklamierten Idealen, was ja, bedauernswerterweise, menschlich ist und nicht nur damals Quelle unzähliger Konflikte war. Don Jean de Bethencourt ist dafür ein wunderbares Beispiel.

Dieser normannische „Edelmann" hatte 1402 Frankreich kurzfristig verlassen müssen, da seine Raubüberfälle auf englische Handelsschiffe von den Briten nicht länger geduldet wurden. Als England seine Beschwerde den französischen Autoritäten vortrug, ließen diese ausrichten, daß Herr Bethencourt ausgezogen sei, um die Kanarischen Inseln zu erobern. Gleich nach seiner Rückkehr würde man ihn zu den Vorkommnissen zur Rede stellen. Kurz darauf erklärten sich die beiden

Gracias a su misteriosa aparición, la Virgen de la Peña no sólo se convirtió en la Santa a quien pedir y atribuir milagros durante los siglos posteriores, sino que fue elegida también patrona de toda la isla. Ante cuestiones de vida o muerte se le hacía una promesa que, tras la concesión del ruego, había de ser cumplida en la fiesta patronal del año. Tal promesa podía versar desde el juramento de una peregrinación por todas las iglesias y capillas de Fuerteventura junto a toda la familia, hasta atravesar la isla caminado a pie, o incluso pasar el trayecto hacia la capilla de la Virgen a rodillas. Que esta vieja tradición ha mantenido su importancia hasta nuestros días lo demuestran los Majoreros cada tercer fin de semana de septiembre. Mozos y mayores participan en las caminatas nocturnas y en la fiesta que se celebra a continuación de los actos religiosos.

Es natural que el historiador no se conforme con la leyenda del hallazgo de la Virgen, hoy albergada en la iglesia de la Vega de Río Palma. ¿Cómo llegó la figura realmente al nicho en la roca? ¿La había traído Jean de Bethencourt, el conquistador, en aquel tiempo para donarla a la iglesia de Betancuria? ¿Ante las continuas amenazas por los ataques de los piratas la haría esconder en secreto en el Mal Paso donde, más tarde, fue simplemente olvidada? Estos son otros de los muchos interrogantes sin resolver acerca de la isla de Fuerteventura y su historia.

Sin embargo, es un hecho que en el Barranco del Mal Paso no sólo se produjo un milagro sino que también fue uno de los escenarios de las expediciones militares de la conquista española en el año 1405. La versión oficial sobre el noble normando Jean de Bethencourt, su conquista y cristianización de la isla, constituye sólo un generoso resumen de unos acontecimientos históricos mucho más amplios.

Hablando de «nobles» se corre el riesgo de hacerse mentalmente el retrato de los impolutos personajes de las viejas películas de caballeros, pero quien estudia la historia sabe que la condición de noble raras veces implicaba la posesión de las virtudes románticamente asignadas. La memoria histórica de los Majoreros, después de casi 500 años de feudalismo, lo sabe muy bien. El comportamiento de los señores nobles contrastaba brusca y frecuentemente con los ideales proclamados, algo sin duda muy humano y a la vez fuente de un sinnúmero de conflictos. Don Jean de Bethencourt proporciona un buen ejemplo para demostrarlo.

En 1402 este noble normando hubo de abandonar precipitadamente Francia hartos como estaban los británicos de sus asaltos a buques mercantes de pabellón inglés. Cuando Inglaterra presentó su queja ante las

Blick vom „Morro Veloso" auf die Dörfer Valle de Sta. Inés und
Vista desde "Morro Veloso" a Valle de Sta. Inés y Llanos de la Concepción

Mächte wieder einmal den Krieg, womit die Angelegenheit zu den Akten kam.

Bethencourt finanzierte seine überstürzte Abreise, indem er sich von seinem Onkel, dem Conde de la Niebla, das nötige Kleingeld dazu lieh. Der Conde ließ sich jedoch durch die verwandtschaftlichen Bande nicht davon abhalten, die Grafschaften seines Neffen in Grainville als Pfand einzubehalten.

Ein Kumpan aus alten Piratentagen, der „Edelmann" Gadifer de La Salle, schloß sich Bethencourt an. Ihr Hauptplan bestand zunächst darin, durch Feldzüge an der afrikanischen Küste reich zu werden. Um für alle Eventualitäten ausgerüstet zu sein, nahmen sie auf ihrem Schiff zwei Franziskanermönche mit, die ihnen als Chronisten und Missionare dienen sollten, sowie zwei kanarische Sklaven zum Übersetzen.

Als sie kanarische Gewässer erreichten, änderten sie ihren Plan jedoch und landeten erst einmal auf Lanzarote, in der Meinung, daß die kanarischen Ureinwohner leichter zu besiegen waren, als die wilden afrikanischen Stämme. Der Kampf mit den Inselbewohnern zeigte ihnen allerdings schnell, daß sie mit ihrem kleinen Schiff für eine Eroberung schlecht vorbereitet waren. Mit Müh und Not faßten sie auf der Insel Fuß. Nur der Eingriff der geistesgegenwärtigen Missionare, die rasch Weihwasser über die Ureinwohner schütteten und sie somit zu Christen erklärten, verhinderte ein riesiges Massaker.

Man beschloß, daß Bethencourt bei dem spanischen König Enrique III. um Hilfe bitten sollte, während La Salle die Stellung halten würde.

Bethencourt brauchte geschlagene zwei Jahre für sein Anliegen. Diese Zeit nutzte La Salle, um Erkundigungsgänge auf den anderen Inseln zu unternehmen.

Es gelang ihm auf „Erbania", wie man Fuerteventura zu dieser Zeit nannte, das „Schloß Richeroque" zu errichten, das vermutlich an der Ostküste Fuerteventuras, in der Nähe Pozo Negros, seinen Sitz hatte. Heute allerdings fehlt von dem alten Gemäuer jegliche Spur. Außerdem drang La Salle in das Tal Vega de Rio Palmas ein. Dort wurden die Spanier zum ersten Mal von den Ureinwohnern angegriffen, die bisher vorgezogen hatten, unsichtbar zu bleiben. Vielleicht hofften sie, daß die Eindringlinge, einem Spuk gleich, wieder verschwinden würden. Die Eroberer wichen überwältigt von der Kraft und Vehemenz des Angriffs zurück, denn der Majo war ein wahrer Künstler im Steinwurf. Dieser Ausflug ist die Grundlage für die umstrittene Beschreibung in der alten Chronik *Le Canarien*.

Als Bethencourt schließlich mit Schiffen und einem größeren Gefolge auf Lanzarote eintraf, war er alleinig mit allen Privilegien des spanischen Königs ausgestattet. Erbost forderte La Salle bei Enrique III. seine Rechte

autoridades francesas, estas hubieron de responder que el Señor de Bethencourt había salido a conquistar las Islas Canarias y que inmediatamente a su regreso se le pedirían explicaciones de los sucesos. Poco después ambas potencias volvían una vez más a declararse la guerra, permitiendo olvidar el caso, si bien para entonces Bethencourt ya había financiado su precipitada huida con un préstamo de su tío, el Conde de la Niebla. En concepto de prenda y a pesar de los vínculos de parentesco, el Conde no renunció a quedarse con los condados de Grainville de su sobrino. El noble Gadifer de La Salle, antiguo compañero de correrías piratescas, se unió a él en la expedición, cuyo plan consistía en enriquecerse saqueando la costa africana. Para cualquier imprevisto que pudiera surgir formaban parte de su tripulación dos monjes franciscanos que les servirían de cronistas y misioneros y dos esclavos canarios como traductores.

Llegando a aguas canarias cambiaron sus planes y atracaron en Lanzarote, con la idea de que sería más fácil vencer a los aborígenes canarios que a las tribus salvajes de Africa. Pero la lucha contra los aborígenes isleños rápidamente les hizo comprender que, con su pequeño barco y su escasa tripulación, no estaban preparados para tal conquista ; a penas tomaron tierra en la isla ya habían sido reducidos, y fue la valiente intervención de los misioneros, que rápidamente vertieron agua bendita sobre los aborígenes declarándolos cristianos, la que evitó la masacre. Decidieron entonces que Bethencourt iría a ver al Rey español Enrique III para pedir su ayuda para la conquista, mientras que La Salle mantendría la posición.

Bethencourt necesitaría dos años enteros para lograr su objetivo; mientras tanto La Salle llevó a cabo varias incursiones de reconocimiento en las otras islas. Consiguió levantar el llamado Castillo de Richeroque en la isla de Erbania, como se llamaba Fuerteventura en aquel entonces, supuestamente en la costa este, cerca de Pozo Negro. Hoy ya no queda ningún rastro de las antiguas murallas. La Salle penetró además hasta el valle de Vega de Río Palmas, donde fueron atacados por vez primera por los aborígenes, que hasta el momento habían permanecido ocultos. Esperaban tal vez que los intrusos desaparecerían igual que habían llegado. Los conquistadores se hubieron de retirar derrotados por la fuerza y vehemencia del ataque, ya que el Majo era un verdadero maestro en el lanzamiento de piedras. Esta excursión es la descripción realizada en la vieja crónica *Le Canarien*, si bien este relato histórico ha sido muy discutido.

Cuando Bethencourt llegó finalmente a Lanzarote con barcos y muchos más seguidores resultó que tan sólo él mismo había recibido los privilegios del Rey español. La Salle reclamó encolerizado sus dere-

ein. Aber die Beschwerde wurde bei Hof ignoriert und, nunmehr mittellos, sah er sich gezwungen, nach Frankreich zurückzukehren.

In der Zwischenzeit zog Bethencourt seine Kräfte zusammen und errichtete eine weitere Festung, das „Schloß Valtarajal". Dessen ehemaliger Standort wird oberhalb des heutigen Betancurias vermutet, aber leider gibt es auch darüber keine bewiesenen archäologischen Funde. „Richeroque" und „Valtarajal" werden immer wieder in den Chroniken genannt und waren bis zur endgültigen Eroberung die militärischen Stützpunkte der Angreifer. Ihr völliges Verschwinden wird auf die späteren Überfälle der afrikanischen Piraten zurückgeführt.

Auf Anraten Tibiabíns und Tamonantes ergaben sich also schließlich die beiden Könige Guize und Ayose und ließen sich am 25. und 31. Januar 1405 von den Mönchen taufen.

Bethencourt bestimmte das Tal hinter Vega de Rio Palmas zum Gründungsort seiner Hauptstadt. Diese Wahl beruhte auf militärischen Überlegungen. Für eine so schwer zu verteidigende Insel wie Fuerteventura war die Lage ideal. Zur Westküste und zum Süden hin konnten sie Angreifer an der Felsenge des Mal Paso abfangen. Richtung Norden und Osten, zur Mitte der Insel, boten die großen Täler zwar keinen Schutz, erlaubten ihnen aber, vom Bergkamm des Morro Veloso aus, jeden Feind auf viele Kilometer hin rechtzeitig zu erkennen. Ein weiterer entscheidender Punkt war, daß das Tal besonders fruchtbaren Boden hatte und sich zum landwirtschaftlichen Anbau eignete. Bethencourt ließ als erstes Gebäude eine Kirche errichten und gab dem Ort den Namen „Villa de Santa Maria de Betancuria". Das war der Auftakt zu dem Zeitalter des Feudalsystems.

Mit seinem Beginn war aber auch das Aussterben der noch verbliebenen Majos endgültig besiegelt. Die letzten Informationen über ihre Anwesenheit auf Fuerteventura findet man in Kirchenarchiven aus dem 16. Jahrhundert, in denen eine Heirat zwischen zwei „Eingeborenen" registriert wurde.

Das Versprechen, durch die Christianisierung ein besseres Leben zu erlangen, hatte sich nicht erfüllt. Trotz ihrer Bereitschaft zur Bekehrung führten sie ein sklavenähnliches Dasein. Selbst die beiden ehemaligen Könige waren mit den kärgsten und wasserärmsten Landstücken versehen worden, nämlich jenen, die nach der Verteilung des Landes unter den Eroberern übriggeblieben waren.

Die männlichen Majos wurden von den neuen Herren als Hirten für die Ziegenherden eingesetzt und auch mit ihnen weiterverkauft. Viele der Frauen wurden zu den Geliebten der neuen Herrscher. Mit dem Zerfall der Familie löste sich die Struktur der Majo-Gesellschaft auf.

Es ist nur wenig über ihre Religion und Bräuche bekannt, die von den Eindringlingen aus der „zivilisierten" Welt als die Sitten von Wilden

chos ante Enrique III, pero la queja cayó en saco roto y fue ignorada por la Corte, y al verse sin medios hubo de regresar a Francia.

Mientras estos hechos tenían lugar, Bethencourt reunió sus fuerzas y levantó otra fortaleza en Fuerteventura, el Castillo Valtarajal; se supone que se encontraba por encima del actual pueblo de Betancuria, pero por desgracia tampoco hay hallazgos arqueológicos que confirmen esta teoría. En las crónicas Richeroque y Valtarajal vuelven a ser mencionados, suponiéndose que hasta la conquista definitiva albergaron las bases militares de los atacantes. Su total desaparición se atribuye a los posteriores ataques de los piratas africanos.

Siguiendo el consejo de Tibiabín y Tamonante, los Reyes Guize y Ayose finalmente se rindieron, dejándose bautizar por los monjes los días 25 y 31 de enero de 1405, respectivamente.

Basándose en criterios militares, Bethencourt decidió que el valle siguiente al de Vega de Río Palma sería el lugar donde fundaría su capital. Para una isla tan difícil de defender, esa posición era ideal. Hacia la costa oeste y hacia el sur los hipotéticos atacantes podían ser capturados en el desfiladero del Mal Paso. En dirección norte y este, hacia el centro de la isla, los grandes valles no ofrecían protección, si bien permitían reconocer a tiempo cualquier enemigo acercándose desde muy lejos, desde la cima del Morro Veloso. Otro punto decisivo era que el valle disponía de un suelo especialmente fértil, siendo apropiado para la actividad agrícola. El primer edificio que hizo levantar Bethencourt fue una iglesia y bautizó el lugar con el nombre de Villa de Santa María de Betancuria, preludio de la recién inaugurada era del feudalismo.

Su comienzo decidió la extinción definitiva de los Majos. Las últimas informaciones sobre su presencia en Fuerteventura están en los archivos de la iglesia del siglo XVI, en un registro de boda entre dos aborígenes. La promesa de conseguir una vida mejor gracias al cristianismo no se cumplió; a pesar de su conversión a la fe cristiana llevaban una existencia parecida a la de los esclavos. Incluso los dos antiguos Reyes habían sido "recompensados" con los terrenos más áridos y miserables que sobraron tras el reparto de la tierra.

Los nuevos señores empleaban a los Majos varones como pastores para los rebaños de cabras, pudiendo ser vendidos junto con estos. Muchas de las mujeres se convirtieron en las amantes de los conquistadores. La decadencia de la familia llevaría a la disolución de la estructura establecida en la sociedad majo. Poco se sabe sobre su religión y sus costumbres, algo que los recién llegados del mundo civilizado despreciaron como hábitos de salvajes. Los monjes franciscanos sólo se referían a

verachtet wurden. Die Franziskanermönche erwähnten diese Bräuche nur, um die Notwendigkeit der Bekehrung hervorzuheben. Ihre Beschreibungen sind von Desinteresse und Unverständnis geprägt.

Um so erstaunlicher ist es, daß uralte Bräuche, wie die Ziegenkäseherstellung oder die Keramikkunst, Teil unserer Gegenwart sind. Auch tragen viele Kinder auf Fuerteventura heute Namen aus der alten Guanchen- oder Majokultur. Die Seele des Majos ist nicht ganz verloren.

Ich verlasse die stille Abgeschiedenheit des *barranco* del Mal Paso und mache mich auf den Weg nach Betancuria.

Das ausgetrocknete Flußbett zieht sich vom Mal Paso bis zur alten Hauptstadt. Zwischen brachliegenden Feldern stehen viele windbetriebene Wassermühlen, die das letzte, ständig sinkende Grundwasser zu Tage befördern sollen.

Verschwemmungen aus den umliegenden Bergen haben Spuren terrakottaroter Erde auf der Straße hinterlassen. Man hat versucht, das Wasser durch kleine Tunnel unter der Straße abzuleiten, aber jeden Winter findet es neue Wege. Außer den Palmen wachsen im Tal Mimosen, Feigenbäume und Kakteen. An einem der Hänge steht ein Agavenwald: Zeugnis aus der Zeit, in der die Agavenblätter zur Sisalverarbeitung genutzt wurden und die hoch aufragende Agavenblüte als Weihnachtsbaumersatz.

Nach einer halben Stunde erreiche ich Betancuria. Eingebettet in einer tiefen Mulde zwischen den umliegenden Bergen liegt die einstige Hauptstadt Fuerteventuras. Ihr Wahrzeichen ist der hohe, weiße Kirchturm, von dem man vermutet, daß er den größten Angriffen der „Berber" standgehalten hat.

Um die Kirche gruppieren sich die letzten Herrschaftshäuser. Die zweistöckigen Gebäude waren mit ihren Balkonen, weiten Patios und den großzügigen Räumlichkeiten das Symbol für den noblen Stand ihrer ehemaligen Bewohner.

Unterhalb davon teilt der *barranco* das Dorf in zwei Hälften. Auf der linken Seite duckt sich eine Reihe niedriger kleiner Wohnhäuser mit alten Ziegeldächern. Sie gehören zu den ältesten erhaltenen Gebäuden, die bereits im 17. Jahrhundert in den Reisebeschreibungen ausländischer Besucher erwähnt wurden.

Alle anderen Wohnhäuser, die über die angrenzenden beiden Berghänge verstreut liegen, sind unterschiedlichen Entstehungsdatums. In den Aufzeichnungen des *Cabildos* aus dem 16. Jahrhundert wird oft der „Palast Betancurias" genannt. Ist der „Palast" heute verschwunden oder handelt es sich bei dieser Bezeichnung einfach nur um eine Übertreibung, als Zeichen der „Ehrfurcht" vor dem *Señor*? Das würde bedeuten, daß sich der Sitz der Feudalherren in den auch heute noch vorhan-

estas costumbres para hacer hincapié en la necesidad de la cristianización. Sus descripciones están marcadas por el desinterés, el prejuicio y la incomprensión.

Asombroso resulta que costumbres antiquísimas, como la elaboración del queso de cabra o el arte cerámico, formen parte de nuestro presente; así mismo, aunque por razones bien distintas, el hecho de que muchos niños de Fuerteventura tengan, hoy en día, nombres de la vieja cultura de los Guanches o Majos. El alma del Majo no se ha perdido totalmente.

Abandono la tranquila soledad del Barranco del Mal Paso y emprendo el camino hacia Betancuria. El barranco seco se extiende desde el Mal Paso hasta la antigua capital. En los campos baldíos se levantan múltiples molinos de agua accionados por el viento, encargados de subir a la superficie las últimas aguas subterráneas, cuyo nivel, por desgracia, desciende incontroladamente.

Los aluviones de las montañas vecinas han dejado sus huellas de tierra sobre la carretera. Aunque se ha tratado de desviar el agua a por pequeños túneles excavados bajo la carretera, cada invierno encuentra caminos nuevos. Además de palmeras, en el valle crecen mimos, higueras y cactus. En una de las laderas se levanta un bosque de pitas, mudo testigo de la época en que sus hojas se utilizaban para fabricar el sisal y la flor gigante remplazaba el árbol navideño.

Después de pasar otra curva la vista se abre hacia Betancuria. Acurrucada en una cuenca profunda entre las montañas próximas se encuentra la antigua capital de Fuerteventura. Su símbolo es el alto campanario blanco de la iglesia del que se supone ha resistido a los ataques más fuertes de los berberiscos. Las últimas casas señoriales se agrupan alrededor de la iglesia. Los edificios de dos plantas con balcones, amplios patios y salones generosos, eran el símbolo nobiliario más patente de sus antiguos habitantes.

Más abajo el barranco divide en dos al pueblo. A la izquierda parece esconderse una fila de viviendas bajas cubiertas de techumbres de teja vieja. Forman parte de los edificios más antiguos que han sido conservados y que ya se mencionaban en los diarios de los visitantes extranjeros del siglo diecisiete. El resto de viviendas, dispersas en las laderas de las montañas vecinas, tienen diferentes edades. Los registros del Cabildo del siglo XVI hacen repetida mención al Palacio de Betancuria. ¿Ha desaparecido este Palacio, o se trata tan sólo de una exageración, señal de reverencia nacida del temor hacia el Señorío?. Esto significaría que los señores feudales tenían su domicilio en las viejas casas señoriales, aún en pie en el centro del pueblo. Otro diario describe Betancuria como una ciudad de 150 casas. A pesar de la

denen alten Herrschaftshäusern in der Mitte des Dorfes befand. Ein weiterer Bericht beschreibt Betancuria als eine „Stadt" mit hundertfünfzig Häusern. Trotz aller Übertreibungstendenzen der Berichterstatter wäre es durchaus möglich, daß Betancuria einst diese Größe besessen hat, denn zu jener Zeit konzentrierte sich der Wohnsitz der Gesamtbevölkerung fast ausschließlich auf dieses kleine Tal. Später verlor das Dorf durch die Gründung neuer Kirchengemeinden seinen Hauptstadttitel, und nach und nach verteilten sich seine Bewohner über die ganze Insel. Viele alte Häuser verfielen, ohne jemals wieder aufgebaut zu werden.

Es fällt schwer, das Bild der Vergangenheit wachzurufen, denn zu viele Raubzüge haben das ursprüngliche Dorfbild zerstört. Ein Zeichen dafür ist die Ruine des ein wenig abseits liegenden Franziskanerklosters, von dem nur noch die Grundmauern erhalten sind.

Die zum Kloster gehörende Kapelle ist irgendwie verschont geblieben und hält die Legenden über San Diego de Alcalá wach. Seine Heiligsprechung verdankt er aber nicht nur der Entdeckung der *Virgen de la Peña*. Man erzählt auch, er habe einmal bei der Klosterkapelle den Teufel mit einem Strick festgebunden, damit dieser kein Unwesen mehr treiben könne. Unglücklicherweise kam ein Hirte des Weges, dem das arme Tier leid tat, und der es wieder losband. Dieser Strick wurde für viele Jahre heilig gehalten, bis er stückchenweise verschwand.

Hier in der Nähe muß außerdem die Palme stehen, deren Datteln San Diego einst einen Zahn gekostet haben. Seither, sagen die Anwohner, wachsen auf dieser Palme nur noch steinlose Früchte!

Als San Diego de Alcalá nach Fuerteventura kam, hatte Jean de Bethencourt die Insel schon wieder verlassen, ja sie gehörte ihm inzwischen nicht einmal mehr. Dabei hatte er König der Kanaren werden wollen und die Gründung seines Königreiches gut vorbereitet. Die etwa hundertfünfzig Menschen, die ihm nach Fuerteventura gefolgt waren, bildeten ein buntes Gemisch aller Klassen. Es gab hochgestellte Persönlichkeiten, das heißt Verwandte, denen er ein reiches, mühelos zu erlangendes Einkommen versprochen hatte, die begleitet wurden von Handwerkern und Landwirten zur praktischen Ausführung dieser Ziele. Die Kirche wurde durch Franziskanermönche vertreten, die sofort ihre Missionsarbeit aufnahmen. Entsprechend ihres Standes verteilte Bethencourt unter ihnen das Land. Was übrig blieb, wurde den bekehrten Ureinwohnern zugesprochen.

Bei den Immigranten handelte es sich zunächst um Gascogner, Normannen und Andalusier, später kamen Kastilier und Portugiesen dazu. Außerdem dauerte es nicht lange, bis nach den ersten

tendencia a la exageración de los narradores, pudo ser posible que Betancuria tuviera antiguamente tal extensión, ya que en aquellos tiempos la práctica totalidad de la población se concentraba en este pequeño valle. Con la fundación de nuevas parroquias tiempo más tarde el pueblo perdió su título de capital, y poco a poco sus habitantes se irían dispersando por toda la geografía majorera. Muchas de las casas antiguas se desmoronaron sin volver a ser levantadas nunca más.

Es difícil revivir la imagen del pasado ya que son demasiados los ataques que han destruido la estructura original del pueblo, quedando como símbolo de tales ataques las ruinas del convento franciscano que se encuentra un poco apartado del pueblo y del que apenas se conservan los cimientos.

La capilla del convento se salvó de tan triste destino, manteniendo vivas las viejas leyendas sobre San Diego de Alcalá. Su canonización no solo se debe al descubrimiento de la Virgen de la Peña; se dice también que en una ocasión, cerca de la capilla del convento, había amarrado al Diablo con una cuerda para que este ya no pudiera hacer de las suyas. Desgraciadamente pasó por el camino un pastor al que el pobre animal le daba pena, volviéndolo a soltar. Durante años se consideró sagrada tal cuerda, hasta que el tiempo acabó con ella. En las cercanías debe encontrarse también aquella palmera cuyos dátiles le costaron un diente a San Diego; desde entonces, según dicen los lugareños, ¡en esta palmera crecen sólo frutas sin pipas!.

Cuando San Diego de Alcalá llegó a Fuerteventura, Jean de Bethencourt ya había abandonado definitivamente la isla que ya ni tan siquiera le pertenecía. Y eso a pesar de pretender convertirse en el Rey de las Canarias y haber preparado bien la fundación de su nuevo Reino. Las aproximadamente 150 personas que le habían seguido a Fuerteventura formaban una variopinta mezcla de todas las capas sociales. Había personalidades de alto rango, parientes a los que había prometido grandes riquezas sin demasiado esfuerzo, acompañados por artesanos y agricultores para poner en práctica estos objetivos. La iglesia estaba representada por monjes franciscanos que no tardaron en empezar su labor misionera. Según su categoría, Bethencourt repartía entre ellos las tierras, dejando lo que sobró a los aborígenes convertidos en cristianos.

Al principio los emigrantes eran gascones, normandos y andaluces, a los que seguirían más tarde castellanos y portugueses. Tras los primeros ataques a la costa africana emplearían además esclavos como mano de obra. Bethencourt prometió a todos los que con él habían llegado que

Wanderdüne - Playa de Sotavento
La Duna - Playa de Sotavento

Vorstößen an die afrikanische Küste, Sklaven als billige Arbeitsmittel eingesetzt wurden.

Bethencourt versprach allen, die mit ihm gekommen waren, daß sie die ersten neun Jahre keinerlei Abgaben zu leisten hätten. Danach würden sie ein Fünftel ihrer Erträge an den Herrn der Insel abtreten müssen, damit er mit diesem Geld Festungen zur Verteidigung bauen lassen könne (wozu es niemals gekommen ist). Damit war für viele Jahrhunderte die verhaßteste und umstrittenste aller Steuern geschaffen: *El quinto* (das Fünftel). Außerdem untersagte Bethencourt jegliche Warenausfuhr ohne eine Genehmigung und Steuerabgabe an den *Señor*.

Frohen Mutes segelte er 1412 nach Frankreich und setzte seinen Neffen Maciot als Gouverneur für Fuerteventura und Lanzarote ein. Sobald er jedoch zu Hause ankam, forderte sein Onkel das ihm gegebene Darlehen zurück. Da die Inseln noch keine großen Erträge abwarfen, mußte sich Bethencourt wohl oder übel von ihnen trennen, wenn er nicht seine heimischen Grafschaften verlieren wollte.

Nun begann ein Tauziehen um die Inseln, das über mehrere Jahrzehnte andauerte. Von allen Seiten stellten vermeintliche Eroberer beim König Ansprüche auf die Inseln. Den Grund dafür lieferte die *orchilla*. Diese auf der Insel weit verbreitete Flechtenart war auf dem europäischen Markt als Färbemittel sehr begehrt.

Aus den Verkäufen und Streitereien ging schließlich als alleinige Erbin die vierundzwanzigjährige Inés de Peraza de las Casas hervor. Doña Inés war eine junge Frau adliger Herkunft, die mit großer Entschlossenheit das Schicksal der Inseln in ihre kundigen Hände nahm. Zusammen mit ihrem Mann, Diego García de Herrera, erwirkte sie bis 1454 bei König Enrique IV. den Zuspruch des alleinigen Eroberungsrechts auf die Kanarischen Inseln. Selbst die vorherigen Zusprachen Kastiliens an die Portugiesen wurden rückgängig gemacht.

1456 erreichte das Ehepaar mit seinen Kindern und einem großen Gefolge auf drei Schiffen Fuerteventura. Sie wurden begleitet von Verwandten, Freunden, Beamten, sieben Mönchen, Zivilisten sowie Militär aus Castilla.

Die Chroniken besagen, daß allein die Erscheinung der hochherrschaftlichen *Señores* die zu jener Zeit stattfindenden Aufstände im Keim erstickte. Erleichtert eilte ihnen Juan Cid, der erste und einzige Bischof, den die Insel je besessen hat, zur Seite. Man beschloß, den Tag der Ankunft der neuen *Señores* mit der Ernennung des damaligen Schutzheiligen Fuerteventuras, „San Buenaventura", zu verbinden. Der 14. Juli 1456 wurde zum Festtag deklariert, der übrigens

durante los nueve primeros años no tendrían que pagar ningún tipo de tributos. Pasado este tiempo tendrían que ceder la quinta parte de sus beneficios al dueño de la isla para que este pudiera así construir fortalezas para su defensa - algo que nunca llegó a cumplir -. Así se creó el que sería durante muchos siglos el más odiado y discutido de todos los impuestos: el quinto. Bethencourt prohibió además cualquier exportación de mercancías sin previo permiso y contribución al Señor.

En 1412 regresó felizmente a Francia en su velero después de nombrar a su sobrino Maciot gobernador de Fuerteventura y Lanzarote. Pero en cuanto hubo llegado a su destino, su tío le reclamó el préstamo concedido; ya que las islas no rendían demasiados beneficios optó por separarse de ellas para no perder sus condados franceses.

Empezaba en ese momento una pugna por las islas que duraría varios decenios; por doquier surgían supuestos conquistadores reclamando su derecho a las islas ante el Rey. La causa de tanto interés era la orchilla, un tipo de liquen que crecía en toda la isla, muy solicitado como tinte en el mercado europeo.

Después de todas las ventas y querellas resultó heredera única Doña Inés de Peraza de las Casas, de 24 años de edad. Era una mujer joven de noble familia que tomó el destino de las islas en sus manos con admirable decisión; junto a su marido, Don Diego García de Herrera, obtuvo del Rey Enrique IV en el año 1454 la adjudicación del derecho de conquista exclusivo de las Islas Canarias, siendo anuladas incluso las adjudicaciones anteriores concedidas por Castilla a los portugueses.

En 1456, el matrimonio llegó a Fuerteventura con tres barcos, llevando consigo a sus hijos y parientes, además de funcionarios, 7 monjes, y una gran escolta de civiles y militares de Castilla. Las crónicas dicen que sólo la aparición de tan Ilustres Señores sofocó en sus orígenes los levantamientos que tenían lugar en aquel tiempo. Aliviado, Juan Cid, el primer y único obispo que Fuerteventura jamás tendría, se apresuró a correr a su lado. Se decidió vincular el día de la llegada de los nuevos Señores con el nombramiento del entonces patrón de Fuerteventura, San Buenaventura. El día 14 de julio de 1456 se declaró festivo, y hasta hoy se celebra esta fiesta en Betancuria con un desfile militar y una procesión en honor de San Buenaventura.

Según los historiadores el matrimonio Herrera-Peraza no dejó lugar a dudas sobre quienes eran los verdaderos dueños de la isla. El Rey les había provisto de todos los derechos posibles; el derecho civil y penal, además de las competencias fiscales y todo el aparato administrativo estaban sujetos a su autoridad. O dicho de otra manera, nadie se movía en la isla sin previo permiso de los

heute noch mit einer Militärparade und einer Prozession zu Ehren „San Buenaventuras" in Betancuria gefeiert wird.

Den Berichten der Historiker zufolge ließ das Ehepaar Herrera-Peraza bei niemandem einen Zweifel darüber aufkommen, wer die wirklichen Herren der Inseln waren. Der König hatte sie mit allen juristischen und administrativen Rechten ausgestattet. Ihrer Autorität unterlag das Zivil- und Strafrecht, die steuerliche und administrative Verwaltung, kurz gesagt, niemand bewegte sich auf der Insel, ohne eine vorherige Erlaubnis der *Señores*. Sie errichteten Steuereintreibebüros für die Abgabe der *quintos* und des Mietzinses für die Landbenutzung, kontrollierten die Export- und Importrechte, und wer es wagte, sich über ihren Kopf hinweg beim König zu beschweren, dem drohte ein dunkles Ende.

Ihren Hauptwohnsitz nahmen sie auf Lanzarote in Teguise ein und statteten Fuerteventura und den inzwischen eroberten Inseln La Gomera und El Hierro nur sporadische Besuche ab. Zur Aufsicht hatten sie genug Familienangehörige mitgebracht, die dafür sorgten, daß ihnen auch nicht der geringste Obolus entging. Abgesehen von den *quintos* der *Señorios* begehrte jetzt auch die Kirche ihren Teil an den Einkünften der Untertanen, und es wurde der sogenannte *diezmo* (zehnte Teil aller Erträge) eingerichtet.

Diego Garcia war ein großer Krieger. Unermüdlich versuchte er in den nächsten Jahren, auch die beiden Inseln Gran Canaria und Teneriffa zu erobern. Doch bei Hofe wurde man aufmerksam. Die Krone hatte keinerlei Interesse daran, daß sich die Feudalherren ihr eigenes kleines Königreich schafften. Außerdem teilte sich nun ein nicht weniger ehrgeiziges Ehepaar, als es die García-Perazas waren, den spanischen Thron. König Enrique IV. war von Isabel I. abgelöst worden, und es wehte ein neuer Wind bei Hofe. Enriques Spitzname war „der Impotente" gewesen, was sich keineswegs auf eine physische Unfähigkeit bezog, sondern auf seine politische Labilität und die Beeinflußbarkeit durch intrigierende Ratgeber. Aber Königin Isabel I. war aus einem ganz anderen Holz geschnitzt. Sie heiratete Fernando II. von Aragón und verband so die beiden Königreiche Aragón und Kastilien. Kurze Zeit später eroberten sie gemeinsam Granada und Navarra. Um das neues Imperium besser kontrollieren zu können, verstießen Isabel und Fernando 1492 beziehungsweise 1502 die Araber und Juden aus Spanien und gründeten das Tribunal der heiligen Inquisition. Damit vereinten sie alle Religionsrichtungen ihres Herrschaftsgebietes. Unter dem Deckmantel der religiösen Verfolgung, wurde das Heilige Tribunal zu ihrem wichtigsten

Señores. Levantaron oficinas de recaudación para la entrega de los quintos y del alquiler para el uso del terreno, controlaban los derechos de exportación e importación, y quien osaba quejarse ante el Rey sin avisarles previamente nunca acababa bien. Instalaron su domicilio principal en el pueblo Lanzaroteño de Teguise, haciendo tan sólo esporádicas visitas a Fuerteventura y las demás islas conquistadas - La Gomera y El Hierro -. Habían traído suficientes familiares que vigilaban las otras islas y se ocupaban de que no se escapara ni el mínimo óbolo. Aparte de los quintos de los Señoríos, también la iglesia exigía su parte de los ingresos a los súbditos, lo que dio lugar al llamado diezimus, y que consistía en la décima parte de todos los beneficios.

Diego García era un gran guerrero. En los años siguientes trataría incesantemente de conquistar las islas de Gran Canaria y Tenerife. Pero, la corte se fijó en él; la corona no tenía ningún interés en que los señores feudales crearan sus propios reinos. El trono español era compartido ahora por un matrimonio no menos ambicioso que los García-Peraza.

El Rey Enrique IV había sido sustituido por Isabel I, y en la corte soplaban otros vientos. El apodo de Enrique había sido «el impotente», lo que no hacía referencia a su incapacidad física sino a su labilidad política e influenciabilidad por sus consejeros intrigantes. Pero la Reina Isabel I estaba hecha de otra madera; se casó con Fernando II de Aragón juntando así los reinos de Castilla y Aragón. Poco más tarde reconquistarían juntos Granada y Navarra. Para poder controlar mejor su nuevo imperio, Isabel y Fernando expulsaron, en 1492 y 1502, respectivamente, a los árabes y judíos de España y constituyeron el Tribunal de la Santa Inquisición, aunando así todas las corrientes religiosas de su imperio. Bajo la capa de la persecución religiosa el Santo Tribunal se manifestó como su más importante órgano de control, y la historia les agraciaba con el apodo de Reyes Católicos. Tendrían además la perspicacia de apoyar a Cristóbal Colón en su viaje al Nuevo Mundo, algo que les valió la hegemonía en América del Sur.

Por eso, cuando los nuevos Reyes conocieron las intenciones de Don Diego García pusieron inmediatamente término a sus ambiciones. Solícitamente hicieron entender que una operación militar de tal índole superaba sus posibilidades, pagando al matrimonio una compensación por ello. Aseguraban así el control sobre las dos islas principales al Reino, las que serían desde entonces consideradas islas realengas.

Kontrollorgan, und die Geschichte bedachte sie mit dem zusätzlichen Namen der „Katholischen Könige". Außerdem besaßen sie den Weitblick, Christoph Columbus auf seinen Reisen in die Neue Welt zu unterstützen, was ihnen die Vorherrschaft in Südamerika einbrachte.

Als die neuen Könige daher die Intentionen Diego Garcías erkannten, geboten sie seinem Ehrgeiz Gran Canaria und Teneriffa zu erobern, schnellstens Einhalt. Fürsorglich gaben sie ihm zu verstehen, daß eine solche Militäraktion über seine Möglichkeiten hinausginge und zahlten das Ehepaar einfach aus. Somit sicherten sie dem Königreich die Kontrolle über die beiden Hauptinseln.

Eine Entscheidung von großer Tragweite, denn so begann das königliche Militär auf den Kanaren Fuß zu fassen, was später, im 19. Jahrhundert, schließlich mit der Abschaffung der *Señores* endete.

Von nun an ging Diego Garcia seiner Kriegslust verstärkt an der Küste Afrikas nach und erlangte großen Reichtum durch den Sklavenhandel. Zwar versuchten die Mönche und der Bischof immer wieder, ihren Einfluß geltend zu machen, indem sie so viele Sklaven wie möglich tauften und zu freien Christen erklärten, aber die meisten wurden dennoch direkt nach Sevilla verschifft und auf den großen Sklavenmärkten verkauft. Für seine Feldzüge rekrutierte Garcia Herrera die konvertierten Ureinwohner und christlichen Untertanen seines *Señorios*, was großen Unfrieden im Volk stiftete. Niemand hatte Interesse daran, Arbeitskräfte und Familienväter zu verlieren, ganz abgesehen davon, daß Don Diegos Raubzüge die Gegenattacken der Berber hervorriefen. Wenn diese über die Insel herfielen, brandschatzten sie, wo sie nur konnten und machten ihrerseits unter den Majoreros Gefangene, die sie nur gegen ein hohes Lösegeld oder gefangene Landsmänner austauschten. Dabei waren natürlich die Sklaven auf Fuerteventura ihre besten Komplizen. Aber die *Señores* nahmen diese Risiken in Kauf, denn in der Arbeit auf dem Feld und in der Viehwirtschaft waren die Afrikaner von großem Nutzen. Kaum einer der Gefangenen konnte die Mittel aufbringen, sich freizukaufen. Die Alternative zum Sklaventum war, sich zum christlichen Glauben zu bekehren, um so zumindest unter dem Schutz der Kirche zu stehen. Viele Frauen lebten von der Prostitution und versuchten, durch die Geburt von illegitimen Kindern die Freiheit zu erlangen.

Als die „Katholischen Könige" im Jahre 1492 Granada eroberten und die definitive Verbannung der Juden und Araber ausgesprochen hatten, erwirkten die *Señores* eine Ausnahmeregelung für die Kanaren. In der Angst um den Verlust billiger Arbeitskräfte sprach man in den Briefen an den König von der ergebenen Treue der *moros*.

Anfang des 16. Jahrhunderts lebten auf Lanzarote und Fuerteventura fast eintausendfünfhundert Menschen afrikanischer Herkunft, deren Zahl durch die aus dem spanischen Festland verbannten Familien noch wach-

Doña Inés y Don Diego habrían de renunciar ante tan sutil obligación a Gran Canaria y Tenerife. Tal decisión tuvo gran repercusión mucho más tarde; al suponer el asentamiento del auténtico militar en Canarias, permitiría ya en el siglo XIX la definitiva abolición de los Señoríos.

A partir de entonces Don Diego García dirigió su belicosidad hacia las costas africanas, llegando a obtener grandes beneficios del tráfico de esclavos. Aunque los monjes y el mismo obispo trataban sin desfallecer de hacer valer su influencia, bautizando todos los esclavos posibles y declarándolos cristianos libres, la mayoría fueron embarcados directamente con destino a Sevilla para ser vendidos en los grandes mercados de esclavos. Para sus expediciones militares García Herrera reclutaba los aborígenes cristianizados y los súbditos cristianos de sus Señoríos, algo que sembró gran discordia entre el pueblo. Nadie tenía interés en perder mano de obra ni padres de familia, eso sin tener en cuenta que los ataques de Don Diego daban lugar a los contraataques de los berberiscos. Cuando estos últimos se abalanzaban sobre la isla, saqueaban lo que podían y hacían prisioneros entre los Majoreros, canjeándolos después sólo por un rescate muy alto o por intercambio con sus propios compatriotas capturados, teniendo lógicamente a sus mejores cómplices entre los esclavos de Fuerteventura. Pero los Señores corrían este riesgo ya que en el trabajo del campo y de la ganadería, los africanos eran de gran utilidad. Difícilmente algún prisionero podía reunir los medios necesarios para comprar su libertad; la alternativa a la esclavitud era convertirse en cristiano y, por lo menos así, encontrarse bajo la protección de la iglesia. Muchas mujeres vivían de la prostitución e intentaban, engendrando hijos ilegítimos, conseguir la libertad.

Cuando, en el año 1492, los Reyes Católicos reconquistaron Granada y hubieron proclamado el destierro definitivo de judíos y árabes, los Señores consiguieron una reglamentación de excepción para Canarias. En su miedo por perder la mano de obra barata, las cartas al Rey hablaban de la fidelidad leal de los moros.

A principios del siglo XVI en Lanzarote y Fuerteventura vivían unas 1500 personas de origen africano, número que aumentaría aún más por las familias exiliadas de la península española. Muchas de ellas ya se habían olvidado de su idioma y aceptado las islas como su nueva patria. Hasta mediados de este siglo tenían incluso sus propios poblados, algo que más tarde sería prohibido por el Inquisidor Padilla.

sen sollte. Viele hatten bereits ihre Sprache vergessen und die Inseln als neue Heimat angenommen. Bis Mitte des 16. Jahrhunderts bildeten sie sogar eigene Ansiedlungen, was später von dem Inquisitor Padilla verboten wurde.

Die Ambivalenz zwischen den religiösen Dogmen und dem imperialistischem Streben der herrschenden Klasse ist besonders anschaulich in ihrem Verhältnis zum Sklaventum. So war es üblich, wenn ein Sklave sich gut geführt hatte, daß der Besitzer ihn in seinem Testament freisprach. Allerdings nicht allein aus einer christlichen Regung, sondern aus dem einfachen Grunde, daß viele Sklaven mit ihren Besitzern alt geworden waren und nun mehr eine Last als eine Arbeitskraft darstellten. Dem nicht genug, war die Freilassung oft an eine beliebige Anzahl von Messen gebunden, die für den Verstorbenen verlesen werden sollten und deren Kosten der Sklave tragen mußte. Das konnten zwanzig oder hundert Messen sein. So lange der Sklave nicht alle Messen an die Kirche bezahlt hatte, war er nicht frei.

Diego Garcia de Herrera starb im Jahre 1485 - nicht bei einem Piratenüberfall, sondern nach langer Krankheit. Er soll im alten Klostergarten Betancurias beerdigt worden sein. In den folgenden Jahrhunderten war es üblich, daß sich die wohlhabenden Gläubigen eine Bestattung im Fußboden der Kirche Betancurias reservierten. Unter den alten Steinplatten hat man auch tatsächlich benutzte Gräber gefunden.

Wer darüber am besten Bescheid weiß, ist meine Freundin Belen. Sie gehört zu den wenigen jungen Leuten, die in Betancuria geboren wurden und diesen Ort nicht verlassen haben. Seit Generationen lebt ihre Familie schon hier. Belen ist nicht nur die wachsame Hüterin der Kirche und des Kirchenmuseums, sondern auch das wandelnde Geschichtslexikon Betancurias. Sie kennt alle Historiker, die versucht haben, in die bewegte Geschichte des kleinen Dorfes Licht zu bringen.

Ich finde sie im Kirchenmuseum. Wir setzen uns auf die ausgetretenen Stufen des alten Herrenhauses und gehen unserer Lieblingsbeschäftigung nach: In der Vergangenheit stöbern.

Schwergeprüfter Zeuge der wiederholten Rachefeldzüge der Berber ist die Kirche. Einst eine im gotischen Stil gebaute Kathedrale, soll sie der algerische Hauptmann Xaban Araez im Jahr 1593 bis auf den Kirchturm niedergebrannt haben. Erst 1691 war der Wiederaufbau der neuen Kirche beendet. Vor allem bewegt uns die Frage nach den Lebensgewohnheiten der Feudalherren und ihrer Untergebenen. Wie sah es in Betancuria im fünfzehnten Jahrhundert aus?

Über das Treiben der *Señores* hat das *Cabildo* Buch geführt. Dieses bereits im 15. Jahrhundert ins Leben gerufene Verwaltungsorgan wurde vom *Señor* eingesetzt, um eine Kontrolle über die administrativen und

La ambivalencia entre los dogmas religiosos y los esfuerzos imperialistas de las clases dominantes se hace especialmente patente en su relación con la esclavitud. Era usual, por ejemplo, que cuando un esclavo se había comportado bien el dueño podía concederle la libertad en su testamento. Pero no lo hacía tan solo por un impulso religioso, sino más bien porque muchos de los esclavos habían envejecido junto a sus dueños, suponiendo ahora una carga más que una mano de obra. Por si esto no fuera suficiente, la liberación iba frecuentemente unida a la obligación de celebrar un número determinado de misas en nombre del fallecido y con cuyos gastos tenía que correr el esclavo. Podían ser 20 o 100 misas, pero hasta que el esclavo no las había pagado todas a la iglesia, no era un hombre libre.

Don Diego García de Herrera no murió durante un ataque pirata, sino después de una larga enfermedad, en el año 1485. Se dice que fue enterrado en el viejo jardín del convento de Betancuria. En los siglos posteriores sería norma que los creyentes más acomodados reservaran su entierro en el suelo de esta iglesia. Han sido encontradas tumbas bajo de las viejas losas de piedra.

Si alguien sabe mucho de todo esto, es mi amiga Belén. Es una de las pocas personas jóvenes que nacieron en Betancuria y no han abandonado el lugar. Su familia vive aquí desde hace muchas generaciones. No sólo es la guardiana de la iglesia y de su museo, sino también el diccionario viviente de la historia de Betancuria; conoce a todos los historiadores que hayan tratado de arrojar luz sobre la movida y emocionante historia de este pequeño pueblo.

Tras encontrarnos en el museo de la iglesia, nos sentamos en los desgastadísimos escalones de la vieja casa señorial y continuamos con nuestra ocupación favorita: revolver el pasado.

¿Es verdad que el capitán argelino Xaban Araez, en 1593, quemó todo el pueblo gótico y la antigua catedral? Hasta 1691, no había terminado la reconstrucción de la nueva iglesia. ¿Cómo habrán vivido los señores feudales aquí, en Betancuria?

El Cabildo tomaba buena nota de la actividad de los Señoríos. Este órgano administrativo, fundado ya en el siglo XV, fue empleado por el Señor para controlar diversos asuntos administrativos y de derecho civil en la isla. Era él quien nombraba los diferentes cargos, ya fuera el del Alcalde Mayor - Presidente del Cabildo -, o los cargos de los Registradores - corregidor o concejal -, Escribanos - escribientes - y de los Personeros Generales - diputados -.

Felsschlucht Las Peñitas bei Vega de Rio Palmas
Barranco de Las Peñitas cerca de Vega de Rio Palmas

zivilrechtlichen Angelegenheiten der Insel zu haben. Er bestimmte natürlich, wer die verschiedenen Ämter bekleidete, sei es das des *Alcalde Mayor* (Präsident des Cabildos) oder die Ämter der *Regidores* (Vogt oder Ratsherren), *Escribanos* (Schreiber) und der *Personero General* (Volksvertreter).

Zu den Aufgaben des Cabildos gehörte es, alle öffentlichen Ämter zu überprüfen, sowie die Direktbeauftragten des Señors, zum Beispiel die Steuereintreiber, die Handwerker und die kirchlichen Begünstigten zu kontrollieren. Es regelte die Rechte der Weideflächen und verbannte zur Zeit des Aussäens alle Viehherden in die Berge oder an die Küste. Es wachte über den verbliebenen Baumbestand, ordnete die Reinigung der Wege und Quellen an, überprüfte die Besatzungen der einlaufenden Schiffe auf ansteckende Krankheiten, bestimmte jeden Januar die Preise aller Waren sowie die Gewichtseinheiten neu und sicherte vor allem die öffentliche Versorgung der Bewohner Betancurias ab, das heißt die aller Amts- und Würdenträger. Es gab eine Fleischerei und einen Bäcker in Betancuria, die, wenn ihnen die Waren ausgingen, durch Beiträge des Volkes ihre Regale wieder aufgefüllt bekamen. Das geschah natürlich nicht freiwillig, sondern auf Anordnung des Cabildos. Außerdem kontrollierte es alle Handwerkerlizenzen und die Ein- und Ausfuhr. In Hungerszeiten wurde sogar jegliche Warenausfuhr verboten. Geld als Tauschmittel kannte man übrigens bis ins 19. Jahrhundert nicht.

In regelmäßigen Abständen führte das Cabildo Versammlungen durch, die all diese Aktivitäten festhielten und kommentierten. Natürlich spiegelt sich in diesen Aufzeichnungen auch das zwiespältige Verhältnis zum Señor wieder. Man haßte ihn für die quintos, machte ihn jedoch in Notzeiten für das Überleben des Volkes verantwortlich, indem man ihn aufforderte, einen Teil der eingetriebenen Steuern in den Kauf von Weizen für die Bevölkerung zu investieren. Ohne daß es hier zu charakterlichen Beschreibungen kam, wurden in diesen Aufzeichnungen die ruhmreichen Taten der Señores festgehalten, die für sich selbst sprechen.

Während Belens Wissensdurst die Antworten auf ihre vielen Fragen in alten Quellen und den Gesprächen mit Historikern sucht, beginnt meine ungeduldige Phantasie sich selbstständig zu machen. Vor meinem inneren Auge verschwindet der Asphalt von den Straßen Betancurias. Den Dorfplatz bedeckt jetzt wieder rotbrauner Staub. Vor den Steinhäusern spielen Kinder und Frauen in langen Röcken und mit Körben auf dem Kopf gehen vorbei. Ein Sklave treibt eine Herde Ziegen über den Weg...

Wie von allein erscheinen die übrigen Mitspieler meiner folgenden Geschichte und ich hoffe, daß Constanze Sarmiento, die jüngste Tochter von Inés Peraza und Diego García Herrera, mir die Gedanken und Worte verzeiht, die ich ihr bei dem Versuch, das Jahr 1503 neu zum Leben zu erwecken, in den Mund gelegt habe.

Era tarea del Cabildo, entre otras, controlar todos los cargos públicos y los encargados directos del Señor, como pudieran ser los recaudadores, los artesanos y los beneficiarios de la iglesia. Regulaba los derechos de los pastos y mandaba a todos los rebaños a la montaña o a la costa durante la época del sembrado. Vigilaba el arbolado existente, ordenaba la limpieza de caminos y pozos, controlaba sanitariamente las tripulaciones de los buques que arribaban, fijaba cada año los nuevos precios de todas las mercancías así como las unidades de peso y, sobre todo, aseguraba el aprovisionamiento público de los habitantes de Betancuria, es decir, el de los bailíos y dignatarios. Existían en el pueblo una carnicería y un panadero, a los que cuando se les acababan las mercancías, se les volvían a llenar los estantes con las contribuciones del pueblo. Esto era algo que naturalmente no se hacía voluntariamente, sino por orden del Cabildo. Controlaba además todas las licencias de artesanía así como las importaciones y exportaciones, y en épocas de hambruna incluso se prohibía regularmente la exportación de cualquier tipo de mercancía. Dicho sea de paso, hasta el siglo XIX no se conoció el dinero como medio de transacción comercial, existiendo únicamente hasta entonces el canje.

A intervalos regulares el Cabildo llevaba a cabo reuniones en las que se apuntaban y comentaban todas sus actividades. Tales informes reflejan también su relación discrepante con el Señor. Lo odiaban por los quintos, pero en las épocas de hambruna lo hacían responsable de la supervivencia del pueblo reclamando su obligación de invertir una parte de los tributos recaudados en la compra de trigo para la población. Sin llegar a tanto como pudieran ser descripciones de carácter, en estas Actas del Cabildo se apuntaba todo lo que hacían y dejaban de hacer los Señores. Es bien sabido que los hechos cuentan más que mil palabras, y los Señores con su actuación dejaban pocas dudas acerca de su auténtico carácter.

Esperamos que Constanze Sarmiento, la hija menor de Doña Inés Peraza y Don Diego García Herrera, nos perdone las ideas y palabras puestas en su boca cuando intentamos en el cuento corto que sigue, hacer despertar de nuevo el año 1503.

DIE SAAVEDRAS: DIE ERSTEN SEÑORES VON FUERTEVENTURA

Der Schauplatz meiner Geschichte ist Betancuria im Jahre 1503. Constanze Sarmiento und ihr Mann, Pedro Fernández Saavedra, lebten mit ihrer Familie zu jener Zeit im „Palast" von Betancuria. Um die nun folgenden Zusammenhänge besser verstehen zu können, hier ein kleiner Einstieg in die Chronik dieser bewegten Familie.

Constanzes Eltern, Doña Inés Peraza und Don Diego García Herrera, hatten fünf Kinder:

Pedro García, der Älteste, übertraf seinen Vater in Jähzorn und Brutalität. 1478 verursachte er den Tod seiner ersten Frau, María Lasso de Vega, und wurde von seinem Vater enterbt. Die Krone verurteilte ihn zum Tode, ohne daß es je zur Vollstreckung kam.

Sechzehn Jahre später verzieh ihm die Familie de Vega, und der von den Königen konfizierte Besitz wurde ihm zurückerstattet. Daher fühlte er sich dazu berechtigt, nach dem Tod der Eltern das Erbe zu fordern, das ihm rechtmäßig zugestanden hätte. Die Geschwister gaben seinen Forderungen nach und entschlossen sich, ihn auszuzahlen.

Sein Bruder Sancho Herrera übernahm den Titel des Vaters und wurde *24. Caballero* in Sevilla. Dort heiratete er, doch seine Ehe blieb kinderlos. Nach dem Tod seiner Frau ließ er sich auf Lanzarote nieder, wo er Catalina de Fia ehelichte, eine Enkelin des letzten Eingeborenenkönigs der Insel. Mit ihr zeugte er eine Tochter, die später ihren Großcousin von Fuerteventura heiratete. Sancho Herreras elterliches Erbe bestand aus fünf Zwölfteln von Lanzarote und Fuerteventura sowie den kleinen Inseln Alegranza, Graciosa und Los Lobos.

Der dritte Sohn, Fernan Peraza, war gleichzeitig der Lieblingssohn von Doña Inés. Im Jahre 1480 stellte sie zu seinen Gunsten ein Majorat über die Inseln El Hierro und La Gomera aus. Unglücklicherweise wurde er 1488 bei einem Aufstand der Eingeborenen auf La Gomera von einer Lanze durchbohrt. Doña Inés befriedigte danach ihre Rache, indem sie zusammen mit Beatriz Bobadilla, seiner Witwe, alle Ureinwohner Gomeras ermorden oder verkaufen ließ. Viel zu spät folgten die Reklamationen des schockierten Bischofs aus Gran Canaria, als man feststellte, daß es sich bei vielen der verkauften Sklaven um bereits konvertierte Christen handelte.

Fernan hinterließ zwei Kinder, an die sein Erbe überging. Doña Inés beantragte bei den Königen das Sorgerecht ihrer Enkel, da sie der habgierigen Schwiegertochter nicht traute. Aber Doña Beatriz

LOS SAAVEDRAS: LOS PRIMEROS SEÑORES DE FUERTEVENTURA

El escenario de nuestra historia es Betancuria, en el año 1503. Constanze Sarmiento y su marido, Pedro Fernández Saavedra, vivían en aquel tiempo con su familia en el Palacio de Betancuria. Para poder entender mejor los hechos que se relatan, realizaremos en primer lugar una pequeña digresión en la historia de la familia de Constanze.

Sus padres, Doña Inés Peraza y Don Diego Herrera, tuvieron cinco hijos, de los cuales Don Pedro García, el mayor, superó en mal genio y brutalidad a su padre. En el año 1478 causó la muerte de su primera esposa, María Lasso de Vega, por lo que Don Diego lo desheredó. Condenado a muerte por La Corona, la sentencia jamás llegaría a ejecutarse. Dieciséis años más tarde la familia de Vega le perdonó y los bienes confiscados por los reyes le fueron devueltos. Tras la muerte de sus padres se sintió con derecho a exigir la herencia, concedida legalmente. Los hermanos accedieron a su petición y decidieron pagarle.

Su hermano Sancho Herrera tomó posesión del título del padre y fue nombrado vigésimo cuarto caballero de Sevilla. Allí se casó, pero no tuvo descendencia. A la muerte de su mujer regresó a Lanzarote, donde más tarde se casaría con Catalina de Fía, nieta del último rey aborigen de la isla. Tuvieron una hija, que se casaría con su primo de Fuerteventura. La herencia paterna de Sancho Herrera se componía de cinco doceavas partes de Lanzarote y Fuerteventura, además de las islas Alegranza, Graciosa y Lobos.

El hijo preferido de Dña. Inés fue el tercero, Don Fernán Peraza, que en el año 1480 estableció un mayorazgo a su favor, adjudicándose las islas El Hierro y La Gomera. El infortunio quiso que, en el año 1488, mientras tenía lugar una rebelión entre los nativos en la Gomera, fuera alcanzado por una lanza. Ayudada por Dña. Beatriz Bobadilla, su viuda, Dña. Inés tomaría represalias, matando o vendiendo como esclavos a todos los nativos de la Gomera. Las reclamaciones del ofendido obispo de Gran Canaria llegaron demasiado tarde, cuando se constató que entre los esclavos vendidos había un gran número de cristianos convertidos. Fernán Peraza dejó huérfanos a dos niños, herederos de su mayorazgo (La Gomera y El Hierro). Doña Inés solicitó la custodia de sus nietos a los reyes pues no confiaba en su codiciosa nuera. Doña Beatriz supo defenderse

konnte sich erfolgreich gegen den Übergriff ihrer Schwiegermutter wehren, denn sie hatte bei Hofe nicht umsonst den Beinamen „die Jägerin" getragen. Als Fernan sie während eines Besuches in Sevilla kennenlernte, war sie als Hofdame der Königin Isabel tätig. Ihren Spitznamen verdankte sie nicht ihrer Herkunft (ihr Vater war königlicher Hofjäger), sondern ihrem großen Ehrgeiz. Es war ihr gelungen, die besondere Aufmerksamkeit des Königs zu erwecken, und so zögerte die eifersüchtige Königin keinen Moment, eine Heirat mit Fernan an einem so entfernten Ort wie die Kanaren zu arrangieren.

Einige Jahre nach Fernans Tod heiratete Beatriz den Gouverneur Gran Canarias, Alonso de Lugo. Dieser nahm sich sofort des Erbes seiner Stiefkinder an, was Doña Inés' Befürchtungen völlig bestätigte.

María de Ayala, ihre älteste Tochter, heiratete den Portugiesen Diogo da Silva, der ursprünglich 1466 nach Lanzarote gekommen war, um die Inseln im Namen Heinrich des Seefahrers zu erobern. Eine Eingabe Diego Herreras bei der Königin Isabel I. veranlaßte diese, entsprechende Zusagen an die Portugiesen zurückzunehmen. Statt eines Krieges fand daraufhin 1468 die Heirat mit María Ayala statt. Marías Erbe bestand aus vier Zwölfteln von Lanzarote und Fuerteventura. Sie wurde später ausgezahlt, da sie ihren Wohnsitz in Lissabon einnahm.

Constanze Sarmiento, Doña Inés jüngste Tochter, von der später die Rede sein wird, gründete mit ihrem Mann, Pedro Fernandez de Saavedra, der ebenfalls den Titel des 24. *Caballero* von Sevilla trug, die Dynastie der *Señores* de Saavedra auf Fuerteventura. Ihr Erbe bestand aus drei Zwölfteln Fuerteventuras und Lanzarotes.

Sie gebar ihrem Mann vier Kinder. Es gibt auch Quellen, die von acht Nachkommen sprechen, aber vier Kinder sind sicher bestätigt.

Ihr Erstgeborener, Fernan Darias, stieg mit Enthusiasmus in die Fußstapfen seines Vaters. Seine Passion wurden Raubzüge an die afrikanische Küste.

Constanzes zweiter Sohn hieß, wie sein Onkel, Sancho Herrera, wurde entsprechend der Familientradition 24. *Caballero* von Sevilla und heiratete dort.

Ihre älteste Tochter, Juana Mendoza, heiratete einen Schreiber aus Sevilla, mit dem sie nach Teneriffa zog.

Constanzes jüngste Tochter, nach ihrer Tante María de Ayala benannt, trat in das Kloster von Sevilla ein.

con éxito del abuso de poder de su suegra, y es que, no en vano, en la corte era conocida con el apodo de "La Cazadora". Cuando Don Fernán la conoció en una de sus visitas a Sevilla, era dama de honor de la reina Isabel. Su sobrenombre no se debía a su familia (su padre era cazador real de la corte), sino a su gran ambición. Consiguió despertar el interés personal del rey, y la reina, celosa, no titubeó ni un momento en arreglar una boda con Don Fernán en un lugar tan lejano como las Canarias. Algunos años después de la muerte de Fernán, Beatriz se casó con el Gobernador de Gran Canaria, Don Alonso de Lugo, el cual tomaría rápidamente posesión de la herencia de sus hijastros, confirmándose por completo el temor de Doña Inés.

Doña María de Ayala, la hija mayor, se casó con el portugués Don Diego da Silva, llegado a Lanzarote en el año 1466 para conquistar la isla en el nombre de Enrique el Navegante. Una petición de Don Diego Herrera a la reina Isabel permitió anular este proyecto de los portugueses, y así, en lugar de una guerra, tuvieron lugar en 1468 los esponsales de María de Ayala. La herencia de María se correspondía con cuatro doceavos de Lanzarote y Fuerteventura, los cuales se le pagarían más tarde al fijar su lugar de residencia en Lisboa.

Doña Constanze Sarmiento, la hija menor de Doña Inés, y de la cual hablaremos más tarde, formó con su marido, Don Pedro Fernández Saavedra (también nombrado vigésimo cuarto Caballero de Sevilla) la dinastía de los Señores de Saavedra en Fuerteventura. Su herencia se componía de los tres doceavas partes de Fuerteventura y Lanzarote. Dio a su marido cuatro hijos; algunas fuentes indican ocho descendientes, pero sólo cuatro están reconocidos como tales.

Don Fernán Darias, el primogénito, siguió con entusiasmo los pasos de su padre: su pasión fue realizar incursiones en la costa africana. El segundo hijo de Constanze se llamaba como su tío, Sancho Herrera, y siguiendo la tradición familiar fue nombrado vigésimo cuarto Caballero de Sevilla, casándose allí.

Su hija mayor, Doña Juana Mendoza, desposó un escribano de Sevilla, con el cual se trasladó a Tenerife. La hija menor de Constanze, a la que se le puso el nombre de su tía María de Ayala, ingresó en un convento de Sevilla.

Ni que decir tiene que el injusto reparto de la herencia del matrimonio Herrera- Peraza conduciría a posteriores conflictos. Tras liquidar las deudas de la herencia con Don Pedro García y Doña María de Ayala, los Saavedras se establecieron en

Es liegt auf der Hand, daß die ungleiche Aufteilung des Erbes des Ehepaares Herrera-Peraza zu späteren Streitigkeiten führen würde. Nachdem María Ayala und Pedro García ausgezahlt worden waren, ließen sich die Saavedras auf Fuerteventura und die Herreras auf Lanzarote nieder. La Gomera und El Hierro blieben fest in Beatriz Bobadillas Hand. Der Ehrgeiz ihres zweiten Mannes, Alonso de Lugos, war sogar so groß, daß er es wagte, Übergriffe auf die Inseln der Saavedras und Herreras zu machen.

Schon Anfang des 16. Jahrhunderts zeichnete sich deutlich ab, daß nach dem Tode von Don Diego und Doña Inés, der Verfall des *Señorios* durch die ungleiche Erbverteilung vorbestimmt war. Zwar versuchte man, durch Heirat die Sache „in der Familie" zu halten, aber die Erbstreitigkeiten wurden immer größer. Die außerehelichen Beziehungen der *Señores* brachten eine Vielzahl von illegitimen Nachfahren mit sich, die den „Familiensinn" schwächten und zur Entzweiung führten. Hinzu kam der ständig wachsende Druck der Militärregierung auf Gran Canaria, der die *Señorios* von Anfang an ein Dorn im Auge waren. 1837 verursachte die zentralistische Politik der Bourbonenkönige und die wachsenden Macht des Bürgertums die Abschaffung des Feudalsystems.

Zu dem Zeitpunkt meiner Geschichte jedoch, Anfang des 16. Jahrhunderts, befanden sich die *Señores* noch im vollen Besitz ihrer Herrschaft. Constanze Sarmiento spielte eine der Hauptrollen in jener Zeit.

CONSTANZE

Nach einer Stunde unruhigen Hin- und Herwälzens, erhob sich Constanze Sarmiento erschöpft von ihrem Lager. Mit einem ungeduldigen Ruck öffnete sie die schweren Holzläden ihres Schlafzimmerfensters.

Auf der Hauptstraße Betancurias waren weder Mensch noch Tier zu sehen. Der rotbraune Staub schien sich in der mittäglichen Glut aufzulösen, und durch den kleinen Fensterspalt kam ein Schwall heißer Luft in das Zimmer. Entsetzt schloß sie die Läden und stöhnte verzweifelt auf. Sie hatte sich vor der Audienz mit dem *Alcalde Mayor* ausruhen und sammeln wollen, aber die trockene, heiße Luft im Zimmer machte jeden Atemzug zur Qual. Ihr Mund schien voller Sand zu sein, und das frische Wasser in dem Tonkrug auf ihrem Nachttisch hatte sich in eine warme, abgestandene Brühe verwandelt.

Fuerteventura y los Herreras en Lanzarote. La Gomera y el Hierro permanecieron en manos de la viuda de Don Fernán Peraza, Doña Beatriz Bobadilla, cuyo segundo marido, el no menos ambicioso Don Alonso de Lugo, incluso se atrevió realizar incursiones en las islas de los Saavedras y de los Herreras dando respuesta a la desconfianza de Doña Inés.

Ya a principios del siglo XVI, como consecuencia del desigual reparto de la herencia, estaba predeterminada la caída de los Señores a la muerte de Don Diego y Doña Inés. Mediante matrimonios concertados se intentó mantener el asunto en la familia, pero las disputas relacionadas con la herencia eran cada vez de mayor importancia. Las relaciones adúlteras de los Señores dieron como fruto un sinnúmero de descendientes ilegítimos, debilitándose así el concepto de la familia y provocando no pocas desavenencias. A todo ello se unió la continua presión del gobierno militar en Gran Canaria, para el cual desde el principio los Señores habían sido una molestia.

Pero hasta el año 1837, merced a la política centralista de los Borbones y el creciente poder de la burguesía, no llegaría la abolición del sistema feudal.

En la época de nuestra historia, principios del siglo XVI, los Señores disfrutaban el pleno apogeo de su dominio. Esperamos que Constanze Sarmiento nos perdone esta intromisión en su destino a fin de acercar al lector el pasado.

CONSTANZE

Después de dar vueltas en la cama durante más de una hora tratando de desperezarse, Constanze logró al fin levantarse de su lecho sintiendo tanto cansancio como al acostarse, y a duras penas logró acercarse a la ventana. Tras abrir los postigos pudo comprobar como en la calle principal de Betancuria no se veía ni un alma; el polvo rojizo parecía derretirse bajo el justiciero sol del mediodía y una bocanada de aire caliente invadió la habitación a través del primer resquicio, obligándola a cerrar la contraventana refunfuñando. Antes de acudir a la audiencia con el Alcalde Mayor sólo deseaba descansar y concentrarse, pero el sofocante ambiente de la habitación convertía en suplicio cada respiración. Ni tan siquiera podía aplacar su sed con el agua de la jarra de barro siempre presente sobre su mesa de noche, pues estaba ya demasiado caliente.

Mézquez mit Blick auf die Felsschlucht Las Peñitas
Mézquez con vista al barranco de Las Peñitas

Wie strafte Gott sie in dieser winterlichen Jahreszeit mit so unbarmherziger Hitze?

Manchmal überkam sie der Verdacht, daß der Allmächtige, trotz all ihrer Gebete für ein reicheres Leben auf Fuerteventura, sie einfach übersehen hatte.

Sie sank müde auf ihr Bett zurück und starrte an die dunkle Decke. Selbst die dicken Holzbalken schienen zu schwelen. Das Spitzennachthemd klebte an ihrem Körper, und sie wünschte sich nichts sehnlicher, als in einen Bottich mit kühlem, klarem Wasser einzutauchen. Aber es blieb keine Zeit. Das Oberhaupt des *Cabildos*, Don Alonso de Medina, hatte sich für den Nachmittag angekündigt, und sie mußte sich darauf vorbereiten, daß ihr keine angenehme Unterhaltung bevorstand.

Sie klingelte nach ihrer Zofe Elena, die sich beeilte, ihr beim Ankleiden behilflich zu sein. Trotz der Hitze wählte sie eines der neuen, schweren Kleider aus Brokat, die mit einem der letzten Schiffe aus Sevilla angekommen waren. In der Modewelt der Hauptstadt gab man Brokat zur Zeit den Vorzug. Zwar mangelte es Constanze an der Autorität ihrer Mutter, aber in Eleganz und Auftreten konnte sie sich mit Doña Inés absolut messen. Nachdem Elena alle Häkchen ihres Bustiers geschlossen hatte, glaubte sie ersticken zu müssen. Sie stürzte das Glas Wasser hinunter, das die Zofe ihr reichte und atmete so tief durch, wie es ihr das Kleid eben erlaubte. In diesem Moment klopfte eines der Dienstmädchen und meldete, daß der *Alcalde Mayor* eingetroffen war.

„Führe ihn in das Empfangszimmer", befahl ihr Constanze. „Er soll dort warten."

Der Blick in den Spiegel zeigte ihr eine Frau, die die Blüte ihrer Jahre bereits hinter sich gelassen hatte. Das Gesicht war von Krankheit und erlittenen Sorgen gezeichnet. Unwirsch fuhr sie sich mit der Hand über den Kopf und hieß Elena ihre Frisur ordnen. Während sich das Mädchen an ihrem Haar geschäftig machte, überlegte sie, was das Anliegen des *Alcaldes* sein könne. Sie mochte diese Audienzen nicht. Es war Aufgabe ihres Mannes die Abgeordneten des *Cabildo*s zu empfangen. Doch wie immer segelte dieser irgendwo auf dem Meer herum. Sie hatte ihm bereits vor einiger Zeit per Boten die Nachricht schicken lassen, umgehend heimzukehren, da wichtige Familienangelegenheiten seiner Anwesenheit dringend bedurften. Wann er dieser Bitte jedoch folgen würde, war fraglich. Es half nichts, sie mußte dem *Alcalde* selbst gegenübertreten.

Constanze verließ ihr Schlafzimmer und durchquerte mehrere Salons, die im Dunkel der geschlossenen Fensterläden lagen. Der

¿Por qué Dios la castigaba con tan insoportable bochorno en pleno invierno?. A veces tenía la sensación de que el Todopoderoso, a pesar de todas sus oraciones, se había olvidado de Fuerteventura.

De nuevo se dejó caer en la cama para contemplar absorta el techo en penumbras; hasta las gruesas vigas parecían quemarse lentamente sin que llama alguna fuera responsable. El camisón bordado insistía en pegarse a su cuerpo, y no había nada que deseara más que sumergirse en una cuba llena de agua fresca y clara. Pero no había tiempo: la persona más notoria del Cabildo, Don Alonso de Medina, había anunciado su visita para después del mediodía y tenía que estar preparada para tan desagradable entrevista. Su doncella Elena respondió a su llamada con rapidez y en un momento la ayudó a vestirse. A pesar del insufrible calor del día optó por uno de sus nuevos y pesados vestidos de brocado recién llegado en uno de los últimos barcos de Sevilla. En el elegante mundo de la capital el brocado era la preferencia. Aunque Constanze careciera de la autoridad de su madre, en elegancia y presencia se podía permitir el lujo de competir con Doña Inés. Cuando Elena logró cerrar todos los corchetes de su sostén, creyó estar ahogándose. De un trago y con no poco esfuerzo tomó el vaso de agua que le ofrecía su doncella, y suspiró tan profundamente como le permitía el vestido. Entonces llamó a la puerta una de sus sirvientas anunciando la llegada del Alcalde Mayor.

"Condúcelo al salón", ordenó Constanze. *"Que espere allí."*

El espejo le devolvía la imagen de una mujer madura cuyo rostro no ocultaba las enfermedades y preocupaciones padecidas. Malhumorada se mesó el cabello y ordenó a Elena retocar su peinado mientras elucubraba con el motivo de la visita. No deseaba encargarse de esta audiencia pues recibir a los diputados del Cabildo era el deber Don Pedro. Pero, como siempre, estaba navegando en algún lugar; ya hacía algunos días que mediante mensajeros le había requerido pues urgía la solución de importantes asuntos familiares. Nunca se podía saber cuando prestaría oídos a su petición. Ella misma tendría que hacer frente al Alcalde en esta ocasión pues sus avisos de nada habían servido.

Abandonó la estancia y se dirigió al salón de recepción atravesando la casa en la penumbra de los postigos cerrados. La residencia familiar de los Saavedras era conocida como "El Palacio" entre los habitantes de Betancuria. Tal condición no era difícil de constatar en comparación con los humildes hogares del resto de la población. La mansión, con sus dos plantas, poseía un amplio patio y numerosos

Familiensitz der Saavedras wurde von den Einwohnern Betancurias „Palast" genannt. Im Vergleich zu ihren eigenen armseligen Behausungen möchte das stimmen. Das zweistöckige Haus besaß einen weitläufigen *patio* und eine angemessene Zahl von Salons und Schlafräumen. Im Garten waren die Küche und die Viehställe in einem Anbau untergebracht. Mit kostbarem Mobiliar, Wandbehängen und Teppichen aus Sevilla hatte Constanze versucht, ihrem Heim einen halbwegs eleganten Anstrich zu verleihen.

Vor dem Empfangszimmer wartete das Dienstmädchen und öffnete ihr eilig die Tür.

Don Alonso de Medina, *Alcalde Mayor* und Oberhaupt des *Cabildo*s Fuerteventuras, saß auf der Kante eines samtbezogenen Bänkchens. Sobald sie eintrat, erhob er sich, um eine tiefe Verbeugung zu machen. Er war von gedrungener Gestalt, und das gerüschte Hemd sowie die engen Kniehosen standen ihm nicht besonders gut. In den seidenen Kniestrümpfen steckten kräftige Waden. Der lange, dunkle Überrock verdeckte kaum seinen beträchtlichen Leibesumfang. Ächzend trocknete er sich mit einem Spitzentaschentuch die schweißnasse Stirn.

Don Alonso war bereits vorgerückten Alters und in einer verzweigten Nebenlinie mit Constanzes Mann verwandt. Dies war ein wichtiger Grund für seine Ernennung zum *Alcalde Mayor* gewesen. Pedro pflegte ihn an diese familiären Bande gern zu erinnern, wenn Don Alonso den Belangen des *Cabildo*s zuviel Nachdruck verlieh.

„Ich danke Euer Gnaden vielmals für diese Audienz, Doña Constanze", sagte er. „Unser Anliegen konnte im Hinblick auf Eure bevorstehende Reise nicht länger warten."

Constanze runzelte die Stirn.

„Ihr wißt sehr wohl, daß ich keine Entscheidungen ohne die Zustimmung des *Señors* fälle", antwortete sie. „Ich werde Euch nur anhören, mehr nicht."

Sie nahm auf einem der seidenbestickten Stühle Platz, während Don Alonso in gebührendem Abstand vor ihr stehen blieb.

„Es soll mir genügen, wenn Ihr mir für ein paar Augenblicke Eure Aufmerksamkeit gewährt", befleißigte er sich, ihr zu versichern. „Euer Gnaden werden schon vermuten, mit welcher Bitte ich zu Euch komme. Es ist jetzt eine Woche her, seit wir den Tag unserer heiligen Inés gefeiert haben, aber das gewünschte Resultat bleibt noch immer aus."

Während der vergangenen Wintermonate waren die Gebete der Bauern um Regen ungehört verhallt. Alle Hoffnungen hatten sich auf die Messe der heiligen Inés am 21. Januar gerichtet. Die nach der salones y dormitorios, además de un edificio contiguo al jardín en el que se encontraban la cocina y los establos. Mediante un lujoso mobiliario, tapices y alfombras de Sevilla, Constanze trataba de dar a su hogar una apariencia medianamente elegante.

La sirvienta que esperaba delante del salón se apresuró a abrir la puerta. Don Alonso de Medina, Alcalde Mayor y el jefe del Cabildo de Fuerteventura, esperaba en el interior sentado en el canto de una lujosa banqueta forrada en terciopelo, levantándose tan pronto como Doña Constanze entró para saludar con una profunda reverencia. Con su corpulenta constitución, la camisa fruncida con los estrechos pantalones de media pierna no le agraciaban demasiado. Sus musculosas pantorrillas vestidas con medias de seda no contribuían a mejorar su aspecto, aunque al menos la larga levita oscura disimulaba su imponente barriga. Un pañuelo bordado le servía para secar el sudor de su frente.

Don Alonso tenía ya una avanzada edad y estaba lejanamente emparentado con Don Pedro, motivo de peso para su nombramiento como Alcalde Mayor. El marido de Constanze solía recordarle los lazos de sangre cuando ponía demasiado énfasis en los intereses del Cabildo.

"Le agradezco mucho a Vuestra Excelencia el haberme recibido en audiencia, Doña Constanze. Nuestra petición no podía esperar más tiempo, teniendo en cuenta vuestro inminente viaje."

"Vos sabéis muy bien", respondió frunciendo el ceño a la vez que se sentaba en una de las sillas bordada en seda mientras Don Alonso permanecía en pie a la debida distancia, *"que, sin la aprobación del Señor, yo no puedo tomar ninguna decisión. Yo sólo os escucharé, nada más."*

"Me basta que me dediquéis un par de minutos de vuestra atención", se esforzó en asegurar. *"Vuestra Excelencia ya podrá suponer con que petición me presentó ante vos; hace ya una semana celebramos la festividad de Santa Inés, pero aún estamos esperando algún resultado".*

Durante los pasados meses de invierno las rogativas por la lluvia de los campesinos, todas las esperanzas depositadas en la misa de Santa Inés, el veintiuno de Enero, habían caído en saco roto. Tras la procesión se celebraba el sorteo de los dos regidores cadaneros propuestos por el Cabildo, algo que atraía siempre a la población completa de Fuerteventura; tan numerosa presencia de creyentes había sido aprovechada por el padre Báez durante el oficio para implorar la protección y misericordia de la Santa. Sólo ella podía convencer a Dios para liberar al pueblo de tan dura prueba. Uno tras otro, la gente colocaba sus ofrendas en el altar a los pies de Santa Inés con una promesa en los labios para reforzar su plegaria. Pero la deseada lluvia no acababa de llegar y en su lugar la isla sufría las inclemencias de un tormentoso siroco.

Prozession stattfindende Auslosung der zwei *regidores cadaneros,* die vom *Cabildo* selbst vorgeschlagen wurden, lockte jedesmal die ganze Bevölkerung Fuerteventuras zu dem religiösen Fest. Im Angesicht der so zahlreich erschienenen Gläubigen hatte Pater Baez während der Messe die heilige Inés um Beistand und Erbarmen angefleht. Sie allein würde Gott dazu bewegen können, das Volk von dieser Prüfung zu erlösen. Nacheinander hatten die Leute ihre Geschenke am Altar zu ihren Füßen abgelegt, nicht ohne ein Versprechen auf den Lippen, um der Bitte Nachdruck zu verleihen. Doch der ersehnte Regen war nicht eingetroffen. Statt dessen litt die Insel seit Wochen unter einem stürmischen *siroco*.

Constanze seufzte.

„Das ist mir bekannt, Don Alonso, aber Ihr werdet von mir wohl nicht verlangen, Gottes Aufgabe zu übernehmen und für Regen zu sorgen, nicht wahr?"

Erschrocken wehrte der *Alcalde Mayor* ab.

„Nein, nein, Euer Gnaden, wie könnte ich. Aber es wird Euch vielleicht nicht entgangen sein, daß die Vorräte des letzten Winters schon lange aufgebraucht sind und das Volk hungert."

Constanze warf einen anzüglichen Blick auf seinen Bauchumfang. Medina sprach sicherlich nicht für sich selbst, denn in Betancuria fehlte es den Würdenträgern nicht an Versorgung. Aber für die Insel war es ein schlechtes Jahr, in dem man wegen der Trockenheit noch nicht einmal mit dem Aussäen begonnen hatte.

„Die Leute zahlen doch ihre Steuern?" fragte sie besorgt.

„Mit Verlaub, Doña Constanze, den Eintreibern Eurer *quintos* ist es kaum möglich, ihrer Arbeit nachzukommen. Eure Untertanen mußten fast all ihr Vieh schlachten. Der letzte Weizen ist lange verbraucht, und die Leute haben noch nicht einmal eine Handvoll Mehl für Gofio."

Constanze betrachtete ihn mißbilligend.

„Mein Gemahl, Don Pedro, pflegt in solchen Fällen zu fragen, ob Ihr schon beim Erzbischof vorgesprochen habt. Vielleicht ist er ja bereit, auf sein Zehntel zu verzichten, damit die Gläubigen keinen Hunger leiden müssen?"

Don Alonso schüttelte betrübt den Kopf.

„Zum tiefen Kummer Eurer Untertanen haben sie nicht einmal genug Waren, um die Messen für ihre Toten zu bezahlen, geschweige denn für die Entrichtung des Obolus an die Heilige Kirche. Die Not ist wirklich groß, und einer Eurer Steuereintreiber ist sogar mit dem Messer bedroht worden."

Constanze richtete sich auf.

„Hier in der Villa?" fragte sie entsetzt.

„Nein, Euer Gnaden", antwortete der *Alcalde Mayor* hastig, „auf einem

"Tengo conocimiento de ello, Don Alonso, pero no pretenderéis que me haga cargo de los deberes de Dios y obligue a que llueva, ¿verdad?" replicó Constanze tras suspirar.

"No, no, Vuestra Excelencia, ¿cómo podría yo?. Pero creo que no ignoráis que las reservas del año pasado están agotadas desde hace tiempo y el pueblo pasa hambre," trató de defenderse asustado el Alcalde Mayor.

Constanze lanzó una mirada desafiante a la abultada barriga. A buen seguro Medina no hablaba de su propio hambre, pues en Betancuria a los altos dignatarios no les faltaba que llevarse a la boca, pero para la isla era un mal año debido a la sequía: la siembra no había comenzado aún.

"¿Y la gente?. ¿Paga sus impuestos?" - inquirió preocupada.

"Con la venia, Doña Constanze, a los recaudadores de sus quintos les es casi imposible realizar su trabajo. Vuestros súbditos han tenido que sacrificar casi todo su ganado. El poco trigo que quedaba hace tiempo que se acabó, y nadie tiene ni un puñado de harina para el gofio."

"Mi marido, Don Pedro, acostumbra preguntar en estos casos si ya habéis hablado con el Arzobispo. ¿Tal vez la Iglesia quiera renunciar a sus diezmos para que los fieles no tengan que pasar hambre?"

"Hago mía la honda preocupación de vuestros súbditos", negó afligido Don Alonso con la cabeza tras la mirada de reprobación recibida, *"que no tienen ni lo mínimo para poder pagar las misas a sus muertos, y menos aún para el pago del Obulus a la Santa Iglesia. La necesidad es realmente grande: incluso uno de vuestros recaudadores ha sido amenazado con el cuchillo."*

"¿Aquí en la villa?" Preguntó horrorizada Constanze.

"No, vuestra Excelencia", se apresuró a contestar el Alcalde Mayor. *"En una de las fincas más apartadas, pero supongo que vos ya sabéis como es esto. De repente el pueblo exige al personero una reunión abierta del Cabildo, y entonces es difícil controlar la situación..."*

Por un momento las manos de Constanze se aferraron a los brazos de su sillón. Había que impedir por todos los medios posibles una reunión abierta en la plaza de la iglesia de la Villa, igual que ocurriera en el año 1476 en el último levantamiento en Lanzarote. Con horror recordó el miedo pasado en el Palacio de Rubicón, mientras desde la ventana observaba el patio del castillo y las voces se hacían cada vez más fuertes. El pueblo exigía servir directamente a la corona, pues en las islas realengas sólo se pagaba una tercera parte de los impuestos que exigía Don Diego. Entonces el cabecilla, un prestigioso regidor, había amenazado incluso con la posesión de un documento que demostraba que Don Diego y Doña Inés no eran los verdaderos Señores de la isla. Al escuchar esas palabras escondida tras las cortinas, Doña Inés apenas cupo en sí de rabia.

der Höfe, die etwas außerhalb liegen, aber Ihr wißt ja, wie das ist. Plötzlich verlangt das Volk vom *Personero* eine öffentliche Versammlung, und dann ist es schwer, die Situation zu kontrollieren..."

Für einen Moment verkrampften sich Constanzes Hände um die Lehnen ihres Sessels.

Eine öffentliche Versammlung auf dem Kirchplatz der Villa galt es mit allen Mitteln zu verhindern, denn so war 1476 auch der letzte Aufstand auf Lanzarote entstanden.

Mit Grausen dachte sie an die Angst, die sie dort im Schloß von Rubicon ausgestanden hatte, während sie mit ihrer Mutter aus dem Fenster auf den Schloßplatz sah, auf dem die protestierenden Stimmen immer lauter wurden. Das Volk verlangte, der Krone direkt zu dienen, denn auf den königlichen Inseln wurde nur ein Drittel der Steuern einbehalten, die Don Diego verlangte. Der Anführer, ein angesehener *regidor*, drohte damals sogar damit, ein Dokument zu besitzen, das bewies, daß Don Diego und Doña Inés nicht die wahren *Señores* der Inseln seien. Bei diesen Worten war Doña Inés hinter den Vorhängen fast aus der Haut gefahren. „Wenn ich ein Mann wäre", hatte sie gezischt, „würde ich keine Minute zögern, diesem Verräter eigenhändig den Kopf abzuschlagen!"

Ein Vertrauensmißbrauch wie dieser war absolut unverzeihlich.

Der Aufstand gipfelte seinerzeit in einer Beschwerdekommission der Lanzarotener vor der Königin. Constanzes Bruder fing die Kommission zwar in Cordoba ab und konfizierte alle Dokumente, doch am Ende mußte er sie ziehen lassen, und die Könige hörten sie an. Es kostete wohl alle Rebellen den Kopf, aber ihre Eltern eine Reise nach Sevilla, um die Sache wieder zu bereinigen.

Constanzes Mann haßte solche Zwischenfälle, denn sie hielten ihn von seinen Reisen nach Afrika ab.

Sie atmete tief durch und versuchte, sich zu entspannen.

„Ich glaube nicht, daß es nötig sein wird, eine öffentliche Versammlung durchzuführen", sagte sie. „Wir erwarten Don Pedro täglich zurück. In der Zwischenzeit hoffe ich, daß es Euch nicht an Demut fehlt, Gott dafür zu danken, daß Ihr dieses ehrenwerte Amt voller Verantwortung bekleiden dürft. Auch die Steuereintreiber sollten das nicht vergessen. Es ist an Euch, das Vertrauen Eures *Señors* mit dem entsprechenden Gehorsam und Fleiß zu belohnen. Falls es vorher Schwierigkeiten geben sollte, könnt Ihr immer noch auf das Militär zurückgreifen."

Don Alonso drehte seinen Hut in den dicken Händen.

„Das Militär ist zur Zeit damit beschäftigt, die Küste zu kontrollieren, Euer Gnaden. Es ist offensichtlich zu unrechtmäßigen Emigrationen gekommen."

Constanze stöhnte innerlich auf. Warum war Pedro bloß nie da, wenn man ihn brauchte? Seitdem Gran Canaria und Teneriffa von der Krone

"Si yo fuera hombre", siseó *"no vacilaría ni un minuto en acabar con mis propias manos con la vida de ese traidor"*.

Un abuso de confianza como ese era absolutamente imperdonable. En su día el levantamiento culminó en una comisión de reclamación ante la Reina por parte de los lanzaorteños. El hermano de Constanze detuvo la comisión en Córdoba y logró confiscar todos los documentos, pero finalmente tuvo que dejarla continuar y los Reyes concedieron una recepción. A todos los rebeldes les costó la cabeza y a Don Diego y Doña Inés un viaje a Sevilla para aclarar el asunto.

Por su parte, el marido de Constanze odiaba también ese tipo de incidentes, pero a él por motivos bien distintos, y es que le apartaban de sus correrías en el continente africano.

Constanze respiró profundamente e intentó relajarse, tratando de apartar de su mente el recuerdo.

"No creo que sea necesario convocar una reunión pública. Esperamos el regreso de Don Pedro en cualquier momento. Hasta entonces estoy segura de que no os faltará humildad para agradecer a Dios el poder disfrutar de tan digno cargo lleno de responsabilidad. Tampoco los recaudadores han de olvidarlo. En vuestra mano está recompensar la confianza de vuestro Señor con la abnegación y el empeño correspondientes. En caso de presentarse dificultades imprevistas, siempre podéis recurrir a las tropas militares."

"Los militares están por el momento bastante ocupados controlando la costa, Vuestra Excelencia", replicó apenas Don Alonso mientras estrujaba su sombrero entre las manos. *"Se ha puesto de manifiesto la existencia de emigraciones ilegales."*

Constanze se preguntaba una vez más por qué nunca estaba Don Pedro en los momentos en que más se le necesitaba. Desde que la Corona conquistara Gran Canaria y Tenerife el comercio florecía allí, y muchos granjeros trataban de emigrar llevándose consigo todas sus pertenencias. En un principio Doña Inés prohibió llevarse ganado alguno, pero aún así las gentes continuaban desplazándose. Hacía ya cuatros años, había obtenido una orden real por la cual ningún habitante de sus señoríos podía abandonar la isla durante cinco años.

"Don Pedro ordenará al gobernador de Gran Canaria no acoger a ningún emigrante", replicó severa.

Don Alonso la observaba escéptico. Al gobernador de Gran Canaria le preocupaban bien poco las indicaciones de los Señores. Ignoraba sus requerimientos con la misma rebeldía y fre-

Blick auf Betancuria
Vista a Betancuria

erobert worden waren, blühte dort der Handel, und viele Bauern hatten versucht, mit Sack und Pack überzusiedeln. Zunächst verbot Doña Inés, Vieh jeglicher Art dabei mitzunehmen. Nachdem die Auswanderungen jedoch nicht nachließen, hatte sie vor vier Jahren eine Anordnung der Königin erwirkt, daß innerhalb der nächsten fünf Jahre keiner der Bewohner ihres *Señorios* die Inseln verlassen dürfte.

„Don Pedro wird den Gouverneur von Gran Canaria anweisen, keine Flüchtlinge aufzunehmen", sagte sie barsch.

Don Alonso sah sie zweifelnd an. Den Gouverneur von Gran Canaria kümmerten die Anweisungen der *Señores* herzlich wenig. Mit der gleichen Hartnäckigkeit, wie er sich immer wieder in ihre Handelsbeziehungen und Kompetenzen einmischte, ignorierte er jegliche Aufforderung, die von ihnen kam.

„Es wäre schön, wenn Seine Gnaden Don Pedro wieder öfter im Palast weilten", machte der *Alcalde Mayor* einen letzten Vorstoß. „Wir haben gehört, daß Ihre Majestät, die Königin, im Namen der Heiligen Inquisition alle Ungläubigen des Landes verwiesen hat. Seine Gnaden bringen jedoch von seinen Reisen immer mehr schwarze Teufel mit. Die, die angeblich zum christlichen Glauben übergetreten sind, haben jetzt begonnen, eine eigene kleine Siedlung zu bilden. Man erzählt sich, daß sie zusammen mit ehemaligen Sklaven Hexenbräuchen nachgehen. Sie sind eine Bedrohung für jeden ordentlichen Christen. Das Volk befürchtet, daß sie eines Tages in der Überzahl sein werden. Außerdem fordert ihre Anwesenheit geradezu die Angriffe der Ungläubigen aus Afrika heraus. Wir haben viele der Männer, die mit Seiner Gnaden in den Kampf gegen Afrika gezogen sind, verloren. Ihre Witwen wissen nicht, wie sie die hungrigen Mäuler ihrer Kinder stopfen sollen."

Don Alonso wußte, daß er zu weit gegangen war. Er hatte die Augen auf den Boden gerichtet. Schweißperlen liefen ihm über das glänzende Gesicht.

Constanze erfaßte wütende Ohnmacht. Sie haßte Pedros Ausflüge nach Afrika genauso wie es das Volk tat. Sie mißtraute den Sklaven, die von den Mönchen missioniert wurden, zutiefst. Für sie glichen sie wilden Tieren, mochte Pater Baez sagen, was er wollte. Sie waren die besten Verbündeten der Berber, bei deren Angriffen auf Fuerteventura, und viele legten den neuen Glauben ebenso schnell wieder ab, wie sie ihn angenommen hatten.

Aber ihre größte Wut richtete sich gegen den *Alcalde Mayor*, der die Abwesenheit Ihres Mannes ausnutzte, um sich bei ihr zu beschweren. Für einen Moment erwog sie, ihn für seine Frechheit hinauswerfen zu lassen, wie es Doña Inés sicher getan hätte. Aber, sie war nicht ihre cuencia con que se entrometía en sus competencias y relaciones comerciales.

"Estaría bien si Su Excelencia, Don Pedro, permaneciera más tiempo en El Palacio", replicó en un último esfuerzo el Alcalde Mayor. *"Ha llegado a nuestros oídos que su Majestad la Reina, en nombre de la Santa Inquisición, ha desterrado a todos los infieles. Pero Su Excelencia trae consigo cada vez mayor número de diablos negros supuestamente convertidos al cristianismo de sus viajes, y han comenzado ya a formar su propio asentamiento. Se cuenta que celebran rituales hechiceros junto a los antiguos esclavos. Quisiera recordarle que son una amenaza para cada cristiano decente y que el pueblo teme el día en que sean más numerosos que nosotros. Su presencia provoca además incursiones de los infieles, y ya son demasiados los hombres que hemos perdido acompañando a Su Excelencia en la guerra contra Africa. Sus viudas no saben como llenar las bocas hambrientas de sus hijos."*

Don Alonso se dio cuenta de que se había excedido y mantuvo los ojos clavados en el suelo mientras perlas de sudor corrían su rostro.

Constanze se sintió invadida por una impotencia rabiosa. Odiaba los viajes de Pedro al Africa tanto como el pueblo y desconfiaba profundamente de los esclavos catequizados por los monjes. Para ella eran como animales, dijera el Padre Báez lo que dijera. Eran los mejores aliados de los Berberiscos en sus ataques contra Fuerteventura y muchos abandonaban su nueva fe con más rapidez que la habían abrazado. Pero su mayor enojo era con el Alcalde Mayor, que aprovechando la ausencia de su marido llevaba a ella sus quejas. Por un momento consideró echarlo por insolente, como a buen seguro hubiera hecho Doña Inés. Pero ella no era su madre y carecía de la fuerza suficiente para llevar hasta sus últimas consecuencias un momento de rabia. Tan pronto como Don Alonso hubiera abandonado la casa, titubearía y lamentaría haber tomado tal decisión.

"Madre nunca lamentó tomar una decisión", pensó desesperada. Respirando profundamente decidió ignorar la insolencia de Don Alonso y dar por zanjada tan desagradable visita.

"Don Pedro estará en los próximos meses aquí. Y no en Fuerteventura precisamente, sino en Lanzarote. Al menos durante el tiempo que dure mi viaje a Sevilla."

El Alcalde Mayor apenas podía creerse haber salido tan airoso de la situación creada y aliviado continuó hablando.

Mutter, und es fehlte ihr an Stärke, einen Moment der Wut seinem Ende zuzuführen. Sobald Don Alonso das Haus verlassen hätte, würde sie unsicher werden und vielleicht ihren Beschluß bereuen.

„Mutter hat niemals eine Entscheidung bereut", dachte sie verzweifelt.

Sie atmete tief durch und beschloß, die Unverschämtheit Don Alonsos zu ignorieren.

„Don Pedro wird in den nächsten Monaten hier sein", antwortete sie. „Zwar nicht auf Fuerteventura, aber auf Lanzarote. Zumindest für die Zeit meiner Reise nach Sevilla."

Der *Alcalde Mayor* schien kaum zu glauben, daß er so glimpflich davongekommen war. Erleichtert sprach er schnell weiter.

„Es bleibt mir nur, Euer Gnaden meine tiefe Bekümmerung über den schlechten Gesundheitszustand Eurer Mutter auszudrücken. Wir hoffen alle, daß Doña Inés bald wieder ihr Krankenlager verlassen kann."

Constanze nickte gnädig.

Jeder wußte, daß Doña Inés im Sterben lag. Es war nicht einmal sicher, ob sie und ihr Bruder Sancho Sevilla rechtzeitig erreichen würden. Ihr Mann mußte unbedingt innerhalb der nächsten paar Tage erscheinen. Es waren ihnen Gerüchte zugegangen, daß auf Teneriffa Alonso de Lugo, der Mann ihrer Schwägerin Beatriz Bobadilla, nur auf die Nachricht von Doña Inés' Tod wartete, um im Namen seiner Stiefkinder einen Angriff auf Fuerteventura und Lanzarote zu wagen. Da ihr Bruder Sancho Constanze nach Sevilla begleiten mußte, war jetzt besondere Vorsicht geboten. Die beiden Inseln konnten gut von Lanzarote aus verwaltet werden. Pedro sollte dort im Schloß von Rubicon wohnen und das ganze Militär zusammenziehen, um auf eventuelle Übergriffe vorbereitet zu sein. Um so wichtiger war es, alle Angelegenheiten auf Fuerteventura abgesichert zu haben.

Don Alonso merkte, daß die Audienz beendet war. Er verbeugte sich ein letztes Mal und verließ den Raum unter tiefen Referenzen.

Sobald Constanze allein war, sank sie erschöpft zusammen.

Obwohl sie dem *Alcalde* keine Lösungen für seine Probleme angeboten hatte, konnte er sich nicht abgewiesen gefühlt haben.

Trotzdem blieb die Stellung der *Cabildo*-Mitglieder eine zweischneidige Angelegenheit. Das Volk mußte ein Verwaltungsorgan haben, und Pedro brauchte Beauftragte, die in seinem Sinne handelten. Andererseits war er sich durchaus darüber klar, daß ihre Loyalität begrenzt war. Sie würden mit dem gleichen Gehorsam auch jedem anderen *Señor* dienen.

Bei all diesen Sorgen bedrückte sie zusätzlich immer mehr der Grund ihrer Reise. Sie konnte kaum glauben, daß Doña Inés nun für immer von ihnen gehen würde.

"Sólo me resta, Vuestra Excelencia, expresar mi más profunda preocupación por el estado de salud de vuestra madre. Todos deseamos que Doña Inés se recupere cuanto antes."

Constanze asintió compasiva. Todo el mundo sabía que Doña Inés se moría. Ni siquiera era seguro que ella y su hermano Don Sancho llegaran a tiempo a Sevilla. Su marido tenía necesariamente que aparecer en los próximos días. Había rumores de que, en Tenerife, Don Alonso de Lugo, el marido de su cuñada Doña Beatriz Bobadilla, estaba a la espera de la muerte de Doña Inés para poder abordar Fuerteventura y Lanzarote en el nombre de sus hijastros. Puesto que su hermano Sancho tenía que acompañarla a Sevilla, se requería ahora especial cuidado. Ambas islas se podían dirigir muy bien desde Lanzarote; Don Pedro debía instalarse allí en el castillo del Rubicón y organizar las tropas para estar preparado contra cualquier ataque. Lo más importante era asegurar todos los asuntos de Fuerteventura. Don Alonso observó aliviado como la Audiencia se daba por concluida. Se inclinó una vez más y abandonó la estancia bajo profundas reverencias.

Tan pronto como Constanze se quedó sola, se derrumbó agotada. Aunque no había propuesto al Alcalde ninguna solución a los problemas, este no podía haberse sentido menospreciado. La postura de los miembros del Cabildo era como un cuchillo de doble filo: el pueblo debía tener un órgano administrativo, y Don Pedro necesitaba comisionados que actuaran en su propio interés; por otro lado tenía clara su limitada lealtad y como servirían con idéntica sumisión a cualquier otro Señor.

Entre todas estas preocupaciones, le atormentaba cada vez más el motivo de su viaje. Apenas podía creer que Doña Inés se fuera para siempre de su lado. Nada había conseguido hundir a su madre, ni la desgracia del hijo mayor, Don Pedro García y su desheredamiento, ni la muerte de su hijo Don Fernán en La Gomera, ni tan siquiera la de su marido, Don Diego. Hasta que entregaran los mayorazgos a sus hijos, no se había exportado ninguna orchilla y ningún gramo de trigo sin que ella no hubiera recibido su correspondiente parte. Los quintos se recaudaban incondicionalmente, y los Alcaldes Mayores de los distintos Cabildos la obedecían con religiosidad. Sólo a algunos súbditos les quedaba todavía ánimo para rebelarse después del reprimido levantamiento en Lanzarote y de la venganza contra los Gomeros.

Constanze sabía que las cosas cambiarían después de la muerte de su madre. Don Pedro se preocupaba muy poco por los asun-

Nichts hatte ihre Mutter unterkriegen können, weder die Enterbung ihres Ältesten noch der Tod ihres Sohnes Fernan oder der ihres Mannes Diego. Bis sie die Majorate an ihre Kinder übergab, waren keine *orchilla* und kein Gramm Weizen exportiert worden, ohne daß sie nicht ihren Anteil daran gehabt hätte. Die *quintos* wurden bedingungslos eingetrieben, und die *Alcalde Mayore*s der verschiedenen *Cabildo*s gehorchten ihr aufs Wort. Nur wenigen Untertanen blieb nach dem niedergeschlagenen Aufstand auf Lanzarote und der Rache an den Gomeros noch Mut zur Rebellion.

Constanze wußte, daß sich die Dinge nach dem Tod ihrer Mutter ändern würden. Pedro kümmerte sich zuwenig um die Belange der Insel. Es hatte ihn von Anfang an gelangweilt, sich in der staubigen Einöde Fuerteventuras die Beschwerden des *Cabildo*s und die sanften Belehrungen der Kirchenvorsteher anzuhören. Bis zu Don Diegos Tod begleitete er diesen auf all seinen Raubzügen. Später nahm er seinen Erstgeborenen, Fernan, mit.

Constanze fühlte sich zu schwach, allein das elterliche Erbe anzutreten. Ihre Untertanen behandelten sie mit dem gebührenden Respekt, aber sie erreichte nie die Sicherheit, mit der Doña Inés die Unantastbarkeit ihrer Stellung vermittelt hatte.

Sie befürchtete sogar, in der Erziehung ihrer Kinder versagt zu haben. Zwar hatte Juana Mendoza durchaus standesgemäß geheiratet, aber María Ayalas Eintritt in das Kloster von Sevilla bedrückte sie. Die Gründe ihrer Tochter für diese Entscheidung blieben ihr ein Rätsel. Ihre Jüngste war immer sehr still gewesen. Im Gegensatz zu Juana, die ständig über mangelnde Zerstreuung klagte, konnte María stundenlang in sich versunken aus dem Fenster schauen. Sie trug immer eine Ausgabe der Heiligen Schrift bei sich, und Pater Baez war voll des Lobes über ihre Gelehrigkeit. Juana dagegen hatte kaum erwarten können, mit ihrem Mann die Reise nach Teneriffa anzutreten, wo sie ein reges gesellschaftliches Leben erwartete. Um so fassungsloser war sie über den Entschluß ihrer Schwester, die Einsamkeit Fuerteventuras gegen die endgültige Abgeschlossenheit der Klostermauern einzutauschen.

Constanze dachte an die starke Verbundenheit zu ihrer eigenen Mutter und zweifelte daran, daß ihre Kinder dieses Gefühl ebenso kannten. Zwar hatte ihr Sohn Sancho ein wenig von dem noblen Wesen seines gleichnamigen Onkels geerbt, aber er lebte in Sevilla und stand dort im Dienst des Königs.

Über Fernan schien sie jede Kontrolle verloren zu haben. Selbst die Erziehung der Mönche war spurlos an ihm vorübergegangen. Manchmal erinnerte er sie an ihren Bruder Pedro García. Damals, nach ihrer Ankunft auf den Kanaren, war Doña Inés darauf bedacht gewesen, ihren Kindern

tos de la isla; desde el principio le aburría escuchar las demandas del Cabildo y las caritativas enseñanzas de los representantes de la Iglesia en el polvoriento desierto de Fuerteventura. Había acompañado a Don Diego en todas sus incursiones hasta su muerte y más tarde había sido su primogénito, Don Fernán Darias, su acompañante.

No se sentía con fuerzas para hacerse cargo ella sola de la herencia. Sus súbditos la trataban con el correspondiente respeto, pero nunca lograría alcanzar la seguridad con que Doña Inés ejercía su posición, proporcionándole un carácter casi sagrado. Temía incluso haber fracasado en la educación de sus propios hijos. Aunque Doña Juana Mendoza había realizado una boda acorde a su rango, el ingreso en el convento de Sevilla de Doña María de Ayala le había impresionado. Los motivos de su hija para decidirse a tomar tal decisión continuaban para ella en el misterio. Su hija menor había sido siempre muy callada, al contrario que Juana, siempre quejándose de la falta de distracciones, mientras que María podía mirar a través de la ventana, ensimismada, durante horas. Llevaba siempre consigo una edición de la Santa Biblia y el padre Báez no paraba de elogiar su docilidad, muy al contrario de Juana, que apenas pudo esperar a emprender el viaje a Tenerife con su marido, donde le esperaba una entretenida vida social. Era incapaz de comprender la decisión de su hermana de cambiar la soledad de Fuerteventura por el aislamiento definitivo de los muros del convento.

Constanze pensó entonces en la fuerte compenetración con su propia madre y dudaba que sus hijos conocieran ese mismo sentimiento. Su segundo hijo, Don Sancho Herrera, había heredado un poco de la noble naturaleza de su tío del mismo nombre, pero vivía en Sevilla donde estaba al servicio del Rey.

Sobre Don Fernán Darias, su primogénito, parecía haber perdido todo control. Ni siquiera la educación de los monjes parecía haber hecho mella en él. A veces le recordaba a su hermano mayor, Don Pedro García. Tras su llegada a las Canarias Doña Inés pensaba en dar a sus hijos la misma educación que en la península, e insistió en todas las formalidades que eran costumbre en la corte de Sevilla, pero la escasez de distracciones y deberes condujeron a los varones de la familia actuar según su libre albedrío; Don Pedro acompañaba desde muy pequeño a su padre, Don Diego, en sus incursiones a la costa africana, fomentando así su brutal temperamento. El padre nunca se lo impidió, hasta

die gleiche Erziehung wie auf dem Festland zukommen zu lassen. Sie bestand auf allen Formalitäten, die auch in Sevilla bei Hofe üblich waren. Aber die mangelnden gesellschaftlichen Pflichten führten dazu, daß die männlichen Mitglieder der Familie sich zunehmend ihren Launen und Lüsten hingaben. Pedro hatte seinen Vater, Don Diego, von klein an auf seinen Streifzügen an die afrikanische Küste begleitet, was sein brutales Temperament noch förderte. Der Vater ließ ihn gewähren, bis zu jenem grauenhaften Tag, als Pedros Frau, María de Lasso, die Treppe hinunterstürzte...

Wenn Fernan einen seiner Wutanfälle bekam, betete Constanze jedesmal, daß ihm das Schicksal seines Onkels erspart bleiben mochte. Ungestüm und aufbrausend, lag ihm nicht nur die Kriegslust des Vaters und Großvaters im Blut, sondern er frönte auch vom Jünglingsalter an hemmungslos jeder Sinneslust, ohne daß es ihm im geringsten hinderlich war, mit María de Sosa verheiratet zu sein. „Worin ihm sein Vater auch ein Vorbild gewesen ist", dachte Constanze bitter.

Jeder in Betancuria wußte, daß ihr Mann, außer seinen eigenen Kindern, auch zwei Söhne mit einer ehemaligen afrikanischen Sklavin gezeugt hatte. Die Vorstellung, was ihr Mann mit dieser Frau alles treiben mochte, löste ekelerregende Gefühle in Constanze aus.

Sie wußte genau, daß er in seiner Zügellosigkeit bei ihr nie volle Befriedigung gefunden hatte. Die ehelichen Beisammensein erledigte er wie ein Hund, der sein Terrain markiert. Sie wiederum ertrug sie mit fest geschlossenen Augen und einem Gebet auf den Lippen, um nicht wieder schwanger zu werden.

Die Sklavin, die durch die Geburt der noblen Bastarde ihre Freiheit zurückerlangt hatte, war bestimmt nicht sein einziges Opfer gewesen. Nur zu oft hatte Constanze den erschrockenen Blick in den Augen einiger ihrer Dienstmädchen beobachtet, wenn Pedro unerwartet den Raum betrat. Sie erkannte darin die gleiche Furcht, die sie auch empfand, wenn er sich vor ihrem Bett den Gürtel abschnallte. In letzter Zeit ließ er sie jedoch in Ruhe, da ihre körperlichen Beschwerden immer häufiger wurden. Ihre Frauenleiden verursachten ihm Abscheu. So war sie für die Unpäßlichkeiten und zeitweiligen Schmerzen fast dankbar. „Mochte er sich auf seinen Feldzügen an den schwarzen Huren gütlich halten", dachte sie verbittert.

Die einzige, die ihr im „Palast" jetzt noch Gesellschaft leistete, war ihre Schwiegertochter María de Sosa. Oft fühlte sich Constanze ihr mehr verbunden, als ihren eigenen Kindern. Vielleicht lag es daran, daß sie ein ähnliches Schicksal teilten.

Fernan war oft brutal und verächtlich zu seiner Frau, besonders, seitdem sich der erhoffte Nachwuchs nicht einstellen wollte. Ohne zu zögern

aquel día horrible, cuando su desposada, Doña María Lasso de Vega, cayó rodando por las escaleras.

Cada vez que Fernán exhibía un ataque de rabia, Constanze rezaba tratando de preservarlo del destino de su tío. Violento y colérico, no sólo llevaba en su sangre el ardor bélico de su padre y de su abuelo, sino que también se entregó desenfrenadamente desde muy joven a los placeres sensuales, sin que el estar casado con Doña María de Sosa le supusiera ningún estorbo.

"También en esto su padre le ha servido de ejemplo", pensaba amargada.

Todos en Betancuria sabían que su marido, además de los legítimos, tenía otros dos hijos fruto de las relaciones mantenidas con una antigua esclava negra. Cualquier idea de todo lo que su marido podía practicar con aquella mujer le producía profundos sentimientos de asco. Sabía muy bien que él, en su lujuria, nunca había encontrado con ella plena satisfacción. Los encuentros matrimoniales los culminaba como un perro en el acto de marcar su terreno. Por su parte, ella los soportaba con los ojos fuertemente apretados y una oración en los labios para no volver a quedarse embarazada.

La esclava, como madre de los nobles bastardos, había conseguido su libertad, aunque seguramente no había sido la única víctima. Muy a menudo observaba Constanze la mirada asustada y huidiza en los ojos de algunas de sus sirvientas cuando Pedro, de manera imprevista, entraba en la habitación. Ella reconocía en ellos el mismo temor que ella sentía cuando delante de su cama se desabrochaba el cinturón. Últimamente la dejaba tranquila gracias a que sus dolencias femeninas, cada vez más frecuentes, le producían asco; de este modo estaba casi agradecida por sus indisposiciones y frecuentes dolores.

"¡Que se entretenga con sus rameras negras en sus expediciones militares!", pensaba con desprecio.

La única que todavía le acompañaba en el palacio era su nuera Doña María de Sosa. Constanze se sentía cada vez más unida a ella que a sus propios hijos, debido tal vez a que compartían un destino semejante. Don Fernán era a menudo brutal y despreciable con ella, especialmente desde que, a pesar del paso del tiempo, los deseados descendientes no llegaban. Había puesto de manifiesto su capacidad para procrear con otras dos mujeres, las cuales, sin vergüenza alguna, vivían con sus descendientes ilegítimos en las cercanías de la villa.

Mézquez mit Blick auf die Felsschluncht von Las Peñitas
Mézquez con vista al barranco de Las Peñitas

hatte er seine Zeugungsfähigkeit mit zwei anderen Frauen zur Schau gestellt, die ohne Scham mit ihrem illegitimen Nachwuchs in der Nähe der Villa wohnten.

Statt sich durch sein Verhalten jedoch demütigen zu lassen, schien María de Sosa nach jeder Auseinandersetzung Kraft zu schöpfen, um ihm auf ihre passive Art und Weise noch größeren Widerstand zu leisten. Sie ignorierte oft seine Wünsche, und wenn er sie daran erinnerte, gab sie vor, zerstreut zu sein. Dabei wußte Constanze ganz genau, daß er mehrere Male nicht davor zurückgeschreckt war, die Hand gegen sie zu erheben.

Pater Baez forderte María immer wieder auf, dem Wort Gottes zu folgen und Nachsicht und Gehorsam zu üben. Constanze zweifelte allerdings daran, daß seine Worte auf fruchtbaren Boden fielen. María war die Tochter eines Richters und Gouverneurs. Auf Gran Canaria und Teneriffa wurde sie von höchsten Würdenträgern unterrichtet. Ihre Intelligenz forderte nach geistigem Austausch, und sie verbrachte viel Zeit im Kloster von Betancuria. Aber ihre Seele schien trotz der langen Gespräche mit Pater Baez keine Ruhe zu finden.

Plötzlich wurde Constanze aus den Gedanken gerissen, denn ihre Schwiegertochter stürzte ohne anzuklopfen in den Salon. Einzelne Haarsträhnen hatten sich aus ihrer Frisur gelöst und auf ihren Wangen zeichneten sich rote Flecken ab. Sie schloß hastig die Tür hinter sich und fiel zu den Füßen ihrer Schwiegermutter nieder.

„Meine liebe María", sagte Constanze matt, „wie kommt Ihr dazu, Euch bei diesem Wetter so zu erregen? Als hätte uns Gott nicht schon genug mit der unmenschlichen Hitze bestraft!"

María achtete nicht auf ihre Worte.

„Doña Constanze, ich muß Euch etwas anvertrauen. Versprecht mir, daß Ihr mir helfen werdet?"

Constanze sah sie verwundert an.

„Aber beruhigt Euch doch, meine Teuerste. Dieser Wüstenwind wird uns noch alle um den Verstand bringen."

Ungeduldig schüttelte María den Kopf.

„Nein, nein, es hat nichts mit dem Wetter zu tun. Ich habe nach langem Forschen Kontakt zu einer alten Eingeborenen aufgenommen, von der man sagt, daß sie die Zukunft voraussagen kann!"

Entsetzt entzog Constanze ihr die Hände, die María fest umklammert gehalten hatte.

„Aber Doña María, wie konntet Ihr nur? Diese Frauen sind Hexen, die mit dem Teufel im Bunde stehen! Was wird Pater Baez dazu sagen, wenn er davon erfährt? Ihr müßt ihm sofort beichten."

„Er muß es ja nicht erfahren", widersetzte María trotzig. „Außerdem hat er mir erzählt, daß Bruder Diego de Alcala, der einst

En vez de dejarse humillar por su comportamiento tras cada enfrentamiento, María de Sosa parecía sacar fuerzas de flaqueza para ofrecerle mayor resistencia aún con su pasiva naturaleza y modales. A menudo ignoraba sus deseos, y cuando él se los recordaba pretendía parecer distraída. Constanze sabía con certeza que más de una vez Don Fernán no vacilaba en levantarle la mano.

El padre Báez siempre exhortaba a María para que siguiera la palabra de Dios y practicara indulgencia y obediencia, aunque Constanze dudaba que sus palabras fueran fructíferas. María era la hija de un juez y gobernador. En Gran Canaria y en Tenerife había sido educada por altos dignatarios y su inteligencia demandaba intercambios intelectuales. Aunque pasaba mucho tiempo en el convento de Betancuria, su alma parecía no encontrar reposo ni aún después de haber mantenido una de sus largas conversaciones con el padre Báez.

Bruscamente Constanze abandonó sus pensamientos al entrar su nuera en el salón sin anunciarse. Algunos mechones de pelo se escapaban de su peinado y en sus mejillas se hacía evidente el acaloramiento. Con fuerza cerró la puerta detrás de sí, y se arrojó a los pies de su suegra.

"Mi querida María," exclamó Constanze palidecida por el sobresalto. *"¿Cómo os podéis alterar con este tiempo? ¡Como si no nos hubiese castigado Dios lo suficiente con este inhumano calor!"*

"Doña Constanze, tengo que confiaros algo", respondió sin prestar atención a sus palabras. *"Pero prometedme que me ayudareis."*

"Pero tranquilizaros, querida. Este viento del desierto conseguirá hacernos perder la razón a todos."

"No. No... No tiene nada que ver con el tiempo", sacudía María la cabeza impaciente. *"Después de mucho buscar he contactado con una anciana nativa de la que se cuenta que puede predecir el futuro."*

Desconcertada Constanze le retiró las manos que María mantenía fuertemente enlazadas.

"Pero, Doña María, ¿cómo habéis osado?. Esas mujeres son brujas, están en contacto con el mismísimo demonio. ¿Qué dirá el padre Báez cuando tenga conocimiento de ello?. Tenéis que confesárselo enseguida."

den Teufel mit einem Strick in der Kapelle im Kloster angebunden hat, mit diesen Frauen in Verbindung stand. Anstatt sie zu verdammen, soll er sie sogar um Rat gefragt haben, wenn er auf der Suche nach heilenden Kräutern war."

Bekümmert sah Constanze auf sie herab.

„Aber nein, meine Liebe. Ihr mißverstehet den Pater. Er wollte Euch sicherlich damit sagen, daß ein so frommer Mann, wie Bruder Diego, tun kann, was ihm beliebt, weil seine Reinheit ihn vor allen bösen Einflüssen schützt. Ihr jedoch seid nur eine arme Sterbliche und begebt Euch damit in Versuchung."

„Deshalb müßt Ihr mich ja begleiten, Doña Constanze. Wenn Ihr bei mir seid, bin ich sicher, daß mir nichts zustoßen wird. Euer Glaube ist soviel fester als meiner."

Marías Gesicht war ein einziges Flehen.

„Auf keinen Fall, Doña María!" Wehrte Constanze sie heftig ab. „Niemals darf ich mich für eine solche Sünde hergeben. Ich könnte dies mit meinem Gewissen nicht vereinen. Damit machte ich mich ja zu Eurer Komplizin. Wie soll mir Pater Baez dafür die Absolution erteilen?"

„Er braucht es doch nicht zu erfahren", wiederholte María eindringlich. „Ich bitte Euch inständig, mich zu begleiten. Ich muß mit dieser Frau sprechen."

Für einen Moment überwog Constanzes Neugier ihre Entrüstung.

„Was wollt Ihr denn so dringend von Ihr wissen?" fragte sie.

María senkte den Blick.

„Ich muß eine Entscheidung treffen", sagte sie leise. „Das kann ich allerdings nicht, ohne mich zuerst einer bestimmten Sache zu versichern."

Besorgt fragte sich Constanze, was die ganze Zeit in María de Sosa vorgegangen war, in der sie eine Vertraute gefunden zu haben glaubte.

„Ich muß darüber nachdenken", sagte sie schließlich. „Gebt mir bis heute abend Zeit, dann werde ich Euch antworten. Wann habt Ihr Euch mit dieser Frau verabredet?"

„Heute nacht", antwortete María. „Eine vertrauenswürdige Sklavin wird mich zu ihr hinführen."

Constanze lachte bitter auf.

„Vertrauenswürdige Sklavinnen gibt es nicht, das solltet Ihr doch wissen, meine Liebe."

Marías Gesicht errötete, und sie erhob sich rasch.

„Ich bin mir sicher, daß ich dieser Frau vertrauen kann", sagte sie. „Sie hat mir erzählt, daß sie für Euch auch einmal in einer Angelegenheit tätig war."

Die Stille, die jetzt folgte, schien bedrückender zu sein, als die stickige, heiße Luft im Zimmer. Constanze hatte den Blick starr auf den Boden

"No tiene por que enterarse," se rebeló María. *"Además, él mismo me reveló como el padre Diego de Alcalá, que en su día amarró con una cuerda al diablo en la capilla del convento, se relacionaba con estas mujeres. En vez de condenarlas les debía de pedir consejo cuando se dedicaba a la búsqueda de hierbas medicinales."*

"Que no, querida. Habéis malentendido al Padre. Con ello, seguramente, os quería explicar que un hombre tan devoto como fue el hermano Diego, podía hacer lo que quisiera porque su pureza era protección frente a todas las malas influencias. Vos, en cambio, sólo sois una pobre mortal y os exponéis a la tentación."

"Por eso os pido que me acompañéis, Doña Constanze. Si vos estáis conmigo, estoy segura de que nada malo podrá sucederme. Vuestra fe es mucho más fuerte que la mía."

La cara enrojecida de María era toda una súplica, a pesar de lo cual Constaze se defendió enérgicamente.

"¡De ningún modo, Doña María!. Nunca me prestaré a tal pecado. Mi conciencia no me lo permite. Con ello me convierto en vuestra cómplice. ¿Cómo me podría dar el Padre Báez absolución para tal pecado?."

"No tiene porque enterarse," repitió María impaciente. *"Os ruego encarecidamente que me acompañéis. Tengo que hablar con esa mujer."*

"¿Qué queréis saber tan urgentemente?" Preguntó durante un instante en que su curiosidad prevaleció sobre la indignación.

"Tengo que tomar una decisión," - susurró bajando la mirada. *"Y no lo podré hacer mientras no esté segura de cierto asunto."*

Preocupada se preguntaba Constanze que era lo que estaba sucediendo en el interior de María de Sosa, en la cual creía haber encontrado una confidente.

"Tendré que pensarlo", dijo finalmente. *"Dadme hasta esta noche de plazo y entonces os contestaré. ¿Cuándo os habéis citado con esa mujer?"*

"Esta noche. Una esclava de plena confianza me conducirá hasta ella."

"No existen esclavas de plena confianza, eso deberíais de saberlo ya, querida", le respondió con una sonrisa amarga.

"Estoy segura de poder contar con esa mujer." El rostro de María enrojeció, y se alzó apresurada replicando. *"Ella misma me ha contado que en una ocasión también os ayudó."*

Altes Bauernhaus bei Tefia
Antigua Finca cerca de Tefia

gerichtet, und ihre Lippen waren fest aufeinander gepreßt. María schickte sich an, das Zimmer zu verlassen, aber in der Tür drehte sie sich noch einmal zu ihrer Schwiegermutter um.

„Ich erwarte Eure Antwort nach dem Abendessen", sagte sie und schloß die Tür hinter sich.

Constanze spürte, wie ein leichter Schwindel sie ergriff. Sie nestelte in der Rocktasche nach dem kleinen Fläschchen für ihre Unpäßlichkeiten. Nach ein paar Minuten ging es ihr besser.

Um nichts in der Welt hatte sie die Erinnerung an diese alte Geschichte wieder aufkommen lassen wollen. Gott vergaß nie, daran war kein Zweifel. Sie kehrte zurück in ihr Schlafzimmer und befahl, bis zum Abendessen nicht gestört zu werden.

Eine Stunde, bevor es dämmerte, servierte die Köchin in großen Keramikschüsseln eine einfache Abendmahlzeit.

Wenn die Männer zu Hause waren, wurden sie zuerst bedient. Die Frauen achteten darauf, daß es ihnen an nichts fehlte; sie selbst aßen später. Da Fernan seinen Vater, wie üblich, auf dessen Reise begleitete, war der Tisch an diesem Abend für Constanze und ihre Schwiegertochter allein gedeckt.

Es gab frisches Brot mit kaltem Huhn, einen Käse und kühles Wasser in großen Tonkrügen. Obwohl die Dunkelheit noch nicht angebrochen war, zündete das Dienstmädchen vorsorglich die Kerzen an.

Constanze und María aßen schweigend. Das einzige Geräusch, das die Stille unterbrach, war das leise Tropfen der *pila* in einer Ecke des Eßzimmers. Der Wind hatte sich etwas gelegt, doch die Tageshitze stand noch immer in den Räumen.

Constanze spülte den letzten Bissen mit einem großen Schluck Wasser hinunter. Sie wußte kaum, was sie zu sich genommen hatte, so sehr war sie mit dem Anliegen ihrer Schwiegertochter beschäftigt. Schließlich hob sie den Blick von ihrem Teller und sah María an.

„Ich werde Euch begleiten", sagte sie. „Gott möge mir verzeihen!"

María konnte die Freude über ihre Entscheidung kaum unterdrücken.

„Ich bin Euch zu ewigem Dank verpflichtet, Doña Constanze", rief sie mit bewegter Stimme. „Bitte haltet Euch nach Anbruch der Dunkelheit bereit."

Die folgenden Stunden schienen sich endlos hinzuziehen. Constanze glaubte, einen kühlen Luftzug durch ihr Fenster kommen zu spüren, als es leise an ihre Schlafzimmertür klopfte. Sie öffnete die Tür einen Spalt breit. María winkte ihr zu. So leise sie konnten, schlüpften die beiden Frauen aus dem Haus.

Das Dorf lag in tiefster Dunkelheit. Mit dem Anbruch der Nacht hatte tatsächlich ein frischer Wind den dichten Wolkenvorhang des *scirocos*

El silencio que dio paso a estas palabras resultó más denso que el asfixiante aire de la habitación. Constanze desvió la mirada y no levantó la vista cuando María se dispuso a abandonar la estancia. Antes de salir de la habitación se giró una vez más hacia su suegra.

"Espero vuestra contestación después de la cena", dijo cerrando tras de sí la puerta.

Constanze sintió como la invadía un ligero mareo. En el bolsillo de su falda buscó el frasquito de las sales. Unos minutos más tarde ya se encontraba mejor. Por nada del mundo quería rememorar aquella vieja historia. Dios no olvidaba nunca, eso no se ponía en duda. Regresó a su alcoba y ordenó que no se la molestara hasta la hora del refrigerio.

Una hora antes del atardecer la cocinera servía una sencilla cena en grandes fuentes de cerámica. Cuando los hombres se encontraban en casa eran ellos los primeros en ser servidos mientras las mujeres se ocupaban de que no les faltara de nada, cenando ellas mismas más tarde. En esta ocasión y como de costumbre, Fernán había acompañado a su padre en su viaje, por lo que esa noche la mesa estaba dispuesta sólo para su nuera y para ella. La cena se componía de pan recién hecho con pollo frío, queso y el agua fresca de las jarras de barro. Aunque todavía no era de noche, la sirvienta, previsora, encendió las velas. Constanze y María comieron en un silencio casi sepulcral roto únicamente por el goteo de la pila, situada en una esquina del comedor. El viento ya no era tan fuerte, pero el bochorno del caluroso día aún era patente en las habitaciones.

Constanze terminó el último bocado con la ayuda de un gran sorbo de agua. Apenas sabía que había tomado preocupada por la petición de su nuera. Finalmente levantó la cabeza del plato y se dirigió a María.

"Os acompañaré. ¡Espero que Dios me perdone!."

"Os debo eterno agradecimiento, Doña Constanze", exclamó con voz conmovida ocultando apenas la alegría de su decisión. *"Por favor, estad preparada al oscurecer."*

Las siguientes horas se hicieron interminables. Constanze creyó sentir una ligera corriente de aire a través de la ventana cuando suavemente llamaron a su puerta; sólo se atrevió a entreabrirla, y allí estaba María haciéndole señas. Sin hacer ruido apenas salieron a hurtadillas de la casa.

El pueblo estaba sumido en una profunda oscuridad. Con la llegada de la noche, una brisa fresca había hecho desaparecer la cor-

fortgeblasen. Der Himmel war jetzt sternenklar. Im Licht eines bleichen Mondes gingen sie zu dem Weg hinter dem Palast, wo sie von der Sklavin erwartet wurden. Die beiden Frauen folgten ihr langsam, bemüht, auf dem steinigen Weg nicht zu stolpern. Constanze versuchte, ihr Herzklopfen zu beruhigen. Ohne daß die Sklavin sie hören konnte, fragte sie María:

„Warum seid Ihr Euch so sicher, daß die Frau Euch die Wahrheit sagen wird?"

„Man hat mir erzählt, daß sie die Enkelin einer weisen Frau aus der Zeit der Eroberung ist. Sie soll den Anführern der Eingeborenen die Ankunft unserer Missionare vorausgesagt haben. Womöglich verfügt sie über noch größeren Fähigkeiten als ihre Großmutter."

Nach kurzer Zeit kamen sie an den einfachen Steinhäusern am Rande der Villa vorbei. Sie schwiegen nun, um niemanden durch unbedachte Geräusche zu wecken.

Constanze erinnerte sich daran, wie sie ihre Mutter vor Jahren bei dem Besuch einer Landarbeiterfamilie begleitet hatte.

Das Haus bestand aus zwei Wohnräumen, einem Vorratsraum und dem Stall für das Vieh. Auf dem sauber gefegten Boden lagen Strohmatten, die den Kindern als Schlafstätten dienten. Das Schlafzimmer der Eltern war zugleich Küche und Wohnraum. Ein einfaches Bett aus Stroh, ein Tisch und zwei Stühle stellten das ganze Mobiliar dar. Das Blechgeschirr auf dem Tisch war alt und verbeult. Als einziger Schmuck hing an der Wand ein Holzkreuz.

Doña Inés hatte der Frau des Bauern, die in den Wehen lag, Wein zur Linderung ihrer Schmerzen gebracht. Als sie eintraten, versuchte sich die Gebärende auf dem dünnen Strohbett aufzurichten. Mit hochrotem Gesicht, den gewölbten Leib haltend, nahm sie so respektvoll wie möglich den Becher Wein aus Doña Inés Hand entgegen.

In der offenen Tür drückten sich die Kinder zusammen, um kein Detail des ehrenwerten Besuches zu verpassen, bis ihr Vater sie mit einer barschen Bewegung verscheuchte. Constanze hatte verstohlen die einfachen Kleider der Frau berührt, die sorgsam zusammengefaltet über einem der beiden Stühle lagen. Sie waren aus Leinen und Wolle, wie der Rock ihrer Kinderfrau, und sie erinnerte sich an das kratzende Gefühl, wenn sie ihre Wangen daran rieb.

In der Nähe erklang das Meckern einer Ziege, und Constanze schreckte in die Gegenwart zurück. „Allzu schlecht konnte es dem Volk nicht gehen", dachte Constanze nüchtern. „Offensichtlich besaßen sie noch Vieh, das Milch für die Kinder geben konnte. Wahrscheinlich hatte der *Alcalde Mayor* bei seiner Rede von der Not der Leute übertrieben."

tina de nubes del siroco y el cielo aparecía lleno de estrellas. Bajo la luz de la pálida luna tomaron el camino que rodeaba el palacio, donde les esperaba la esclava. Las dos mujeres la siguieron despacio, intentando no tropezar con las piedras del camino. Constanze se esforzaba en apaciguar los latidos de su corazón.

"¿Por qué estáis tan segura de que esa mujer os va a decir la verdad?" Preguntó a María evitando ser escuchada por la esclava.

"Me han contado que es la nieta de una sabía mujer de la época de la conquista, la cual debió predecir a los jefes de los nativos la llegada de nuestros misioneros. No sería extraño que disponga de mayores poderes que su abuela."

Momentos más tarde pasaban a lo largo de las sencillas casas de piedra dispuestas en la periferia de la Villa, lo que les obligó a acallar prudentemente sus voces para no despertar a nadie. Constanze recordaba como, hacía ya algunos años, había acompañado a su madre a visitar a una familia de campesinos. La casa estaba formada por dos habitaciones, una despensa y un establo para el ganado. En el suelo cuidadosamente limpio había dos esteras de paja que servían de cama para los niños. El dormitorio de los padres era cocina y salón al mismo tiempo. Una sencilla cama de paja, una mesa y dos sillas componían todo el mobiliario. La vajilla de hojalata colocada sobre la mesa la recordaba muy vieja y abollada. Como único adorno colgaba un crucifijo de madera de la pared. Doña Inés llevaba vino para aliviar los dolores de la mujer, que estaba de parto. Cuando entraron, la parturienta intentó incorporarse en su lecho de paja fina. Con el rostro enrojecido tomó el vaso de vino de las manos de Doña Inés con todo el respeto que le fue posible. En un resquicio de la puerta se agolpaban los niños tratando de no perder detalle de tan honorable visita, hasta que su padre los asustó con un ademán de amenaza. Constanze había tocado furtivamente el sencillo ropaje de la mujer cuidadosamente doblado sobre una de las sillas. Era de lana y lino, como la falda de su niñera, y su aspereza la hizo recordar como de niña frotaba en ella sus mejillas.

El balido de una cabra en la oscuridad la devolvió al presente. No le podía ir tan mal al pueblo, pensó con serena ingenuidad. De hecho todavía poseían ganado que proporcionaba leche para los niños. Probablemente el alcalde Mayor había exagerado hablando de las necesidades del pueblo.

Después de apenas una hora de camino, el pequeño grupo llegó a su destino. Habían dejado atrás la amplia meseta de Betancuria y delante de ellas apareció una vieja casa de piedra.

Weise bei Ampuyenta
Prado cerca de ampuyenta

Nach einer knappen Stunde kam die kleine Gruppe erschöpft an ihrem Ziel an. Das weite Hochplateau von Betancuria lag fast hinter ihnen, an dessen Ende ein altes Steinhaus auftauchte.

Aus seinem Innern drang der schwache Schein einer Kerze. Die Sklavin hieß sie draußen warten und trat ein. Nervös knetete Constanze den Rosenkranz in ihren Fingern und bereute zutiefst, María begleitet zu haben.

Endlich öffnete sich der Vorhang aus Ziegenfellen, und die Sklavin winkte sie herein.

Sie mußten sich bücken, denn der Eingang war niedrig. Nach Art der Häuser der Ureinwohner, schien der Raum in den Boden versenkt zu sein, so daß der Eindruck einer Höhle entstand. Drinnen nahm ihnen der Geruch nach verbrannten Kräutern fast den Atem.

In einer Ecke stand ein *inciensero*. In seinem unteren Teil lag der Rest eines Mimosenbaumstammes, der leise vor sich hinschwelte. Constanze fragte sich erbost, wie es ihren *regidores* entgangen sein konnte, daß immer noch unbefugt Bäume gefällt wurden. Niemand durfte ohne Erlaubnis des *Señors* einen Baum fällen. Die Lizenzen dafür beschränkten sich allein auf die Herstellung von Arbeitswerkzeug für die Landwirtschaft oder das Handwerk. Feuer wurde nur mit abgebrochenen Zweigen gemacht, die es zu sammeln galt.

Auf dem oberen Teil des *inciensero* verglühten langsam die Kräuter. Heftig wedelte sich Constanze mit einem Tuch Luft zu.

Ihre Augen begannen, die Schatten im tanzenden Licht der Kerze zu unterscheiden. Sie erkannte eine alte Frau, die mit sicherer Hand Pulver aus einem Mörser in ein kleines Leinensäckchen füllte. Den Runzeln ihres Gesichtes nach zu urteilen, hätte sie über hundert Jahre alt sein können, aber ihre Bewegungen waren flink, wie die eines jungen Mädchens. Die Sklavin nahm das Säckchen mit tiefen Dankesbezeugungen an und verließ das Haus, um draußen auf ihre Herrin zu warten.

Die Greisin zeigte weder Scheu noch großen Respekt vor dem hohen Besuch. Gelassen hieß sie die beiden Frauen, sich auf ein paar Ziegenfelle am Boden zu setzen.

Vorsichtig rafften Constanze und María ihre Röcke zusammen, bevor sie sich niederließen. Die Alte hockte sich ihnen gegenüber und wartete. María beobachtete sie in fieberhafter Aufregung, aber Constanze konnte den durchdringenden Blick kaum ertragen.

„Was wollt Ihr erfahren?" Die Stimme der Frau war tief und klar.

En su interior apenas se apreciaba las débiles llamas de unas velas. La esclava les ordenó esperar fuera y penetró en su interior. Constanze entrelazaba nerviosa el rosario entre sus dedos, lamentando profundamente haber acompañado a María.

Por fin la cortina de pieles de cabra se abrió y la esclava les pidió que fueran entrando. Tuvieron que agacharse pues la entrada no era muy alta. De la manera en que estaban construidas las casas de los nativos, parecía que la habitación estuviera hundida en el suelo dando la sensación de encontrarse en una cueva. En su interior el olor a hierbas quemadas le cortó por un instante la respiración. En una esquina se entreveían los restos de un tronco de mimosa consumiéndose lentamente entre los rescoldos, cuya visión hizo percatarse a Constanze de que sus regidores no controlaban en absoluto la tala de árboles, totalmente prohibida. Nadie podía talar un árbol sin el permiso del Señor: las licencias se limitaban estrictamente a la fabricación de herramientas de trabajo para la agricultura o la artesanía. Sólo se podía encender fuego con las ramas recogidas después de caídas. En la parte superior de la chimenea las hierbas eran también consumidas lentamente.

Presurosa Constanze se abanicó con un pañuelo. Sus ojos comenzaron a distinguir las sombras con la ayuda de la escasa y crepitante luz del fuego. Reconoció una anciana que, con mano segura, llenaba con los polvos de un mortero un pequeño saco de lino. A juzgar por las arrugas de su rostro bien podría haber tenido cien años, pero sus movimientos eran tan ligeros como los de una muchacha. La esclava recogió el saco con profundas reverencias de agradecimiento y abandonó la casa para esperar fuera a su señora.

La anciana no mostró miedo ni respeto ante tal noble visita. Con tranquilidad ordenó a ambas sentarse en el suelo sobre las pieles de las cabras, algo que hicieron de inmediato tras recoger con esmero sus faldas. Con un rápido y ágil movimiento se colocó en cuclillas delante de ellas; María la observaba con febril excitación, pero Constanze soportaba a duras penas su penetrante mirada.

"¿Qué queréis saber?" Inquirió con voz profunda y clara la mujer.

"Deseo que me digáis con seguridad si jamás podré tener hijos", dijo apresuradamente María tras lanzar una rápida mirada a Constanze.

Fácilmente Constanze hubiera podido soltar una carcajada, pues hacía tiempo que conocía el vivo deseo de ser madre que ardía en el interior de María; por un momento se le antojó insignificante motivo para haber venido a visitar a la anciana.

María warf Constanze einen schnellen Seitenblick zu, bevor sie hastig zu sprechen begann.

„Ich möchte, daß Ihr mir fest zusagt, ob ich jemals Kinder haben werde."

Fast hätte Constanze erleichtert aufgelacht. Marías inniger Herzenswunsch, Mutter zu werden, war ihr seit langem bekannt. Es schien ihr ein harmloser Grund zu sein, um in diese Höhle zu kommen.

Die Alte hob fragend die Augenbrauen.

„Seid Ihr Eurer Entscheidung, die Ihr treffen werdet, wenn Ihr meine Antwort kennt, sicher?"

Entschlossen nickte María.

„Gut. Ich versichere Euch, daß Ihr niemals Mutter sein werdet - zumindest nicht in dieser Welt", fügte sie kichernd hinzu.

Constanze glaubte, ihren Augen nicht zu trauen, als sie sah, wie ihre Schwiegertochter erleichtert aufatmete.

„Aber Doña María, wie könnt Ihr Euch nur über eine solche Auskunft freuen!" rief sie empört aus.

Ruhig erwiderte María ihren entsetzten Blick.

„Weil ich mich von Fernan scheiden lassen werde, Doña Constanze. Ich habe es mir genau überlegt. Niemand kann von mir soviel Gehorsam verlangen. Nicht einmal Gott. Nur wenn ich noch ein Kind von ihm bekommen hätte, wäre meine Entscheidung anders ausgefallen. So weiß ich, daß dieser Schritt nur mich allein betreffen wird."

Die Alte nickte zustimmend.

„Eine gute Entscheidung", bemerkte sie. „Wenn Ihr bleiben würdet, könnte es Euren Tod bedeuten."

Constanze war außer sich.

„Weder die Kirche noch die Könige werden so einer Scheidung jemals zustimmen. María wird nie wieder heiraten können und für immer ohne Mann und Kinder bleiben. Sie kann noch nicht einmal Zuflucht in einem Kloster suchen!"

Unbekümmert zuckte die alte Frau mit den Achseln.

„Sie wählt das Leben", sagte sie, „genau wie Ihr, als Ihr mir damals Eure Sklavin geschickt habt, um eine Abhilfe für Eure letzte Schwangerschaft zu suchen. Auch das war eine gute Entscheidung. Ihr wäret bei der Geburt gestorben!"

Nun war es an María, die Schwiegermutter mit offenem Mund anzustarren. Constanze beachtete sie nicht. Wut und Scham erfüllten sie.

„Wie könnt Ihr es wagen, so mit Eurer *Señora* zu reden", fauchte sie. „Ein altes Weib, das wie die Wilden in diesem Loch haust. Wenn sich unsere Könige nicht erbarmt hätten, Euch die Heilige Schrift zu bringen, würde Euer Volk heute noch in Ignoranz und Ungläubigkeit leben."

"¿Estáis segura de la decisión que vais a tomar cuando conozcáis mi respuesta?" Preguntó la vieja levantando a un tiempo sus cejas.

María asintió decidida.

"Bien. Yo os aseguro que nunca llegaréis a ser madre, al menos en este mundo."

Sin poder dar crédito a sus ojos, Constanze comprobó como su nuera suspiraba aliviada.

"Pero, Doña María, ¿como os podéis alegrar ante una noticia como ésta?"- exclamó enfadada.

"Porque quiero divorciarme de Fernán, Doña Constanze" - contestó María con renovada serenidad a su horrorizada mirada -. *"Me lo he pensado muy bien. Nadie puede exigir tanta abnegación de mí, ni tan siquiera Dios. Sólo si hubiera engendrado un hijo suyo, mi decisión hubiera sido otra. Así sé que ese paso sólo me concierne a mí."*

"Una buena decisión", remarcó la anciana asintiendo. *"Si os quedarais, eso podría significar vuestra muerte."*

Constanze estaba fuera de sí y se dirigió a la vieja con indignación.

"Ni la Iglesia ni los Reyes aceptaran nunca tal decisión. Jamás podrá volver a casarse y se condenará a vivir sin marido ni hijos. Ni siquiera podrá buscar amparo en el convento."

"Ella elige la vida" - respondió la mujer encogiéndose de hombros despectivamente. *"Al igual que vos cuando me enviasteis a vuestra esclava para buscar una solución a vuestro último embarazo. También aquello fue una solución acertada. De otra forma hubierais muerto al dar a luz."*

Ahora era María quien miraba a su suegra con la boca abierta. Constanze no le prestaba atención. La rabia y la vergüenza la invadían.

"¿Cómo os atrevéis a hablarle de este modo a vuestra Señora? - bramó encolerizada. *"Una vieja que vive como los salvajes en este agujero... Si nuestros reyes no hubieran tenido compasión para hacer llegar las Sagradas Escrituras a vuestro pueblo, todavía viviríais sin fe y sumidos en la ignorancia."*

"La Fe de mi pueblo tiene tanto valor como la vuestra", - aclaró tranquila la anciana. *"Ha vivido de la misma tierra de la que vosotros creéis ser ahora amos y Señores. Los hijos de vuestros súbditos beben la misma leche de los antiguos rebaños de mi pueblo.*

„Der Glaube meines Volkes ist genauso viel wert wie der Eure", erwiderte die Alte ruhig. „Mein Volk hat von der gleichen Erde gelebt, von der Ihr jetzt die Herren zu sein behauptet. Die Kinder Eurer Unteranen trinken die Milch der alten Ziegenherden meines Volkes. Eure Mütter brennen den Ton zu Schüsseln, wie einst die Frauen unserer alten Sippen. Ihr eßt *gofio* und wärmt Euch mit Ziegenfellen, so wie wir. Ihr opfert Euren Schutzheiligen und Eure Pater flehen sie um Hilfe an. Wir opferten unseren Göttern aus dem gleichen Grund. Vielleicht kennt Ihr Wege, dem Boden mehr abzutrotzen, als es meine Vorfahren vermochten. Aber Ihr seid habgierig, und der Boden wird müde. Seht Ihr nicht, daß Ihr der Willkür der Götter genauso ausgeliefert seid, wie wir es waren?" Ihre Hand fuhr zu Decke.

„Oder ist es Euch, mit Euren Prozessionen und Eurer Kirche gelungen, Euren Gott dazu zu bewegen, daß es regnet, damit die Felder bewässert werden und Euer Vieh Nahrung findet?"

Constanze sprang auf und faßte mit hartem Griff nach Marías Arm.

„Kommt", befahl sie ihr. „Ich habe genug gehört. Morgen früh werde ich die Alte gefangennehmen lassen. Das Komitee der heiligen Inquisition wird wissen, was es mit ihr zu tun hat."

Unberührt folgte ihnen die Stimme der Greisin in die Nacht hinaus.

„Ich glaube nicht, daß das Komitee mich verurteilen wird, wenn sie hören, in was für hohen Kreisen ich verkehre", kicherte sie vergnügt.

María und Constanze liefen in der Dunkelheit so schnell sie konnten. Das Lachen der alten Frau klang ihnen noch in den Ohren, als sie die Villa schon erreicht hatten.

COFETE

Auf der Landkarte ist es kaum zu entdecken, aber jeder Majorero weiß, daß Cofete der wahre Südpol seiner Insel ist. Neidische Blicke begleiten den, der vergnügt verkündet, er fahre nach Cofete. Wer nach Cofete fährt, der verschwindet von der Inselbildfläche, ist unerreichbar, hat sich bewußt abgesetzt - für einen Tag, ein Wochenende oder auf unbestimmte Zeit.

Der Weg dorthin führt über eine schon immer schlechte Schotterpiste, die fluchend, aber bereitwillig in Kauf genommen wird. Staubschluckend passiert man steinige Berghänge, die mit ihren Kalkstein- und Basaltschichten wie ein aufgeschnittener Baumkuchen

Vuestras madres trabajan el barro para hacer fuentes, como lo hicieran en su día las mujeres de los antiguos clanes. Coméis gofio y os calentáis con las pieles de las cabras al igual que nosotros. Ofrecéis sacrificios a vuestros santos protectores y pedís a vuestro padre ayuda, nosotros ofrecemos sacrificios a nuestros Dioses por el mismo motivo. Tal vez conozcáis mejores medios para arrancar a la tierra más lucro del que consiguieran mis antepasados. Pero sois muy codiciosos y la tierra se empobrece. ¿No veis que estáis expuestos a la arbitrariedad de los Dioses de la misma manera que lo estabamos nosotros", concluyó a la vez que dirigía su mano hacia el techo. *"O acaso habéis conseguido con vuestra Iglesia y vuestras procesiones obligar a vuestro Dios para que llueva, que los campos tengan agua y vuestro ganado encuentre alimento?"*

"¡Vamos!. Ya he escuchado bastante por hoy", ordenó Constanze mientras cogía con fuerza por el brazo a María tras incorporarse de un salto. *"Mañana, bien temprano, haré que la cojan presa. El Comité de la Santa Inquisición sabrá qué hacer con ella."*

"No creo que el Comité de la Santa Inquisición me condene cuando se enteren en qué altos círculos me muevo", terminó riendo ostentosamente la vieja.

Las últimas palabras de aquella anciana las perseguían en medio de la noche indiferente mientras corrían todo lo rápido que sus vestidos les permitían. Su risa retumbaba aún en sus oídos cuando por fin lograron llegar a la villa.

COFETE

Apenas se encuentra en algunos mapas, pero cualquier Majorero sabe que el auténtico extremo sur de su isla es Cofete. Envidiables las perspectivas de aquél que se prepara para este viaje: desconectar del resto de la isla, del resto del mundo, está asegurado. Será como desaparecer a propósito, por un día, por un fin de semana o por un tiempo indeterminado, el que uno desee.

El camino que hasta allí conduce es desde siempre una difícil pista de piedras partidas, inexorablemente maldecida, pero que hay que aceptar con gusto. Tragando polvo, dejamos atrás las pedregosas faldas de los riscos que, con sus piedras calizas y sus estratos de basal-

aussehen. In den *barrancos* wachsen *mimos* und *tabaibas* zwischen den einsamen *corrales* der Ziegen und den Ruinen alter Steinhäuser.

Nach sechs Kilometern Piste erscheint eine verlassene Tomatenanpflanzung. Hier, in Joroz, befindet sich die einzige größere Quelle der Umgebung. Ein wackeliger Zaun begrenzt das alte Wasserauffangbecken, an dem bis vor zwei Jahrzehnten die Frauen aus Morro Jable ihre Wäsche wuschen. Alle zwei Wochen wanderten sie, Körbe voll Wäsche auf dem Kopf balancierend, über die Berge hierher. Die Wäsche in das saubere, fließende Wasser einzutauchen, war ein Fest. Über die Felsen breiteten sie die nassen Laken zum Trocknen aus, bevor sie den langen Rückweg antraten.

Kurz hinter Joroz gabelt sich der Weg. Geradeaus geht es Richtung Leuchtturm, dem Wahrzeichen der Punta de Jandía, mit dem kleinen Fischerdorf Puertito. Rechts führt der Weg über steile Serpentinen zu dem einzigen befahrbaren Paß in der Bergkette, die die Ost- und Westküste voneinander trennt. Wer ihn kennt, kann es kaum erwarten, oben anzukommen. Derjenige, der den Paß das erste Mal erklimmt, wird nicht umhin kommen stehenzubleiben, um zu schauen. Die überwältigende Aussicht läßt allen Staub und die unbequeme Fahrt vergessen.

Auch bei größter Hitze ist es dort oben immer windig. Tief unten an der Küste bricht sich das blaue Meer, weit vor dem Ufer, in einer stürmischen, weißschäumenden Brandung. Feine Nebelwolken der Gischt ziehen über den breiten, gelben Strand auf die dunklen, steilen Berghänge zu. Wie drohende Wächter erheben sich die schroffen Gebirgszüge, als wüßten sie um den kostbaren Schatz, den sie hüten.

Die Kraft der Farben, die Unbezähmbarkeit des Meeres und die gewaltige Präsenz der Berge erinnern den Betrachter daran, daß er hier nur zu Gast ist, eine vorübergehende Erscheinung, deren Spuren sich schnell verlieren werden. Sein Zeitgefühl entgleitet ihm langsam, während er die Abfahrt beginnt, ohne die Augen von der Aussicht abwenden zu können.

Von weitem erkennt er undeutlich eine Handvoll Steinhäuser, die aufgrund ihrer Beschaffenheit fast nicht von der schwarzen Erde zu unterscheiden sind: das Dorf Cofete. Oberhalb davon leuchtet ein weißer Fleck: die „Villa Winter", das Märchenschloß Gustav Winters, von den Legenden des 20. Jahrhunderts umgeben.

Die Geschichte Cofetes nimmt ihren Anfang bereits im Jahr 1811, als die Großgrundbesitzer die *Señores* ablösten und ihre

tos, bien parecen una tarta de capas. En sus barrancos crecen Mimosas y Tabaibas entre aislados corrales de cabras y ruinas de alguna que otra casa de piedra.

Tan sólo a seis kilómetros de camino aparece ante nuestra vista una abandonada plantación de tomates. Estamos en Joroz, donde se encuentra el único gran manantial de los alrededores. Una desvencijada cerca delimita el antiguo depósito de agua en el que, hasta hace apenas dos decenios, las mujeres de Morro Jable lavaban su ropa. Cada dos semanas caminaban, balanceándose con los cestos llenos de ropa sobre la cabeza, a través de las montañas. Hundir la ropa en el claro y fluyente agua era toda una fiesta. Sobre las peñas extendían las sábanas mojadas para que se secaran antes de emprender el largo camino de vuelta.

Poco después de Joroz se bifurcaba el camino: todo recto en dirección al faro, el símbolo característico de la Punta de Jandía, con el pequeño pueblo pesquero Puertito de la Cruz; hacia la derecha, el camino conduce entre escarpadas serpentinas hacia el único desfiladero transitable en la cadena montañosa que separa la costa oriental de la costa occidental. Quien lo conoce, apenas puede esperar a subir el desfiladero; quien se enfrenta por primera vez a la vista de su cumbre no puede por menos que permanecer de pie y mirar absorto con la máxima atención. La fascinante vista hace olvidar todo el polvo del incómodo viaje.

Incluso cuando el calor se hace insoportable, allí arriba el viento sopla con fuerza. Abajo, en la costa, el mar azul se rompe lejos de la orilla en un tempestuoso oleaje de burbujas blancas. La espuma de las olas forma finas nubes de niebla que se extienden sobre la ancha playa de intenso amarillo hacia la oscura y abrupta pendiente de la montaña. Las escarpadas cadenas montañosas se yerguen amenazantes, como si supieran el valioso tesoro que custodian.

La intensidad de los colores, el mar salvaje y la fascinante presencia de las montañas obligan al observador a sentirse como un mero huésped, una efímera aparición cuyas huellas se borrarán de inmediato. El sentido del tiempo desaparece lentamente al comenzar el no menos escarpado descenso, que no permite apartar la mirada del panorama.

A lo lejos se distingue vagamente un puñado de casas de piedra que, por su naturaleza, apenas si se diferencian de la tierra negra. Es el pueblo de Cofete. Por encima de ellas resalta una mancha blanca, la Villa Winter, el castillo encantado de Gustav Winter envuelto en múltiples leyendas.

Muchos de los actuales habitantes de Morro Jable, fundado a finales del siglo pasado, nacieron en alguno de los barrancos de Jandía o en Cofete. La historia de este pequeño pueblo comienza alrededor del año

Cofete
Cofete

Ländereien an *medianeros* verpachteten. Viele der heutigen Bewohner Morro Jables, das erst in der letzten Hälfte dieses Jahrhunderts entstanden ist, wurden in einem der *barrancos* Jandías oder in Cofete geboren. Damals lebten in Cofete über hundert Menschen. Die Alten erzählen davon, daß es weder Autos noch eine Straße gab, und nur ein Eselspfad über die Berge an die Ostküste führte. Sie erinnern sich an den wunderbaren Anblick wogender Weizenfelder in den dunklen *gavias*, aber auch an die aufgeschnittenen Hände der Frauen vom Ausreißen der Weizenähren am Ende der Erntezeit. Neben dem Kornanbau lebte man, wie eh und je, von der Ziegenzucht. Der Fischfang war wegen der starken Unterströmungen an der Westküste tabu, auch wenn bei Ebbe nach Meerschnecken, Muscheln und kleinen Tintenfischen gesucht wurde, die sich in den Felsnischen versteckt hielten. Besonders lebendig ist den älteren Bewohnern das Lebensgefühl jener Epoche in Erinnerung: Armut und eine große Verlassenheit, in der die Zeit nicht zählte. Jeder kennt Anekdoten wie diese:

Mitten in einer stürmischen Winternacht war plötzlich ein eigenartiges Läuten in Cofete zu vernehmen, das vom Meer kam und mal fern und mal nah klang. Ein paar Mutige wagten sich an den Strand, aber es war weit und breit kein Schiff zu entdecken. Diese unheimliche Nachricht ließ die Bewohner zu dem einzig möglichen Schluß kommen: Gott ließ das Ende der Welt einläuten. Betend bereiteten sie sich darauf vor, den Morgen des nächsten Tages nicht mehr zu erleben.

Trotz aller bangen Erwartungen verlief die Nacht ereignislos. Ihre einzigen Geräusche blieben das Brausen des Unwetters und das zeitweilige Läuten, das erst in der Morgendämmerung zum Schweigen kam. Als die Sonne aufging, hatte sich der Sturm gelegt. Vorsichtig verließen die Leute ihre Häuser und gingen zum Strand hinunter, an dem, neben allerlei anderem Treibgut, eine halb zerbrochene Kiste angeschwemmt worden war. Ihr Inhalt brachte die Erklärung für das geheimnisvolle Läuten in der Nacht. Eine bronzene Kirchenglocke, die nur die Fracht eines in Seenot geratenen Schiffes sein konnte, war die Ursache all ihres Bangens gewesen.

Die Erleichterung, dem Weltuntergang noch einmal entkommen zu sein, war groß. Man entschloß sich, die Glocke in die Kirche von Morro Jable zu bringen, wo sie zweifellos noch heute hängen würde, wenn man sie nicht „ausgeführt" hätte. Wie das Verschwinden der Glocke vor sich gegangen ist, kann niemand so genau sagen. Es heißt, sie wurde verkauft oder gestohlen oder einfach nur als rechtmäßiger Besitz „verlegt"?

1811. Cuando de los Señores se pasó a los terratenientes, éstos cedieron en arriendo sus terrenos a los medianeros. Por aquel entonces vivían en Cofete unas cien personas. Los mayores cuentan aún que no había calles ni coches, tan sólo un sendero de asnos que conducía entre las montañas hasta la costa oriental, y como las mujeres tenían las manos cortadas al final de la cosecha de arrancar el trigo de las eras, o cuan maravillosa era la vista de los campos de trigo en las oscuras gavias.

Junto al cultivo de cereales, la cría de cabras era todo el modo de vida. La pesca suponía, por las fuertes corrientes de esta costa, un auténtico tabú, pero con la bajamar todos podían buscar caracoles, almejas y pulpos entre las rocas. Para los más mayores permanece aún vivo en la memoria común un sentimiento del pasado: pobreza y aislamiento, en el cual el tiempo carecía de sentido.

No podríamos omitir aquí una de las más hermosas historias ligadas a esta localidad. Se cuenta que en medio de una tempestuosa noche de invierno de repente se escuchó un extraño sonido en Cofete procedente del mar; unas veces se escuchaba a lo lejos y otras, en cambio, muy cerca. De entre los más valientes, un par de hombres se atrevieron a ir a la playa, pero no lograron atisbar barco alguno. Tan inquietante noticia llevó a los habitantes del pueblo a la única conclusión posible: Dios anunciaba el final del mundo. Esperando no sobrevivir a la mañana del día siguiente, se prepararon para rezar al misericordioso. Pero a pesar de todas las inquietudes, la noche transcurrió sin más incidentes. La tempestad y el entrecortado repicar fueron los únicos ruidos hasta el crepúsculo matutino en que éste último se silenció definitivamente. Al amanecer la tormenta había amainado. Con la cautela del que se sabe en peligro mortal, la gente fue saliendo de sus casas para bajar a la playa. Allí y en medio de otros objetos, yacía destrozada una gran caja. Su contenido arrojó toda la luz sobre el misterioso repicar de la noche. Una campana de bronce, cargamento de un barco que a buen seguro se vio en el lance de zozobrar, había sido el motivo de toda su inquietud. El alivio de saberse a salvo una vez más del fin del mundo fue enorme. Se decidió llevar la campana a la iglesia de Morro Jable donde, sin ninguna duda, aún estaría colgada de no ser porque años más tarde fue exportada.

Cómo desapareció la campana, nadie lo puede decir con exactitud. Unos dicen que vendida, otros que robada y no falta quien afirma que, como patrimonio legal, sólo fue trasladada a otro lugar.

En su día todo Jandía perteneció a la familia Winter. Cómo en medio de la segunda guerra mundial un Coronel e ingeniero alemán llegó a ser el propietario de toda la península de Jandía, eso tampoco

Seinerzeit gehörte alles in Jandía der Familie Winter. Wieso, mitten im zweiten Weltkrieg, ein deutscher Oberst und Ingenieur Besitzer der ganzen Halbinsel Fuerteventuras werden konnte, das weiß auch niemand genau. Die Bemühungen, ein mysteriöses Militärkomplott zwischen dem deutschen und spanischen Regime aufzudecken, kamen nie über Mutmaßungen hinaus, da die entsprechenden Beweise oder aussagefreudige Zeugen fehlten. Exklusiver Privatbesitz der Familie war bis vor kurzem noch die „Villa Winter", die inzwischen einer Baufirma gehört.

Jeder Reiseführer kommentiert die Gerüchte über die „Villa Winter" auf seine Weise. Die einen behaupten, daß es sich um einen Stützpunkt für Atomuntersuchungen gehandelt hat und die anderen, daß die Villa als Militärbasis des dritten Reiches für Unterseeboote gedacht war. Man munkelt auch, daß Winter hier geflohene politische Strafgefangene versteckte, die die Insel über die kleine Landepiste an der Punta de Jandía erreichten. Von Puertito aus soll er außerdem regelmäßig englische Unterseeboote mit Lebensmitteln versorgt haben, im Austausch für wertvolle Kunstgegenstände.

Ob wahr oder nicht, eins ist sicher, jeden mächtigen Mann umgeben Gerüchte, und Winter war da keine Ausnahme.

Wer das langsam verfallende Haus am Strand von Cofete heute besucht und seine Struktur betrachtet, fühlt sich eher in ein altes Herrschaftshaus, als in eine Militärbasis zurückversetzt. Es hat Gesellschaftsräume und Musikzimmer, einen Aussichtsturm und im Kellergeschoß große Wirtschaftsräume für einen umfangreichen Personalstab. Die Winters haben in diesem Haus aber nie gelebt, denn es wurde nicht zu Ende eingerichtet.

In einem der *barrancos* der Ostküste bei Morro Jable sind heute noch die Anfänge eines Tunnels zu sehen, den Winter seinerzeit graben lassen wollte, um den mühseligen Weg an die Westküste zu erleichtern. Da man jedoch über zuwenig Mittel verfügte, mußte das Vorhaben schließlich aufgegeben werden.

Die jungen Menschen von heute kommentieren mit Entrüstung das Gebaren dieses modernen *Señores*, der über ihre Eltern und Großeltern verfügte, wie einst die Saavedras und Herreras im 16. Jahrhundert. Doch die Alten teilen nicht alle diese Meinung.

Mit Winter kam nicht nur Enteignung und ein bewachter Stacheldrahtzaun entlang der Meerenge von La Pared, sondern auch Arbeit und Versorgung. Als Ingenieur hatte er Anteil an der Entstehung der Stromversorgung der Kanaren, er ließ wissenschaftliche Untersuchungen über die ökologischen Gegebenheiten

lo sabe nadie a ciencia cierta. Muchos esfuerzos se han realizado por destapar un misterioso complot militar entre los gobiernos alemán y el español, pero nunca llegaron más allá de las sospechas por falta de pruebas y de testigos dispuestos a declarar.

Propiedad privada de la familia fue hasta hace bien poco la Villa Winter, actualmente propiedad de una empresa constructora. Cada uno de los guías turísticos comenta a su modo los rumores sobre la Villa Winter. Unos aseguran que se trataba de un punto de apoyo para la investigación del átomo, y otros, que la villa estaba pensada como base militar para submarinos del tercer Reich. También corre el rumor de que el Sr. Winter escondía aquí a presos políticos llegados a la isla a través de una pequeña pista de aterrizaje en la Punta de Jandía. Incluso que desde El Puertito abastecía a no pocos submarinos ingleses de valiosos objetos de arte a cambio de víveres... y quien sabe qué más.

Sea cual fuere la verdad, lo cierto es que cualquier hombre poderoso da lugar a rumores, y Gustav Winter no fue una excepción. Quién hoy visite la casa en la playa de Cofete, desmoronada sin piedad por el paso del tiempo y por la imparable corrosión, y dedique un poco de tiempo a observar su estructura, no podrá por menos que sentirse transportado más a una vieja casa señorial que a una base militar. Salas de recepciones y salón de música, una atalaya y en el sótano grandes espacios de servicios para un amplio número de personal, además de otras estancias, son parte de su estructura. Los Winter, sin embargo, nunca llegaron a habitarla pues nunca se acabo de amueblar.

En uno de los barrancos de la costa oriental, cerca de Morro Jable, se pueden ver los esbozos de un túnel que, en otro tiempo, Winter pretendía construir para facilitar el penoso camino hasta la costa occidental. La falta de medios de que se disponía obligó finalmente a abandonar el proyecto.

La gente joven habla hoy en día con indignación sobre la manera de obrar de esos modernos señoríos, que disponían de sus padres y de sus abuelos, como lo hicieran Saavedras y Herreras en el Siglo XVI. Entre los mayores pocos comparten esa opinión.

Con Winter no llegaron tan sólo la expropiación y la alambrada de púas vigilada a lo largo del estrecho de la Pared, llegaron también trabajo e infraestructuras. Como ingeniero vivía en él el interés en la creación de un suministro de corriente eléctrica en las islas Canarias, realizó análisis científicos sobre los datos ecológicos del arenoso y pobre suelo de Jandía y desarrolló proyectos para la mejora de la explotación agrícola. Creó puestos de trabajo a través de la construcción de una fábrica de harina de pescado y se convirtió en un auténtico "Patrón", algo así como una mano todopoderosa que cuando quería podía salvar vidas. Winter disponía en

Villa Winter - Cofete
Villa Winter - Cofete

des sandigen, armen Bodens Jandías herstellen und entwickelte Projekte zur Verbesserung der landwirtschaftlichen Nutzung. Er schuf Arbeitsplätze durch den Bau einer Fabrik für Fischmehl und wurde zu einem wahrhaftigen *patron*, so etwas wie eine mächtige Hand, die, wenn sie wollte, Leben retten konnte. Winter verfügte zu jener Zeit über den einzigen Wagen in Jandía, mit dem er Kranke, die er selbst nicht versorgen konnte, zu einem der Ärzte auf der Insel in Gran Tarajal fahren konnte. Seine Frau leistete Hebammendienste bei Geburten und einige Frauen erzählen, daß sie Doña Isabel das Leben ihrer Kinder verdanken. Winter ließ eine Kantine einrichten, in der alle Kinder des Dorfes einmal am Tag eine warme Mahlzeit einnehmen konnten. Er ließ Straßen bauen und plante große landwirtschaftliche Projekte. Mit ihm kam Arbeit und vor allem Interesse an dem Schicksal einer Handvoll Bauern und Fischer, von deren Dasein seit Jahrhunderten kaum jemand Notiz genommen hatte. Auch Winter kassierte zu Beginn seines Aufenthaltes als Verwalter seine fünfzig Prozent von ihren Einkünften, aber er baute in Morro Jable sein Haus und nahm Anteil an dem Leben der Bewohner. Nachdem er sie Verzichtserklärungen hatte unterschreiben lassen, teilte er im Anschluß jeder Familie eine Parzelle zu, auf der sie ihr Haus bauen konnte.

Im Zuge dieser Entwicklungen und mit dem Beginn des Tourismus verließen die Bauern die *barrancos* und Cofete, um sich in Morro Jable niederzulassen.

Für den Besucher, der von diesen Hintergründen nichts ahnt, ist Cofete einfach ein atemberaubendes Naturschauspiel. Um fast allein an einem nicht enden wollenden, weißen Sandstrand zu liegen und in der Betrachtung des ewigen Kreislaufs der Wellen des Meeres versinken zu können, dafür hat sich so mancher schon eine Insel kaufen müssen. Hier ist es noch ein Gottesgeschenk.

Nach dem ersten wohligen Ausstrecken überfällt einen plötzlich ein unbestimmtes Gefühl der Zeitlosigkeit. In der Entspannung schläft man ein und beim Aufwachen ist der Rest der Welt endgültig in weite Ferne gerückt. Alle Bedürfnisse reduzieren sich auf das Notwendigste. Geist und Körper kommen zur Ruhe. Die ganze Aufmerksamkeit wird vom Verlauf der Wolken, dem Kreisen der Möwen und der Weite des Meeres in Anspruch genommen. Nichts scheint wichtig genug zu sein, um es zu einem Problem zu erheben und darüber nachdenken zu müssen. Im Gegenteil, es fällt einem schwer, sich daran zu erinnern, warum man gestern noch in größter Hast seinen Geschäften nachging.

aquella época del único coche que existía en Jandía, con el cual se trasladaba a los enfermos que él mismo no podía atender, hasta el médico de la isla más próximo, en Gran Tarajal. Su mujer realizó no pocos servicios de comadrona en los partos; algunas mujeres agradecen aún hoy en día las vidas de sus hijos a Doña Isabel. Winter acondicionó una cantina en la que todos los niños del pueblo, al menos una vez al día, pudieran tomar una comida caliente. Mandó construir calles y planeó grandes proyectos agrícolas.

Con él llegó el trabajo y, sobre todo, el interés por el destino de un sinnúmero de granjeros y pescadores, de cuyo existir, desde hacía siglos, apenas nadie se había interesado. También Winter cobró al principio de su estancia el cincuenta por ciento de sus salarios como administrador, pero construyó su propia casa en Morro Jable, tomando parte activa en la vida de los habitantes y del lugar. Tras hacer firmar a los habitantes las correspondientes declaraciones de renuncia, distribuyó parte del terreno, concediendo a cada familia una parcela sobre la que construir su casa. Durante el curso de estos acontecimientos tendría lugar el comienzo del turismo, abandonando las gentes las actividades ganaderas y agrícolas progresivamente en los barrancos y Cofete, para instalarse en lo que hoy constituye el núcleo urbano de Morro Jable.

Para los visitantes estos entresijos ya históricos pasan desapercibidos, y Cofete es, sencillamente, una impresionante obra de la naturaleza. Un lugar en el que es posible tener la sensación de estar totalmente solo, tumbarse en una interminable playa llena de arena blanca y sumergirse en la contemplación del eterno movimiento circular de las olas. ¡Y pensar que, para menos que eso, no falta quien ha llegado incluso a comprar su propia isla!. Aquí es todavía un regalo de Dios.

Cuando el visitante, tras el arduo viaje, logra estirarse por completo y olvidar las molestias en su cuerpo, se ve repentinamente asaltado por un aplastante sentimiento de intemporalidad. No es difícil entonces sumirse en la más absoluta tranquilidad para darse cuenta al despertar de que el resto del mundo permanece alejado a una distancia incalculable. Todas las necesidades se reducen a lo imprescindible. Cuerpo y espíritu se sosiegan siendo depositada toda su atención en el paso de las nubes, los imaginarios círculos que trazan las gaviotas y la inmensidad del mar. Nada es lo bastante importante como para pensar en ello y mucho menos catalogarlo de problema. Al contrario, resulta difícil recordar porque ayer dedicó tanto esfuerzo a sus quehaceres. El drama diario palidece ante los sorprendidos ojos de esa nueva forma de ver el mundo que Cofete nos obsequia, no se plantean preguntas y por eso mismo no se necesitan respuestas. Lo único importante es estar. A buen seguro es esto lo que llamamos tomar vacaciones de uno mismo.

Vor dem Hintergrund von Cofete verblaßt das tägliche Drama, es gibt keine Fragen und daher braucht man auch keine Antworten zu suchen. Das allein Wichtige ist zu „sein". Vielleicht ist es das, was man „Ferien vom Ich" nennt.

Auf welcher Ebene findet der Einfluß dieses Ortes statt? Vielleicht liegt Cofete in einer Übergangswelt zwischen der Ewigkeit und unserer Illusion von einer Gegenwart, in der wir unser Leben allein zu bestimmen glauben. Die Ahnung, Teil eines Ganzen zu sein und mehr Einflüssen zu unterliegen, als wir mit den Filtern unseres konditionierten Bewußtseins wahrnehmen können, dämmert herauf.

In Cofete solchen komplizierten Gedankengängen nachzuhängen, ist reine Zeitverschwendung. Es ist vielmehr ein Gefühl, das sich später in der Erinnerung überraschend manifestiert. Zurück in der täglichen Routine, an der sich im Grunde nichts verändert hat, erkennt man auf einmal in Momenten der Hektik den Widersinn aller Eile. Der Besucher sei sich somit der Gefahr der Wiederholung bewußt: Wer zu oft nach Cofete gefahren ist, wird es immer schwieriger finden, sich dem modernen Streß erneut hinzugeben.

LORENZA

Wer Lorenza besuchen will, muß die besiedelte Ostküste hinter sich lassen und die Landenge der südlichen Halbinsel, den Isthmo de la Pared, überqueren. Nur wenige Kilometer trennen an dieser Stelle die Ost- und Westküste voneinander und doch scheint es so, als käme der Besucher in eine andere Welt.

Entlang der Ostküste der südlichen Halbinsel fährt er durch das „Jable". Seine sanft ins Meer verlaufende Dünenlandschaft soll die Grenze einer ursprünglich eigenständigen, kleinen Insel darstellen. Durch die Erhebung des Meeresbodens wurde sie vor Millionen von Jahren an den nördlichen Teil des heutigen Fuerteventuras angefügt.

Sobald jedoch die Westküste vor seinen Augen auftaucht, wird er von dem Anblick einer schroffen Steilküste überrascht, an deren kantigen Felsen sich ein ungestümes Meer in meterhohen Wellen bricht. Im Hintergrund liegen dunkle Gebirgszüge, die ihm einen kurvenreichen Weg versprechen.

Je weiter der Besucher in die Berge eindringt, desto mehr schrumpft seine eigene Bedeutung vor der Manifestation einer kaum gezähm-

¿A qué nivel tiene lugar la influencia de este lugar?. Tal vez Cofete se encuentra en el cruce entre la eternidad y nuestra ilusión de un presente. Un presente en el que creemos poder controlar nosotros solos nuestra vida. La idea de formar parte de un todo, de que sucumbimos a más influencias de las que percibimos habitualmente, salta ante nuestros sorprendidos ojos.

En Cofete entregarse a tan complicados pensamientos supone un esfuerzo totalmente inútil. Supone más bien una forma de sentir que más tarde aparecerá, como por sorpresa, en el recuerdo.

De vuelta a la rutina cotidiana en la que nada ha cambiado, no será extraño verse asaltado en los momentos de más crudo agobio, como por sorpresa, por el reconocimiento de lo ilógico de toda prisa.

Aviso importante: El visitante ha de ser consciente de que corre el peligro de sentir necesidad de repetir el viaje; quién se trasladada a menudo hasta Cofete puede sufrir en cada nuevo retorno mayores y más serias dificultades para reintegrarse en el agobio moderno.

LORENZA

Quien desee visitar a Lorenza habrá de dejar tras de sí la poblada costa oriental y cruzar el Istmo de La Pared. Sólo unos pocos kilómetros separan aquí esta costa de la occidental, a pesar de lo cual el visitante creerá haber pasado a otro mundo.

Este istmo se continúa a lo largo de la costa oriental por el Jable, suave paisaje de dunas que va a morir en el mar y del que se supone que ya originariamente - según las hipótesis geológicas - era parte de la pequeña isla de Jandía a la que hace millones de años se unió la parte norte de la isla tras la elevación del fondo marino.

Tan pronto como la costa occidental hace su aparición, sentirse cautivado es la impresión más modesta de que se puede disfrutar: un abrupto e inmenso acantilado en cuyas escolleras rompe el mar en gigantescas olas, es un regalo nada cotidiano para los ojos.

A lo lejos, ya hacia el norte, se divisan cadenas de montañas repletas de claroscuros que prometen un camino serpenteado.

Las razones de cada día y hasta las preocupaciones parecen evadirse ante la presencia de una naturaleza más agreste cuanto más nos adentra-

Dünen von Corralejo
Las Dunas de Corralejo

ten Natur zusammen. Keine üppigen Gärten und angelegten Wege verwöhnen seinen Blick. Er findet eine Natur vor, die sich selbst genügt, und deren Schönheit es zu entdecken gilt.

Überall ist die Vergangenheit präsent. Gleich einer Elefantenherde schmiegen sich sanfte, braune Bergrücken aneinander, die während Jahrtausenden durch Erosionen und Verschwemmungen geformt wurden. Vereinzelte Biotope leuchten in den dazwischenliegenden *barrancos*, deren kleine Deiche an die archaischen Methoden der Regenwassergewinnung dieses Jahrhunderts erinnern.

Das lebendigste Verbindungsglied zur Gegenwart sind jedoch die Erinnerungen der Menschen, deren Familien seit vielen Generationen dieses karge Land bestellen. Sie widerstanden der Verlockung, die harte Landarbeit gegen eine bequemere Anstellung in der touristischen Industrie einzutauschen. Ihre Erzählungen können den Besucher ins Mittelalter versetzen, aber für sie selbst bedeuten sie weit mehr, als nur eine Reise durch die Zeit.

Als ich auf den Hof von Lorenza und Antonio fahre, glaube ich mich für einen Moment in der Einfahrt geirrt zu haben. Es gibt neue Lagerräume, mehrere Autos stehen vor dem Haus, und es wimmelt von geschäftigen Menschen. Vorsichtig spähe ich durch die Haustür und rufe Lorenzas Namen. Sofort taucht ihr liebes Gesicht aus der Küche auf. Wir begrüßen uns herzlich, und wie immer strahlt sie die Vitalität eines Menschen aus, dem das Alter nichts anhaben kann.

Auf der Flucht vor dem arbeitsamen Treiben rundherum verziehen wir uns in den kleinen Anbau, in dem sie den Ziegenkäse herstellt. Sorgsam schließe ich hinter mir die Tür, denn Fliegen haben hier Hausverbot.

Der vollgekachelte Raum blinkt und blitzt vor Sauberkeit. Im vorderen Teil steht der Holztisch, auf dem der Käse „gedrückt" wird. Der große Bottich davor ist vorsorglich mit einem Tuch abgedeckt. Ich weiß, daß darin die mit Lab versetzte Milch auf Lorenzas kundige Hände wartet, aber sie hat sich mit mir zu einem Schwatz hingesetzt.

Lorenza wird dieses Jahr siebzig Jahre alt. Sie und Antonio haben sich vor rund fünfzig Jahren als junge Leute auf einem Tanzfest in Tuineje kennengelernt. Antonio kommt aus Tesejerague und Lorenza aus dieser Gegend hier, zwischen Pájara, Ajui und Betancuria, so wie ihre Eltern und Großeltern.

Bis in dieses Jahrhundert war das Fest der Schutzheiligen einer jeden Gemeinde das wichtigste gesellschaftliche Ereignis auf Fuerteventura. Es gab zwar ab und zu Erntedankfeste, aber das Fest

mos en las montañas. No hay jardines exuberantes, ni el más sencillo de los caminos, que deleiten la vista. Toda una oportunidad para integrarse en una naturaleza única cuya belleza merece la pena descubrir.

El pasado está impregnado por doquier. Las crestas de las montañas, pacientemente esculpidas a lo largo de miles de años por la erosión y los aluviones, se pliegan unas contra otras como manadas de elefantes. Biotopos aislados dejan su verde mancha en los barrancos, cuyos pequeños diques permiten recordar los ya arcaicos métodos que, durante este mismo siglo, se han utilizado para recoger el agua de lluvia.

Pero, a pesar de las evidencias del paso del tiempo en tan impresionante entorno natural e incluso en los modestos signos de presencia humana, el nexo de unión más importante entre pasado y presente son los recuerdos de los hombres y mujeres que, desde muchas generaciones atrás, habitan esta humilde tierra. Los mismos que hoy resisten la tentación de cambiar las duras labores del campo por otras mucho más cómodas relacionadas con el turismo. Sus historias pueden trasladar al visitante a un ayer lejano, si bien esos mismos relatos son para ellos mucho más que un simple viaje al pasado.

Ya cerca de la finca de Lorenza y Antonio siento, por un instante, haberme equivocado de camino. Casas nuevas, numerosos coches aparcados a la entrada de la finca, y gente ajetreada no forman parte de mi recuerdo de este paraje.

Una vez en la casa, curioseo a través de la puerta y llamo a Lorenza. De la cocina surge de inmediato su amable rostro, seguido de un cariñoso saludo de bienvenida. Como es corriente en ella, irradia la fuerza de una persona vivaz, a la que el paso de los años no parece haber afectado en absoluto.

Para escabullirnos del trajín, nos deslizamos sigilosamente hacia una pequeña habitación contigua, donde elabora el queso de cabra. Las moscas tienen prohibida la entrada en este lugar, por lo que cierro detrás de mí la puerta. La habitación, completamente alicatada, está tan limpia que resplandece. Al frente está la mesa de madera sobre la que aplasta el queso. La cuba grande, cuidadosamente cubierta con un paño, está colocada a un lado. Yo sé que la leche mezclada con el cuajo espera dentro de esa cuba las expertas manos de Lorenza, pero en esta ocasión ella se ha sentado conmigo para conversar.

Ya ha cumplido setenta años. Lorenza y Antonio se conocieron de jóvenes en una verbena en Tuineje. Él es de Tesejerague y ella de estos alrededores, entre Pájara, Ajui y Betancuria, como lo fueron sus padres y los padres de sus padres.

der Schutzheiligen war die Gelegenheit für junge Leute, sich beim Tanz kennenzulernen und ihre Verlöbnisse einzugehen. Schon wochenlang vorher machte man sich Gedanken über das Kleiderproblem, das aufgrund der Armut nur schwer zu lösen war.

Zu den Festen ging man zu Fuß, denn früher wurde fast nur gelaufen. Es gab keine Straßen und keine Autos. Der Weg von Lorenzas Hof nach Tuineje beträgt heute mit dem Auto fünfzehn Kilometer, nach Betancuria sind es gute achtzehn Kilometer und nach Pájara acht. Die Straße führt durch die Berglandschaft mit Höhen zwischen dreihundert und sechshundert Metern.

„Wir sind mit der ganzen Familie am Nachmittag über die Berge nach Tuineje gelaufen", erzählt Lorenza „und blieben bis tief in die Nacht auf dem Fest. Todmüde machten wir uns dann auf den Heimweg, in völliger Dunkelheit, aber unsere Füße fanden den Weg von ganz allein."

Lorenza hat sechs Geschwister, die heute alle in dieser Gegend ihren eigenen Hof bestellen. Eine sehr typische Bauweise für die Insel ist die sogenannte „Streubauweise". Selbst wenn die Kirche, das Rathaus und die Schule beieinander liegen und einen Ortskern bilden, so sind doch für gewöhnlich die einzelnen Wohnhäuser mit einem gebührenden Abstand voneinander gebaut. *Para no molestar a nadie..* sagt man, „um niemanden zu belästigen...".

Als Lorenza Kind war, das fünfte in der Geburtenfolge, lebte ihre Familie auf die gleiche Art und Weise, wie die Einwohner in den Jahrhunderten zuvor.

Das Vieh war der wichtigste Bestandteil und Versorger der Familie, unterstützt durch den Kornanbau. Wenig schien sich seit der Ankunft der *Señores* an diesen grundsätzlichen Existenzfragen geändert zu haben.

„Früher wurde allerdings noch mehr Weizen angebaut", erinnert sich Lorenza, „denn es regnete öfter."

Über den Regen, der kam oder ausblieb, die guten und die schlechten Jahre kann man mit einem Majorero bis ins Unendliche reden. Denn von dem kostbaren Naß, das in den wenigen Regenmonaten fällt, hing bis Mitte dieses Jahrhunderts noch immer alles ab: die Gesundheit des Viehs, die Qualität und Menge der gewonnenen Milch, das Angehen der Saat und somit die Existenz des Majoreros. Weitere Kapitel sind die Heuschreckenplagen, Verschwemmungen, heiße Wüstenstürme und alle sonstigen Prüfungen, die Gott dem Bauern auferlegt hat.

Nach der Eroberung durch die Spanier im 15. Jahrhundert stellte der Weizenanbau auf Fuerteventura und Lanzarote noch die wichtigste Einnahmequelle dar. Die beiden Inseln wurden die „Kornkammern" der Kanaren und belieferten bei guten Ernten Gran Canaria und Teneriffa.

„Sobald es regnete", erzählt sie, „gingen wir auf den *tablero* in Betancuria, wo ein Esel oder ein Kamel (wie hierzulande die Dromedare

Hasta hace bien poco la fiesta patronal era el acontecimiento social más importante de Fuerteventura. Ocasionalmente se celebraban fiestas de acción de gracias, con las que se rendía tributo a las cosechas más favorables, pero la fiesta del Patrón suponía para los jóvenes la posibilidad de conocerse en el baile y poder comprometerse. Los trajes se confeccionaban con muchas semanas de antelación, no sin todas las complicaciones debidas a los escasos medios de que disponían.

Para ir a las fiestas había que caminar y mucho, ya que antiguamente no había ni calles ni coches. El recorrido en el coche desde la finca de Lorenza a Tuineje son quince kilómetros; hasta Betancuria son unos dieciocho kilómetros, y hasta Pájara hay unos ocho kilómetros. La carretera discurre entre las montañas a una altitud de entre trescientos y seiscientos metros de altura.

«*Al atardecer caminábamos con toda la familia por las montañas en dirección a Tuineje*», me cuenta Lorenza. «*Luego nos quedábamos hasta bien entrada la noche en la fiesta. Muertos de cansancio emprendíamos el regreso a casa; a pesar de todo, nuestros pies encontraban por si solos el camino en la oscuridad*».

Lorenza tiene seis hermanos, los cuales cultivan aún hoy sus propias tierras en estas inmediaciones. Un método de construcción muy típico en la isla es la «construcción dispersa»; la Iglesia, el Ayuntamiento y la escuela se edificaban muy próximos, formando un núcleo, pero las casas son construidas unas de otras a una distancia más o menos conveniente. «*Para no molestar a nadie...*», se dice.

Cuando Lorenza era una niña, la quinta de los hermanos en llegar al mundo, su familia vivía del mismo modo que lo hicieran los hombres y mujeres del siglo pasado. El ganado suponía el sustento más importante de la familia, seguido del cultivo de cereales. Desde la llegada de los señores parecen haber cambiado muy poco tan importantes cuestiones existenciales.

«*Antiguamente se cultivaba mucho más trigo*», recuerda Lorenza, «*puesto que llovía más a menudo*».

Con un Majorero se puede hablar hasta la saciedad sobre la lluvia, si caía o no caía, sobre los buenos y los malos años. Del preciado líquido que caía en los pocos meses de lluvia dependía, hasta mediados de este siglo, prácticamente todo: el brote de la semilla, la crianza del ganado, la calidad y cantidad de la leche obtenida y, como no, la supervivencia o la desaparición de los propios habitantes de la isla. Capítulo aparte serían las plagas de langostas, los aluviones, las tórridas tormentas del desierto y todas las pruebas que Dios ha impuesto a los Majoreros.

genannt werden) den Pflug zogen. Dahinter wurde die Saat ausgestreut. Mein Vater hatte sogar ein paar Kühe, um das Feld zu bestellen. Dann warteten und hofften wir, daß es erneut regnen würde."

Dieses Warten und Hoffen konzentrierte sich auf die Monate Oktober bis Ende Februar. Wenn es bis Dezember nicht geregnet hatte, dann lag bereits der düstere Schatten des Hungers über der Insel. *Tableros* und *gavias* blieben trocken. In extremen Hungerzeiten grub man die Saat wieder aus, um sie zu essen und hielt sich mit Kräutern vom Wegrand den Hungertod vom Leib.

Die Erosionen haben die Berge von Fuerteventura im Laufe der Jahre so weit abgetragen, daß seine höchste Erhebung, der Pico de la Zarza, nur noch 807 Meter mißt. Die vorüberziehenden Wolken finden daher keinen Widerstand und entladen sich nur selten, im Gegensatz zu anderen Inseln, mit Gebirgen über 1000 Metern. Hinzu kommt die unmittelbare Nähe der nur hundert Kilometer entfernten afrikanischen Sahara, deren verhaßte *sirocos* und *calimas* jede Spur von Feuchtigkeit in Windeseile verzehren.

„Wenn es ein gutes Jahr war, und der Weizen wachsen konnte, dann gingen wir aufs Feld, um die Ähren auszureißen", erinnert sich Lorenza weiter. „Zum Schluß gab es keine heilen Hände mehr."

Eine Sense kannte man nicht. Auf Fuerteventura wird seit Menschengedenken der Weizen ausgerissen.

Sobald das Korn eingebracht worden war, wurde es auf dem Dreschplatz gedroschen. Dabei handelte es sich um ein aus Trockensteinen angelegtes Rondell, auf dem der Weizen verteilt wurde. Nun führte man ein Kamel oder einen Esel, die ein mit Eisenknöpfen oder Steinen beschlagenes Brett über das Korn zogen, solange im Kreise herum, bis die Spreu vom Weizen getrennt war.

„Danach mußten wir alle Steine und sonstigen Schmutz aussortieren. Das konnte ich besonders gut. Man mußte den Weizen auf einem Sieb hin- und herschütteln, bis die Steine auf einer Seite zurückblieben. Schließlich wurde das Korn in einer großen Schale über dem Feuer geröstet. Es kam in große Körbe, die wir aus Palmenwedeln geflochten hatten. Auf dem Kamel wurde es in die Mühle nach Vega de Rio Palmas oder nach Pájara gebracht. Fielen die Ernten besonders reich aus, konnten wir sogar Weizen in den *pajares* lagern. Aus dem Mehl machten wir dann *gofio*."

Damit nennt Lorenza eines der grundsätzlichsten Lebensmittel Fuerteventuras. Brot gibt es für die gesamte Bevölkerung erst seit ein paar Jahrzehnten. Vorher aß man ausschließlich *gofio*, geröstetes Weizen- oder Maismehl, angerührt mit Milch, aber auch mit

El cultivo del trigo jugó el papel más importante en la prosperidad de la isla tras la conquista española en el siglo XIV. Lanzarote y Fuerteventura se vieron convertidos en los graneros de las islas canarias y en épocas de buenas cosechas abastecieron incluso a Gran Canaria y Tenerife. Pero las precipitaciones han ido disminuyendo paulatinamente, y en los tiempos difíciles, cuando apenas llovía, la cosecha no bastaba para la propia subsistencia, ni para el hombre ni para el ganado. Durante su niñez, recuerda Lorenza, su familia apenas se podía mantener del cultivo del trigo.

«*Tan pronto como comenzaba a llover íbamos al tablero de Betancuria, donde un burro o un camello - como son llamados en esta región los dromedarios - tiraban del arado. Detrás se esparcía la semilla. Mi padre poseía, además, un par de vacas para cultivar el campo. Después esperábamos y deseábamos que lloviera de nuevo*».

Ese esperar y desear se concentraba entre los meses de octubre hasta finales de febrero. Cuando todavía en diciembre no había llovido, ya se percibía sobre la isla la oscura sombra del hambre. Tableros y gavias permanecían entonces vacíos. En tiempos de extrema hambre se desenterraba de nuevo la semilla para poder comerla y mantener así alejada la muerte, para lo cual, incluso se comían las hierbas de los linderos.

La erosión ha desgastado tanto las montañas de Fuerteventura que, entre los aluviones y las influencias del viento, su altura más elevada, el Pico de la Zarza, apenas alcanza los ochocientos siete metros. Las nubes no encuentran freno alguno y desfilan imperturbables por estas alturas, descargando muy raras veces, tal y como sucede en otras islas con alturas superiores a los mil metros de altura. Hay que contar además con la proximidad del Sahara africano, a tan sólo cien kilómetros de distancia, origen de los odiosos sirocos y calimas que hacen desaparecer en cuestión de minutos cualquier atisbo de humedad.

«*Cuando se trataba de un año próspero y el trigo crecía, entonces íbamos al campo para arrancar las espigas*», dice Lorenza. «*Al final, no había ninguna mano que no tuviera heridas*».

La guadaña no se conocía en Fuerteventura. Desde tiempos inmemoriales el trigo se arrancaba con la mano. Tan pronto como era recogido, se trillaba en la era; consistía ésta en un espacio circular, previamente acondicionado con piedras secas, sobre el que se colocaban las espigas de trigo bien esparcidas. Se guiaba entonces en círculos un camello o un asno arrastrando un trillo - tablón guarnecido con dientes de hierro o piedras - hasta separar el trigo de la paja.

«*Después teníamos que retirar los desperdicios y piedras. Eso lo hacía yo bastante bien. El trigo se tenía que agitar de un lado para otro en un colador,*

Fisch- oder Gemüsebrühe. Roher Weizen wurde außerdem für die Zubereitung von Nachspeisen verwendet, wie in *frangollo* aus aufgekochtem Weizenschrot mit Milch, Honig oder Zucker oder in Form von Mehl für *torijas*, kleine Pfannkuchen mit Anis. Aber das war schon etwas Besonderes.

„Manchmal hatten wir nur so wenig Weizen", fährt Lorenza in ihrer Erzählung fort, „daß es sich nicht lohnte, ihn zur Mühle zu bringen. Dann mußte jeder von uns einen großen Mahlstein drehen, so lange, bis das Mehl fein genug zerrieben war."

„Wir mußten alle hart mitarbeiten, sobald wir laufen konnten. Das Vieh mußte gehütet und das Feld bestellt werden. Außerdem gingen wir Holz suchen oder Wasser holen. Das Holz fand man meist in der Nähe der Madre del Agua oder ein gutes Stück dahinter. Herabgefallene Äste von Mimosenbäumen waren besonders geeignet zum Feuermachen. Das Holz trugen wir in Körben auf dem Kopf nach Hause, auf den wir uns zuvor ein zusammengerolltes Tuch gelegt hatten. Genauso hielten wir es mit dem Brunnenwasser."

Körbe stellte die Familie aus den Palmwedeln her. Außerdem Hüte und Besen, ebenso wie die Kränze, die als Formen für den Ziegenkäse dienten.

„Mein Vater hatte auch einige Schafe, aus deren gesponnener Wolle wir uns für den Winter Kleidung herstellten", lacht Lorenza.

„Nein, Ärzte gab es keine", schüttelt sie auf meine Frage hin den Kopf. „Wer von den kleinen Kindern stark war, überlebte, die Schwachen starben. Zu jener Zeit gab es einen Mann, den wir den *medico de los corderos* (Arzt der Lämmer) nannten. Er war ursprünglich hierher gekommen, um Lämmer zu verkaufen. Aus irgendeinem Grund blieb er und begann, die Leute von Krankheiten zu heilen. „Einmal, während einer großen Durchfallepidemie unter den Kindern, verbot er den Eltern, ihnen Wasser zu geben. Alle starben. Meine älteste Schwester war auch erkrankt, aber mein Vater hörte nicht auf das Verbot. ‚Wenn sie sterben muß, so stirbt sie', hat er gesagt, ‚aber nicht daran, daß ich ihr kein Wasser gebe.' Er kochte das Wasser ab und gab es ihr löffelweise. Meine Schwester ist die einzige, die davongekommen ist. Von diesem Moment an riet der *medico de los corderos* allen Eltern, sie sollten ihren Kindern bei Durchfall Wasser geben... Gott sei Dank wurde man nicht häufig krank. Es gab auch viel weniger Krankheiten als heute. Ich kann mich nicht daran erinnern, wann ich das letzte Mal eine Grippe hatte. Wenn man damals krank wurde, legte man sich ins Bett, bis es einem besser ging; damit war die Sache erledigt."

Die wirklichen Sorgen galten, wie es immer gewesen war, einzig und allein dem Regen. Regnete es nicht, fand das Vieh kein Futter, gab keine

hasta que quedaban sólo las piedras en la parte superior. Después el grano se tostaba en una gran bandeja sobre el fuego y finalmente se colocaba en grandes cestas que hacíamos de palma. Sobre el camello se transportaba hasta el molino, en la Vega del Río Palmas o en Pájara. Cuando las cosechas eran especialmente buenas podíamos incluso almacenar el trigo en los pajares. Y entonces hacíamos el gofio con la harina».

Así hace mención Lorenza de uno de los principales alimentos de Fuerteventura. Y es que desde hace sólo unos decenios se ha podido abastecer de pan a toda la población de Fuerteventura. Antes se comía únicamente gofio, harina de trigo o maíz tostado que se mezclaban después no sólo con leche, sino también con caldo de pescado o de verduras. El trigo molido sin tostar era utilizado además para la preparación de postres como el frangollo. Las torrijas, pequeñas tortas con anís, se preparaban también con harina. Pero, eso era ya algo muy especial.

«Algunas veces teníamos tan poco trigo», continúa Lorenza, *«que no merecía la pena llevarlo al molino. Entonces, cada uno de nosotros tenía que dar vueltas a una gran muela, hasta que, la harina era lo suficientemente fina».*

«Hemos tenido que trabajar duro apenas comenzábamos a caminar. El ganado tenía que ser vigilado y el campo labrado. También recogíamos madera y buscábamos agua. La mayoría de las veces la madera se encontraba en las cercanías de la Madre del Agua o incluso un buen trecho más atrás. Las ramas caídas de las mimosas eran especialmente buenas para hacer fuego. Cuando teníamos suficientes nos colocábamos sobre la cabeza un paño enrollado y transportábamos la madera en cestas hasta casa. Y lo mismo hacíamos con el agua del pozo».

La misma familia tenía que hacerse sus cestas con las hojas de la palma, además de sombreros y escobas, y sobre todo, moldes para el queso de cabra.

«Mi padre disponía de algunas ovejas, y con su lana nos confeccionábamos ropa para el invierno», se ríe Lorenza. *«No, no había médicos»,* niega con la cabeza, contestando mí pregunta. *«Los niños fuertes sobrevivían, los débiles se morían. En aquel tiempo había un hombre, al que llamábamos el médico de los corderos. Llegó para vender corderos y sin saber porqué, se quedó y comenzó a curar las enfermedades de la gente. Por eso se quedó con lo del médico de los corderos»,* medio sonríe ella. *«En una ocasión, durante una gran epidemia de diarrea de los niños, prohibió a los padres dar agua a sus hijos. Todos se murieron. Mi hermana, la mayor, también se enfermó, pero mi padre no hizo caso de la prohibición. 'Si ha de morir, que se muera' dijo 'pero que no sea porque yo no le dé agua'. Él la hervía y se la daba a cucharadas. Mi hermana fue la única que se libró.*

Lorenza - Mézquez
Lorenza - Mézquez

Milch oder es starb. Ohne Milch und Weizen gab es keinen *gofio* und keine Versorgung für die Kinder, die auf einer reinen Milchbasis großgezogen wurden.

Da die Ziegenzucht die wichtigste Einnahmequelle der Bauern darstellte, war jeder wild streunende Hund, der eine Ziege riß, zur Todesstrafe verurteilt. Daran hat sich bis heute nichts geändert. Es läßt sich bis in die spärlichen Aufzeichnungen des *Cabildos* zurückverfolgen, wie rigoros die Anzahl der *bardinos* kontrolliert wurde, um Schaden an den Viehherden zu vermeiden.

„In einem Jahr, in dem es wenig regnete", erinnert sich Lorenza, „hatten wir nicht genug Weideplätze für das Vieh und zogen nach Jandía ins Valle de Esquinzo. Dort regnete es mehr, und die Ziegen fanden Futter. Wir wohnten da in einer riesigen Höhle, so groß wie zwanzig Häuser. Ihr Ende konnten wir niemals erkunden, weil ein Luftzug uns immer die Flamme unserer Kerze ausblies. Die Fischer aus Morro Jable brachten uns Fisch, um ihn gegen den *suero* unserer Ziegen einzutauschen, von dem wir mehr als genug hatten. Für uns war es herrlich, einmal etwas anderes als Milch und Käse zu essen, nämlich Fischeintopf."

Vor einiger Zeit hat Lorenza ihren Kindern die Höhle zeigen wollen. Sie weiß noch genau, wo sie ist. Aber als sie dort ankamen, war der Eingang verschüttet. Die Hirten der Gegend hatten zu oft Tiere darin verloren. Lorenza bedauert das sehr.

„Es war eine wunderbare Höhle", sagt sie, „eine wahre Verschwendung, sie zu verschließen."

Als sie und Antonio heirateten, zogen sie auf ein Stück Land, das einst dem Vater von Antonio gehörte. Dort errichteten sie sich ein Haus aus Trockensteinen, so wie es immer üblich gewesen war. Heute dienen die niedrigen Steinhäuschen als Ställe für die Milchziegen.

Fünf Kinder hat Lorenza hier bekommen, drei Jungen und zwei Mädchen. Ihre eigene Mitgift war ein Stück Land in den Bergen von Betancuria.

„Hier unten waren die Felder für den Weizen und Tomatenanbau", erklärt sie. „Für unseren Eigengebrauch pflanzten wir auch Linsen, Kichererbsen und Kräuter an. Aber die Ziegenherde war oben in den Bergen, denn hier unten gab es nichts für sie zu fressen. Jeden Morgen bin ich nach Betancuria gelaufen. Dort erwarteten mich die Ziegen schon, um gemolken zu werden. Danach machte ich den Käse. Am Nachmittag kehrte ich nach Hause zurück und kochte für die ganze Familie. Die Kinder blieben unten auf dem Feld beim Vater. So ging es tagein und tagaus, auch am Wochenende, denn das Vieh mußte versorgt werden. Das war schon hart."

Vorsichtig frage ich, wie lange sie für jeden Weg brauchte.

Desde ese momento, el médico de los corderos aconsejó a todos los padres que diesen agua a sus hijos en caso de diarrea. ¡Gracias a Dios uno no enfermaba a menudo! Antes existían menos enfermedades que hoy en día. Ya no recuerdo cuando fue la última vez que tuve la gripe. Antaño si uno se ponía enfermo se metía en la cama hasta que se sentía mejor y problema resuelto».

Las preocupaciones realmente importantes eran las de siempre, la referidas a la lluvia. Cuando no llovía, el ganado no encontraba alimento y no producía leche e incluso llegaba a morir. Sin leche y sin trigo no había gofio y por tanto faltaba el alimento para los niños, porque la leche era su único sustento.

«*Un año, en el que llovió poco*», recuerda Lorenza, «*no teníamos suficiente pasto para el ganado y nos mudamos a Jandía, al Valle de Esquinzo. Allí llovía más y las cabras siempre encontraban algo que llevarse a la boca. Vivíamos en una enorme cueva, tan grande como veinte casas. Nunca pudimos llegar hasta donde acababa porque una corriente de aire nos apagaba siempre la llama de nuestras velas. Los pescadores de Morro Jable nos traían pescado para cambiarlo por el suero de nuestras cabras, del que siempre teníamos suficiente. Para nosotros era maravilloso poder comer un día algo diferente de la leche o del queso, como el caldo de pescado*».

Hace algún tiempo quiso mostrar la vieja morada a sus descendientes. Aún dice recordar con exactitud donde se encontraba. Pero al llegar al lugar se encontró con que la entrada había sido sepultada por los pastores de los alrededores, y es que habían perdido dentro demasiados animales. Lorenza lamenta ahora haber perdido esa parte de su pasado.

«*Era una cueva magnífica*», comenta «*un verdadero derroche el haberla cerrado*».

Tras casarse el matrimonio se estableció en un trozo de terreno propiedad en otros tiempos del padre de Antonio. Allí levantaron una casa de piedras, tal y como siempre había sido costumbre. Hoy las humildes paredes construidas con aquellas piedras sirven de establo para las cabras lecheras. Su propia dote fue un trozo de terreno en las montañas en Betancuria. Cinco hijos tuvo aquí Lorenza, tres chicos y dos chicas.

«*Aquí abajo estaban los campos para cultivar trigo y tomates, aunque también cultivábamos para nuestro propio consumo lentejas, garbanzos y hortalizas*», explica ella. "*Pero los rebaños de cabras estaban arriba, en las montañas, ya que aquí no había nada con que alimentarlas. Cada mañana subía caminando hasta Betancuria, donde ya me esperaban las cabras para ser ordeñadas. Después hacía el queso y ya por la tarde me volvía a casa para cocinar. Los niños se quedaban aquí abajo en el campo con su padre. Por*

„Daran kann ich mich nicht genau erinnern", zuckt sie mit den Schultern, „vielleicht eineinhalb Stunden oder zwei. Ich weiß es nicht, aber es war sehr weit. Meine Kinder würden mich heute für verrückt erklären, wenn ich sie da oben hinaufschickte", lacht sie. „Aber zu jener Zeit konnten wir die Ziegen nicht zufüttern, wie heute, also blieben sie dort, wo es Nahrung für sie gab. Am Anfang schlief ich nachts bei der Herde, bis sie daran gewöhnt war, mich morgens zu erwarten."

Verdutzt frage ich sie, wie man das einer Ziege erklärt, die man noch nicht einmal füttert.

„Die Ziege versteht einen", versichert Lorenza. „Du mußt sie bei ihrem Namen nennen, entsprechend ihrer Farbe oder ihrer Merkmale, Weiße oder Gescheckte oder Braune. Dann streichst du ihr mit der Hand über den Rücken, und sie versteht dich. Später lernen die Zicklein von ihren Müttern."

Lorenza hat auch niemals ihre Ziegen gekennzeichnet, wie es bei frei laufenden Tieren oft üblich ist.

Nur die Ziegen, die an die Küste geschickt werden, *las de la costa* oder *guanil*, bekommen ein Merkmal, zum Beispiel einen Schnitt am Ohr, um sie bei der *apañada* ihrem rechtmäßigen Besitzer zuordnen zu können.

Dieses Wegschicken der Ziegen erfolgt oft, wenn der Bauer nicht genug Weidefläche hat. Das heißt nicht, daß diese Tiere sich notwendigerweise an der Küste aufhalten. *Guanil de la costa* ist ein alter Ausdruck aus der Zeit, als man noch in größerem Rahmen Getreide anbaute und die Herden aus der Nähe der Felder gehalten werden mußten. Manchmal bedeutete dies auch einfach, daß sie in die höheren Regionen der Berge getrieben wurden. Vor einigen Jahrhunderten existierten sogar Feldwächter, die darauf aufpaßten, daß die Ziegen nicht über die Felder herfielen. Diese Wächter sollen einmal ihrerseits Wächter gehabt haben, da sie heimlich ihre eigenen Tiere auf das Feld ließen, aber das ist eine andere Geschichte...

Im letzten Winter hat Lorenza zwanzig Zicklein großgezogen. Heute geht sie nicht mehr auf den Berg, denn die Ziegen bekommen Mais und Trockenfutter auf dem Hof. Auch diese Herde ist äußerst wohlerzogen. Die Hälfte bleibt im Stall, das sind die Milchziegen, die die Käseherstellung sichern. Die andere Hälfte schickt Lorenza in der Frühe nach dem Melken in die Berge. Pünktlich um die Mittagszeit erscheint die Herde wieder zur Fütterung, kehrt dann in die Berge zurück, um abends zum Übernachten zu kommen. Niemals verirren sich ihre Tiere auf den Hof des Nachbarn, versichert sie, und selbst ein verschlafenes Zicklein weiß genau, wohin es gehört.

Das Futter ist teuer, und nur durch den Verkauf des Ziegenkäses kann sie die Kosten ihrer kleinen Herde abdecken. Außerdem hat sie vor ein

supuesto había que ir todos los días, incluidos sábados y domingos, pues el ganado siempre tiene que estar atendido. Eso era muy duro».

Me imagino atónita las distancias de que me habla y no puedo evitar preguntarla sobre el tiempo que necesitaba para cada recorrido.

"No lo recuerdo con exactitud», responde a la vez que encoge de hombros, *«Una hora y media o dos. No lo sé, pero estaba lejos. Mis hijos me tratarían hoy de loca si les enviara allá arriba»,* ríe, pensado sin duda en como ha cambiado su vida desde entonces. *"Pero en aquel entonces no podíamos alimentar a las cabras como se hace hoy. Al principio tenía que quedarme con el rebaño incluso por las noches, hasta que se acostumbraron a esperarme por las mañanas».*

Más perpleja aún que antes, le pido que me explique cómo se puede esperar tal cosa de una cabra a la que incluso alimentar es complicado.

«*Las cabras le entienden a uno»,* asegura Lorenza, *«tú tienes que llamarla por su nombre, que normalmente se corresponde con su color o con su marca, blanca o manchada o morena. Entonces la acaricias sobre el lomo con la mano y ella te entiende. Y más tarde los baifos aprenden de sus madres».*

Lorenza nunca marcó a sus cabras como se hace normalmente con aquellas que andan libres. Sólo las cabras de costa o guanil, como se les denomina, se señalan con un corte en la oreja o en la cara, para que más tarde, durante el año, sus propietarios legales puedan reconocerles en la apañada.

El hecho de llamarlas de costa no quiere decir que permanecieran de forma obligada en las cercanías del mar; se trata tan sólo de una expresión que aún se conserva desde los tiempos en que aún se cultivaban cereales en los grandes espacios. Entonces era imprescindible mantener alejados los rebaños de los campos sembrados. Algunas veces implicaba tener que retirar el ganado a las zonas de las montañas cambiando a otro lugar cuando el pasto no era suficiente.

Hace siglos existieron incluso vigilantes dedicados a evitar que las cabras entraran en los sembrados. Lamentablemente estos guardianes nunca tuvieron quienes les vigilara, y se cuenta que ellos mismos, con todo el sigilo de que eran capaces, dejaron en no pocas ocasiones a sus propios animales en los campos. Pero esto es ya otra historia.

Lorenza ha criado este último invierno veinte cabritos. Hoy por hoy ya no va a la montañas, y es que las cabras reciben su alimento en forma de pienso y millo. Pero este rebaño no parece estar menos educado. Una mitad permanece en el establo; son las cabras lecheras, las que aseguran la producción del queso. Después de ordeñar muy temprano, envía a la otra mitad a las montañas con la seguridad de que regresaran puntual-

Landschaft bei las Floridas
Paisaje cerca de Las Floridas

paar Jahren begonnen, zweimal die Woche Ausflugsbesuchern die Käseherstellung zu demonstrieren.

Lorenza stellt den Käse genauso her, wie die *majos* es schon vor sechshundert Jahren taten. Nur die hygienischen Bedingungen haben sich geändert. Heute wacht das Gesundheitsamt strengstens mit regelmäßigen Kontrollen über die handgemachte Käseproduktion der letzten verbliebenen Kleinbauern. In dem Holztisch sind ein Buchstabe und eine Nummer eingeschnitzt, Lorenzas persönliches Zulassungszeichen, das so automatisch in jedem Ziegenkäse erscheint. Damit kann der Herstellungsort, egal wohin der Käse einmal verkauft wird, immer zurückverfolgt werden. Abgesehen von einem gekachelten Raum mit der entsprechenden Sauberkeit, wird außerdem heute verlangt, daß Handschuhe beim „Drücken" getragen werden. Aber sonst ist alles wie früher.

Lorenza steht um fünf Uhr morgens auf und melkt ihre Ziegen. Die Milch wird mit Lab versetzt. Sobald sich der Quark bildet, rührt Lorenza in dem Bottich so lange, bis eine klumpige Masse entsteht. Die wird dann auf dem Holztisch in die Form „gedrückt", wobei die Molke, die man *suero* nennt, ablaufen kann. Der *suero* wird gekocht gegessen oder an die Ziegen verfüttert.

Danach salzt Lorenza, im Abstand von einigen Stunden, jede Seite des Käses. Sobald er etwas fester ist, wird das Salz abgewaschen, und der fertige Käse kommt auf ein Holzbrett im hinteren Teil des Raumes zum Reifen. Manchmal benutzt sie auch den *quesero*, einen kleinen Holzstall, der draußen vor dem Haus steht. Er ist mit einem feinmaschigen Gitter versehen, um die lästigen Fliegen abzuhalten, erlaubt aber, daß Luft an den Käse kommt.

Ein Ziegenkäse braucht immer Luft, sonst „schwitzt" er. Das ist so ziemlich das einzige, was er nicht vertragen kann. Ansonsten kann man ihn, in verschiedenen Reifegraden, auch noch nach Wochen genießen. Heute werden noch die gleichen Konservierungsmethoden wie damals angewendet, die sogar das Aufbewahren des Käses für Jahre ermöglichen. Er wird zum Beispiel mit Öl und Paprika eingerieben. Das ist dann ein *queso curado*. Kein Wunder, daß man diese Methoden entwickelt hat, denn Kühlschränke gibt es erst seit drei Jahrzehnten auf Fuerteventura.

Obwohl sie ihr ganzes Leben in der Landwirtschaft gearbeitet hat, begrüßt Lorenza den Tourismus. Alle ihre Kinder konnten, im Gegensatz zu ihr selbst und ihrem Mann, eine Schule besuchen. Heute gehen sie einer guten Arbeit nach.

„Strom und die ersten Butangasflaschen kamen zwar erst, als meine Kinder schon groß waren", sagt sie, „aber jeder hat seine Ausbildung erhalten. Das war uns wichtig."

mente al mediodía. Después de comer regresan de nuevo a la montaña, sabiendo que al anochecer volverán a su establo para pasar la noche. Nunca se confunden con la cuadra del vecino, incluso un cabrito medio dormido sabe exactamente a quien pertenece, asegura ella.

La forma de alimentar al ganado ha cambiado a la par que el coste que acarrea, por lo que sólo a través de la venta de quesos puede cubrir los gastos de su pequeño rebaño. Y no contenta con eso, lleva ya un par de años realizando demostraciones dos veces por semana para los turistas de cómo se elabora artesanalmente el auténtico queso majorero de cabra.

Lorenza lo hace exactamente igual que lo hicieran los Majos hace seiscientos años. Lo único que ha cambiado son las condiciones higiénicas. Hoy el servicio de salud pública inspecciona regularmente la producción de los quesos artesanales de estos pequeños ganaderos. En la mesa de madera en que se elabora el queso hay una letra y un número grabados, son el sello de autorización personal de Lorenza. Con este sistema aparece inconfundiblemente marcado en cada queso de cabra que elabora, permitiendo conocer así el origen exacto de cada queso, sin importar el lugar en que se venda o se consuma finalmente. Además de exigir una habitación azulejada para su máxima higiene, es obligatorio utilizar guantes para «aplastar» el queso. Salvo estos detalles, nada ha cambiado.

Lorenza se levanta cada día a las cinco en punto de la mañana para ordeñar sus cabras. Una vez recogida, la leche se mezcla con el cuajo y tan pronto como el suero se separa del requesón, se remueve hasta lograr formar una masa homogénea que posteriormente se «aplastará» sobre la mesa de madera hasta que todo el suero desaparezca. El suero se empleará como alimento una vez cocido o se dará a las cabras u otro animal.

Al cabo de algunas horas se realiza la salazón de cada uno de los lados del queso y una vez que esté un poco compacto, se retira toda la sal y se coloca sobre los estantes de madera que para el curado final se encuentran en la parte posterior de la habitación. En otras ocasiones utiliza el «quesero», pequeña caseta de madera situada en el exterior delante de la casa, provista de una tela metálica para mantener a distancia las pesadas moscas, pero que permite la llegada de aire al queso. Durante su elaboración no puede faltarle bajo ningún concepto la ventilación, pues de lo contrario «suda», y eso es lo único que no puede soportar.

Después de unas semanas podrá ser saboreado en sus distintos grados de curación. Al igual que en tiempos pretéritos, existen formas diversas de curación del queso que permiten incluso su conservación durante años. Se puede untar, por ejemplo, con aceite y pimentón, logrando así lo que en el mercado se denomina un queso «curado». No puede sorpren-

Die Grundschule befand sich in Pájara, und Lorenzas Kinder legten jeden Tag, morgens und nachmittags, einen Fußweg von etwa neun Kilometern zurück. Noch mühseliger gestaltete sich später der Besuch der weiterführenden Schule in Gran Tarajal. Das war sehr weit weg, fast dreißig Kilometer. Die Kinder mußten zu Fuß nach Tuineje gehen, um dort den einzigen Bus Richtung Gran Tarajal zu erreichen.

„Ich habe solche Ängste ausgestanden, daß ihnen im Winter, bei Regenfällen, auf dem Schulweg etwas passieren könne."

So sehr der Regen erwünscht und gebraucht wird, so gefährlich kann er werden, wenn aus dem trockenen Gebirge wahre Wassermassen herunterstürzen. Die *barrancos* verwandeln sich in reißende Flüsse, die selbst ein Erwachsener kaum unbeschadet überqueren kann, geschweige denn ein Kind. Lorenzas Sorge war so groß, daß sie ihren Mann überredete, einen Teil des Viehs zu verkaufen, um eines der ersten Autos auf der Insel zu erwerben und die Kinder in die Schule bringen zu können. Antonio gefiel der Gedanke, ein Auto zu steuern, nicht sonderlich, aber Lorenza kaufte sich unbeirrt die Fahrschulhefte und machte ihren Führerschein.

„Gleich beim ersten Mal habe ich es geschafft", berichtet sie stolz, „du siehst, wenn du etwas wirklich willst, kannst du es auch."

Das Leben sei hart gewesen, gibt sie zu, aber sie kannten nichts anderes und waren trotz aller Nöte glücklich.

Heute ist sie sehr zufrieden, daß sich ihre Kinder entschlossen haben, neben ihren Berufen den Hof weiterzuführen. Jedes Kind hat seine Familie gegründet, und einige wohnen weit entfernt. Trotzdem sind sie Mitglied einer Kooperative geworden, um die Arbeit der Eltern gemeinsam weiterzuführen. Darin lag also der Grund für die eifrige Geschäftigkeit auf dem Hof: Modernisierung ist angesagt.

Wir gehen hinaus. Lorenza zeigt mir stolz ein Feld voller Melonen, so groß wie ein Fußballplatz. Das süße Aroma der Früchte ist so stark, daß die ganze Luft davon erfüllt ist. Nebenan entsteht ein weiteres Melonenfeld und links davon ranken sich die Tomatenstauden. Die Tomate ist eines der wenigen Exportmittel der Insel. Sie verträgt, im Gegensatz zum Weizen, das oft salzhaltige Brunnenwasser, welches ihr einen besonders herzhaften Geschmack verleiht. Ein Sprichwort sagt: Schlechter Brunnen, gute Tomaten.

In diesem Jahrhundert begann der Tomatenexport den Weizenhandel abzulösen. Heute ist die marokkanische Tomate eine starke Konkurrenz, ganz zu schweigen von der holländischen. Natürlich handelt es sich dabei nicht um eine Qualitätsfrage, denn der Geschmack der Fuerteventura-Tomaten ist nicht zu überbieten. Es geht vielmehr, wie so oft, um die hohen Produktionskosten und ein zu starkes Preisgefälle im Vergleich zur Konkurrenz. Seit 1999 gibt es einen neuen Star in der Landwirtschaft auf

dernos el desarrollado de estos métodos, pues el frigorífico no existe en Fuerteventura sino desde hace tres décadas.

Lorenza siempre ha dado la bienvenida al turismo. Todos sus hijos pudieron ir a la escuela, a diferencia de sus padres, y hoy disfrutan de un buen puesto de trabajo.

«*La electricidad y las bombonas de butano llegaron por primera vez cuando ya todos eran grandes*», aclara, «*pero a ninguno le ha faltado educación*».

La escuela elemental se encontraba en Pájara, y los muchachos recorrían cada mañana y cada tarde, un camino de nueve kilómetros. Más tarde la asistencia al instituto sería más complicada, y es que éste se encontraba en Gran Tarajal, a casi treinta kilómetros. Tenían que ir caminando hasta Tuineje para tomar allí la única guagua que existía hasta Gran Tarajal.

«*¡Yo he pasado tal miedo*», narra ella, «*pensando que les pudiera suceder algo malo, cuando llovía en el invierno, por el camino hasta Tuineje!*».

La lluvia era tan deseada como necesitada, pero podía llegar a ser muy peligrosa a causa del descenso de las aguas torrenciales por las montañas secas. Los barrancos se transformaban entonces en caudalosos ríos que ni tan siquiera un adulto era capaz de cruzar sin riesgo, por no hablar de un niño. La preocupación de Lorenza era tal, que convenció a su marido para vender parte del ganado y comprar uno de los primeros coches, y poder llevar con seguridad los niños a la escuela. Antonio no se mostró muy convencido con la idea de conducir un coche, pero Lorenza, firme en su propósito, se compró los cuadernos para aprender y logró obtener el permiso de conducción.

«*Aprobé en seguida, a la primera*», refiere orgullosa su hazaña, «*cuando realmente necesitas algo, lo consigues*».

La vida había sido dura, admite ella, pero a pesar de todas las penalidades fueron felices, y es que no conocían nada mejor. Hoy rebosa orgullo porque sus hijos hayan decidido continuar con el ganado a la vez que sus trabajos. Todos ellos han formado sus propias familias y algunos viven bastante lejos, a pesar de lo cual son miembros de una cooperativa que les permite seguir dirigiendo juntos el trabajo iniciado por sus padres. Esa es la razón por los cambios en la finca, que noté en mi llegada: la modernización está anunciada.

A la salida de la casa me muestra con orgullo un melonar tan grande como un campo de fútbol. El dulce aroma de estos frutos es tal que el aire resulta embriagador. Al lado hay más campos de melones y a la izquierda están las tomateras que dan lugar a uno de los pocos productos de exportación de la isla. El tomate, al contrario que el trigo, soporta el agua sala-

Landschaft bei Gran Tarajal
Paisaje cerca de Gran Tarajal

Fuerteventura: die Banane. Einige Bauern haben sich bereits voller Enthusiasmus in die Anpflanzung gestürzt, während andere abwartend zuschauen. Der Erfolg der Bananenproduktion auf Teneriffa lädt zum Nachahmen ein. Auf der anderen Seite zweifeln viele daran, daß die Insel für die ehrgeizigen Anbaupläne über genügend Wasser verfügen wird.

Aber auf den Feldern von Lorenza wachsen unter den Schutzplanen gegen Wind und Regengüsse auch Blumenkohl, Bohnen, Zucchini und Paprika. Ein besonders ausgetüfteltes Gießsystem sorgt dafür, daß nicht ein Tropfen des kostbaren Wassers verschwendet wird. Lange Schläuche werden mit hunderten von kleinen Löchern versehen, durch die das Wasser, im wörtlichen Sinne, tropfenweise in den Boden sickert (daher auch der Name *el goteo*). Zum Schutz gegen ein frühzeitiges Austrocknen ist der Boden mit dem schwarzen *picon* bedeckt, Vulkanasche, die, ähnlich der Hydrokultur, die Feuchtigkeit speichert.

In einem kleinen Obstgarten gibt es, abgesehen von Orangen- und Zitronenbäumen, für Fuerteventura so exotische Früchte wie Erdbeeren sowie Apfel- und Birnenbäume. Daneben stehen Weintrauben, *misperos*, Feigensträucher und ein Olivenbaum. Natürlich fehlt auch nicht ein kleines Feld mit Kakteen, an denen die süßen Kakteenfrüchte wachsen. Mir erscheint der Hof wie ein riesengroßer Obst- und Gemüsemarkt.

Lorenza besitzt außerdem drei gute Brunnen, die alle oberhalb der Anpflanzungen liegen.

„Das ist gutes Wasser", erklärt sie, „es hat kaum Salzgehalt. In der Nähe eines Brunnens dürfen sich weder Tomatenfelder noch *tarajales* befinden, sonst wird sein Wasser salzig.

Daß *tarajales* oder *Tamarisken* den Boden versalzen, ist für Lorenza keine Frage.

Den Tomaten bekommt das salzhaltige Wasser natürlich gut, aber Obst und Gemüse vertragen es nicht.

„Mein Sohn hält nichts von Insektenvertilgungsmitteln", sagt sie. Betrübt zeigt sie auf einen von Läusen befallenen Orangenbaum. „Sieh nur, wie der Arme ausschaut. Aber mein Sohn sagt, wenn es weniger Orangen gibt, dann gibt es eben weniger."

Diese ökologische Besorgnis ist neu für die ältere Generation. Sie haben die Konsequenzen der Umweltverschmutzung noch nicht erlebt. Dafür sind den älteren Bauern die verheerenden Ausmaße einer Insektenplage, die eine ganze Ernte in kurzer Zeit vernichten kann, um so lebendiger in Erinnerung. Viele der jungen Majoreros versuchen, den Enthusiasmus ihrer Eltern für den „Segen" der Modernisierung zu bremsen. Natürlich will niemand auf moderne Technik und Bequemlichkeit verzichten, aber die negativen Begleiterscheinungen des Industriezeitalters können nicht ignoriert werden.

da de los pozos y le aporta incluso su fuerte sabor peculiar. Existe un refrán que dice: «malos pozos, buenos tomates».

Durante este siglo la exportación de tomates sustituyó a la del trigo. Actualmente el tomate de Marruecos supone una fuerte competencia, por no hablar del procedente de Holanda. No se refiere esta competencia a la calidad, ya que el sabor del tomate de Fuerteventura es insuperable. Se trata, como es habitual, de los altos costes de producción y de la bajada de precios en relación con la competencia.

Desde 1999 existe un nuevo producto en la agricultura de Fuerteventura: el plátano. Algunos agricultores se han lanzado a su cultivo llenos de entusiasmo, mientras otros esperan expectantes. El éxito de la producción del plátano en Tenerife invita a seguir su ejemplo, pero por otro lado, no falta quien alberga sus dudas sobre si en la isla se podrá disponer de la cantidad suficiente de agua para tan ambicioso proyecto.

En los campos de Lorenza crecen además, bajo las lonas contra el viento y las tormentas, coliflores, judías, calabacines, y pimientos. Un especial sistema de riego alambicado cuida de que no se pierda ni una gota del preciado elemento. Largas mangueras perforadas con cientos de pequeños agujeros, abastecen por goteo todas las plantas infiltrando el agua en el suelo. El riesgo de una temprana sequedad es contrarrestado cubriendo con el negro picón volcánico cada una de las plantas a ras de suelo; éste permite guardar la humedad de manera similar a la del hidrocultivo.

En sus pequeños jardines frutales existen además de naranjos y limoneros, frutas tan exóticas para Fuerteventura, como las fresas, manzanos y perales. Al lado se encuentran vides, nísperos, higueras y hasta un olivo. Tampoco podía faltar, como es natural, un pequeño jardín con tuneras de las que crecen los dulces frutos denominados tunos. En esta visita este vergel se me antoja un enorme mercado de frutas y verduras.

La granja posee tres pozos de agua útil, situados todos en la parte superior de las plantaciones. "Es buen agua, apenas contiene sal", aclara Lorenza. "Un pozo nunca puede estar al lado de un campo de tomates ni de tarajales, porque su agua se puede volcer salada". Lorenza no duda de qu los Tarajales o Tomariscos salen del suelo. El agua salada es buena para los tomates, pero la fruta y la verdura no la soportarían nunca.

«Mi hijo no quiere saber nada de insecticidas» dice señalando desconsolada unos naranjos atacados por el pulgón.

«Observa que aspecto tiene el pobre. Pero mi hijo está empeñado en que si dan menos naranjas entonces, justamente, habrá menos pulgón».

Tan ecológica postura es nueva para los mayores, pues no han vivi-

Als ich den Heimweg antrete, duftet es im Auto nach Melonen und Käse, denn Lorenza hat mich, wie immer, mit Geschenken beladen.

Sie winkt mir noch nach, während ich, tief in Gedanken versunken, ihre Welt hinter mir lasse. Mir fallen meine eigenen Klagen über die Stolpersteine meines Schicksals ein, die im Vergleich zu Lorenzas Lebensgeschichte auf Sandkorngröße zusammenschrumpfen. Ich frage mich, was den Majorero während vieler Jahrhunderte an dieses Stück Land gebunden hat. Auch wenn ihn die niederschlagslosen Jahre zum Auswandern zwangen, kehrte er bei den ersten Regentropfen aus der entferntesten Emigration immer wieder zurück, selbst wenn dort die Lebensbedingungen wesentlich günstiger waren. Kein Mensch hat dieses Rätsel bisher ergründen können.

Die vergangenen zwanzig Jahre haben eine Art Generationslücke zwischen den Jungen und den Alten produziert. Fast von heute auf morgen hat das moderne Zeitalter, die noch vor kurzem herrschenden mittelalterlichen Zustände abgelöst. In den Ohren der Kinder klingen die Geschichten ihrer Eltern oft wie die Märchen aus einer vergessenen Zeit. Trotzdem gibt es unter der neuen Generation nur wenige junge Menschen, die sich vorstellen können, woanders zu leben. Vielleicht studieren sie auswärts, aber sie träumen davon, später wieder auf ihre Insel zurückzukehren. Undeutlich erinnere ich mich, daß mir als Großstadtkind früher ein breit gefächertes Freizeitangebot als lebenswichtig erschien. In irgendeinem der letzten Jahre auf Fuerteventura ist mein Verlangen danach verschwunden, einfach so, durch Vergessen.

do las consecuencias de la contaminación medioambiental. Más aún cuando, a pesar de tan modernas ideas, permanecen vívidas en su recuerdo las devastadoras consecuencias de una plaga de insectos, capaces en muy poco tiempo de acabar con toda una cosecha.

Muchos de los jóvenes Majoreros intentan tratan de frenar el entusiasmo de sus padres con el éxito de la modernización. Obviamente nadie desea prescindir de las modernas tecnologías ni de la comodidad, si bien los aspectos negativos de la industrialización no se pueden ignorar.

Al ponerme en camino pude comprobar como mi coche estaba inundado por el olor a melones y queso; como de costumbre Lorenza me había agasajado con sus presentes.

Mientras me despedía aún con la mano sumida en mis pensamientos, dejaba atrás su mundo. Mis propios lamentos sobre los traspiés del destino me parecían, comparados con la historia vital de Lorenza, repentinamente ridiculizados hasta convertirse apenas en granitos de arena. Me pregunto que ha podido unir al Majorero, a lo largo de su historia, a esta tierra. Aunque los años más secos le obligaran a emigrar lejos, regresaba con las primeras gotas de lluvia, incluso cuando las condiciones de vida logradas fueran mucho más ventajosas. Nadie ha podido, hasta el día de hoy, dar una respuesta convincente a tal cuestión.

Los últimos veinte años han provocado un brusco vacío generacional entre jóvenes y mayores. La era moderna ha sustituido de repente a una era cargada de vicios casi medievales. Los niños recuerdan a menudo las historias de sus padres, como si de cuentos de un pasado lejano se tratase. A pesar de ello, entre la nueva generación hay muy pocos jóvenes que puedan imaginar vivir en otro lugar. Tal vez lleguen a estudiar en otro lugar, pero sueñan con poder volver más tarde a su isla.

Recuerdo vagamente como, para mí misma y no hace demasiado tiempo, era de vital importancia poder disfrutar de una vida llena de distracciones y lo más rica posible. No sé cuando, pero en algún momento durante estos años en Fuerteventura, tal aspiración se ha ido esfumando, y creo que sencillamente a través del olvido.

Valles de Ortega
Valles de Ortega

DIE ZEIT DER GROSSEN HERSCHER SEÑORES UND CORONELES

Der Señor - ein kleiner König.

Der soziale, gesellschaftliche und religiöse Hintergrund des 16. und 17. Jahrhunderts war von vielen Widersprüchen geprägt.

Der *Señor* blieb zwar der unbestrittene, legale Herrscher der Insel, aber er schwächte seine Position, indem er sich nur auf seine Raubfeldzüge konzentrierte, so, als fände sein Leben auf einem riesigen Abenteuerspielplatz statt. Das fehlende Interesse für die Belange der Bevölkerung Fuerteventuras führte zum Machtanstieg von Begünstigten und Verwaltern. Die Erbstreitigkeiten unter den *Señores* vergrößerten sich ständig durch die zahlreichen illegitimen Nachfolger. (Den Taufberichten nach zu urteilen, waren die *Señores* nicht die einzigen, die für reichlich außerehelichen Nachwuchs sorgten. Auch ihre Untertanen folgten später ihrem Beispiel.)

Im Sinne der Inquisition wurde zwar der christliche Glaube gelehrt, aber die Verehrung und Beschwörung der Heiligenfiguren war vorherrschend und erinnerte sehr an die früheren, heidnischen Gottesanbetungen. Niemandem gelang es, den Aberglauben zu vertreiben.

Die Ehefrauen der *Señores* und Großgrundbesitzer waren der Kirche eng verbunden. In ihren Testamenten hinterließen sie große Teile ihres Vermögens für Kirchengründungen. Die Pater übten eine Mischung aus Trost- und Kontrollfunktion aus, waren sie doch die einzigen Männer, die für die Sorgen und Klagen der weibliche Bevölkerung ein Ohr hatten.

Zwar ignorierten die *Señores* zu Lebzeiten den größten Teil der christlichen Gebote, aber nach ihrem Tod wurden sie, ihrer Stellung entsprechend, in der Kirche von Betancuria oder im Kloster der Franziskaner beerdigt. Vielleicht sollte dieser heilige letzte Ruheort eine Garantie für die Vergebung ihrer Sünden sein.

Die herrschende Klasse, das heißt der *Señor*, seine nächsten Verwandten, Begünstigte, Militär- und Kirchenrepräsentanten, lebte auf Kosten der arbeitenden Bevölkerung. Diese bestand aus Einwanderern aller Regionen Spaniens, Frankreichs, Portugals und Afrikas, die als Tagelöhner, Kleinbauern, Handwerker und Sklaven tätig waren. Da sie sich logischerweise in der Überzahl befanden, mußten sie durch das *Cabildo Insular* verwaltet und kontrolliert werden. Theoretisch sollte das *Cabildo* die Interessen des Volkes vertre-

LA ÉPOCA DE LOS GRANDES GOBERNANTES SEÑORES Y CORONELES

El Señor - un pequeño Rey.

El trasfondo sociocultural y religioso de los siglos XVI y XVII se vio marcado por múltiples contradicciones. El Señor seguía siendo el soberano indiscutible y legal en la isla, pero su posición se debilitaba lentamente, hasta concentrarse tan sólo en las expediciones militares hostiles, adoptando un modo de vida que, visto desde nuestros días, se asemejaría al de un gigantesco parque de aventuras. El total desinterés por los problemas de la población majorera daría lugar a la acumulación de poder en beneficiarios y administradores. Nuevas querellas hereditarias entre los Señoríos tenían lugar continuamente debido a los numerosos descendientes ilegítimos. Según los libros regístrales de bautizos, los Señoríos no eran los únicos en dar lugar a una abundante descendencia extramatrimonial; también sus súbditos seguirían el ejemplo.

Se enseñaba la religión cristiana conforme al espíritu de la Santa Inquisición, pero predominaba una evocación de los Santos que hacía recordar mucho los antiguos cultos paganos, y nadie conseguía ahuyentar la superstición.

Las esposas de los Señores y terratenientes estaban estrechamente ligadas a la Iglesia. En sus testamentos legaban a la Iglesia gran parte de sus riquezas, y los eclesiásticos desempeñaban un papel mezcla de consolación y control, si bien serían los únicos hombres que prestaron atención a las preocupaciones y quejas de la población femenina.

Aunque en vida los Señores pasaban por alto la práctica totalidad de los mandamientos, tras su muerte eran enterrados, siempre según su posición, en la iglesia de Betancuria o en el convento de los franciscanos. Esta sagrada morada suponía una garantía para la purga de sus pecados.

La clase dominante, que incluía tanto al Señor y parientes próximos como a sus beneficiarios y representantes militares y de la iglesia, vivía a costa de la población. Esta se componía de inmigrantes de todas las regiones de España, de Francia, Portugal y Africa que trabajaban como jornaleros, pequeños agricultores, artesanos o esclavos. Como, en buena lógica, representaban la mayoría, tenían que ser administrados y controlados por el Cabildo Insular. En teoría el Cabildo representaba los intereses del pueblo, pero era el Señor quien decidía los cargos cabildicios. Tan inesta-

ten, aber wer seine Ämter bekleidete, entschied der *Señor*. Es galt, ein empfindlich gestörtes Gleichgewicht zu bewahren, das nur deshalb funktionierte, weil alle Beteiligten es als naturgegeben betrachteten, daß es Herrscher und Beherrschte gab.

Durch die vielen außerehelichen Beziehungen ist der Stammbaum der Saavedras von Fuerteventura und der Herreras auf Lanzarote großzügig angelegt.

Die Streitereien der beiden Familien führten bis zum Haß. Nicht einmal in Krisensituationen, etwa bei Racheangriffen der Berber, leistete man sich gegenseitig Unterstützung. Dies hatte böse Folgen, wie zum Beispiel die vollkommene Zerstörung Betancurias 1593 durch den Berberhauptmann Xaban Arraez.

Wer die Vormachtstellung auf den feudalen Inseln besaß, entschied sich im Kampf um Handelsrechte, die alleinigen Kompetenzen zur Rechtsprechung und das Vorrecht um die Kriegsführung in Afrika. Obendrein verkomplizierte sich die Erbfrage auf Fuerteventura, als einer der Saavedras Ende des 16. Jahrhunderts seinen Bruder und seine außereheliche Tochter „vergaß" und sein Erbanteil statt dessen einem Günstling des Königs vermachte, den er bei Hofe kennengelernt hatte.

Fernando Arias Saavedra war der letzte *Señor*, der auf Fuerteventura wohnte und auch dort im Jahre 1674 begraben wurde. Er verbrachte seine meiste Zeit mit gerichtlichen Auseinandersetzungen in Madrid. Kurioserweise wurden alle Gerichtsurteile, egal zu wessen Gunsten sie ausfielen, trotzdem nur selten vollstreckt. Es galt vielmehr die Tatsache: Wer vor Ort war, der kassierte. Ein sehr praktischer Standpunkt.

Ab sofort verlegten die Feudalherren ihren Wohnsitz nach Teneriffa, denn allmählich erlahmte das Interesse aller Beteiligten an Fuerteventura. Die Beute verlor ihren Wert. Nachdem die Krone den ständigen Raubzügen der *Señores* nach Afrika einen endgültigen Riegel vorgeschoben hatte, war es mit den großen Verdiensten vorbei. Die königlichen Inseln, Gran Canaria und Teneriffa, gewannen an wirtschaftlicher Wichtigkeit. Alle auswärtigen Handelsschiffe fuhren nun grundsätzlich zuerst die beiden Hauptinseln an, während die kleinen Inseln später durch kanarische Schiffe beliefert wurden. (Eine schlechte Angewohnheit, die leider auch heute noch praktiziert wird.)

Das Weltreich Spanien wankte. Es wurde immer schwieriger, die vielen militärischen Aktivitäten zur Absicherung des gigantischen Imperiums zu finanzieren. Anfang des 18. Jahrhunderts verlor Spanien im Konflikt mit Frankreich und Österreich seine Vorherrschaft in Europa, und unter den bourbonischen Königen wurde eine zentralistische Politik eingeführt. Die Militärregierung auf den beiden königlichen

ble equilibrio se mantenía por si solo en funcionamiento ya que todos los implicados aceptaban como algo natural la existencia de gobernantes y gobernados.

Gracias a sus múltiples relaciones extramatrimoniales, el árbol genealógico de los Saavedras de Fuerteventura y de los Herrera de Lanzarote se convirtió en una intrincada maraña propicia para todo tipo de querellas hereditarias. Las diferencias entre ambas familias llevaban hasta al odio. Ni siquiera en situaciones de crisis, como las acaecidas durante los vengativos ataques berberiscos, se prestaban apoyo mutuo. Esto daría lugar a consecuencias tan negativas como la completa destrucción de Betancuria en 1593 por el capitán berberisco Xaban Arraez.

En la lucha por los derechos mercantiles, las competencias de jurisprudencia y el privilegio de guerrear en Africa, se decidía la auténtica preponderancia en las islas señoriales. Hasta la propia cuestión sucesoria de Fuerteventura se complicaría cuando, a finales del siglo XVI, uno de los Saavedra olvidó a su hermano e hija - ilegítima -, legando la cuota hereditaria que les pertenecía a un favorito del Rey conocido en la corte.

Don Fernando Arias Saavedra fue el último Señorío que vivió en Fuerteventura, donde murió y fue enterrado en el año 1674. Dedicó buena parte de su tiempo a conflictos judiciales en Madrid, siendo destacable que las sentencias pronunciadas, sin importar a favor de quién, raramente llegaban a ejecutarse. Mucho más importante era la realidad: quien estaba en el lugar era el que recaudaba los tributos, sin importar a quien correspondiera legalmente tal atribución.

Después de su muerte los Señores feudales trasladaron su domicilio a Tenerife ya que había decaído el interés por Fuerteventura de todos los implicados. El botín iba perdiendo su valor. Una vez que la corona había puesto freno definitivo a las permanentes incursiones de los Señoríos en Africa, los grandes beneficios habían desaparecido. Las islas reales, Gran Canaria y Tenerife, iban ganando en importancia económica. Todos los buques mercantes extranjeros tomaban rumbo sistemáticamente hacia una de las islas principales, pasando a realizarse los suministros de las islas menores a través de barcos canarios - una mala costumbre que, por desgracia, continúa en nuestros días.

El Imperio Español perdía estabilidad; progresivamente resultaba más difícil financiar las numerosas actividades militares para proteger tan gigantescos dominios. A principios del siglo XVIII España perdía su hegemonía europea en el conflicto con Francia y Austria, debiendo poner en práctica los Reyes de Borbón una política centralista. Mientras tanto el gobierno militar de las islas realengas, apoyado por las directivas impuestas desde la penín-

Landschaft bei Gran Tarajal
Paisaje cerca de Gran Tarajal

kanarischen Inseln, unterstützt durch die neuen Richtlinien auf dem Festland, arbeitete beharrlich an der endgültigen Entmachtung der Feudalherren.

Das Zepter wird übergeben

Ende des 17. Jahrhunderts rutschte Fuerteventura unaufhaltsam in die dunkelste Phase seiner Geschichte.

Als der *Señor* Fernando Matias Saavedra, Sohn des verstorbenen Fernando Arias Saavedra, 1676 von Fuerteventura nach Teneriffa ins Orotavatal zog, verließ er sozusagen das „sinkende Schiff». Die Historiker sind sich darüber einig, daß die folgenden fünfzig Jahre zu den ärmsten und schwersten der Insel zählen.

Die Armut trieb den Kampf gegen die *quintos* seinem Höhepunkt zu. Auf den königlichen Inseln betrugen die Abgaben der Bauern nur sechs Prozent, während durch den Mißbrauch der Steuereintreiber des *Señors* auf Fuerteventura und Lanzarote, teilweise bis zu fünfundzwanzig Prozent bezahlt werden mußten.

Eine permanente Hungersnot setzte durch das Ausbleiben jeglicher Regenfälle ein. Massive Emigrationswellen entvölkerten die Insel. 1696 gab es auf Fuerteventura nur noch etwa zweitausendfünfhundert Einwohner. Die Hauptinseln weigerten sich, noch mehr Immigranten aufzunehmen und schickten die Schiffe mit den Asylsuchenden wieder zurück. Das *Cabildo* erließ 1704 das Gesetz, daß weder Weizen, Tiere, Käse noch sonstige Waren exportiert werden durften.

Immerhin besaß Fernando Matias soviel Anstand, ein paarmal Gelder zum Weizenkauf zur Verfügung zu stellen, wenn die Insel vor der völligen Entvölkerung stand. Er informierte sogar den *Alcalde Mayor* über drohende Pestseuchen und drängte die Mönche im Franziskanerkloster, das langsam in sich zusammenfiel, nicht mit ihren Unterrichtsstunden aufzuhören.

Mit einem letzten Rest von Verantwortung ersuchte er den *Capitán General* auf Gran Canaria, keine Lizenz zur Kornausfuhr an Fuerteventura zu vergeben. Seine reich gewordenen Verwalter hatten nämlich damit begonnen, die Ernten ihrer immer größer werdenden Ländereien gewinnbringend zu exportieren. Dies brachte ihnen wesentlich höhere Beträge ein, als den Weizen zu Schleuderpreisen an die Hungernden auf Fuerteventura zu verkaufen. Die zur Ausfuhr notwendige Lizenz vergab der *Capitán General*. Wenn dieser den heftigen Protest des *Cabildos* gegen solche volksfeindlichen Entscheidungen ignorierte, suchten Fuerteventuras geplagte Volksvertreter Hilfe bei ihrem *Señor*. Doch dessen Bemühungen krönte selten der Erfolg, denn die Karten der Macht waren bereits neu verteilt.

sula, mantenía su empeño de quitar el poder definitivamente a los Señores feudales, logrando constantes avances.

La entrega del cetro

A finales del siglo XVII Fuerteventura emprendió el descenso a la fase más oscura de su historia. En 1676 el Señor Don Fernando Matías Saavedra, hijo del fallecido Don Fernando Arias Saavedra, se mudó al valle de Orotava en Tenerife, abandonando así un barco que ya se iba a pique. Los historiadores coinciden en que los 50 años siguientes fueron los más pobres y difíciles de la isla. Esa misma pobreza llevó a su máxima expresión la lucha contra los quintos. Mientras que en las islas reales los tributos de los campesinos eran del seis por ciento, en Fuerteventura y Lanzarote los pagos ascendían a veces hasta el veinticinco por ciento "gracias" al abuso de los recaudadores del Señor.

La falta absoluta de lluvias fue la causa de una hambruna permanente, resultando prácticamente despoblada la isla tras masivas ondas migratorias. En 1696 apenas quedaban unos 2.500 habitantes en Fuerteventura, llegando más tarde las islas principales a negar la entrada a más emigrantes, mandando de vuelta a casa los barcos en busca de asilo. En 1704 el Cabildo dictó una Ley que prohibía la exportación de trigo, animales, queso y cualquier otra mercancía.

Hay que mencionar que en alguna ocasión Don Fernando Matías tuvo la decencia de poner a disposición de la población algún dinero para la compra de trigo cuando, si bien la isla se encontraba al borde de la despoblación total. Incluso informó al Alcalde Mayor de las inminentes epidemias de peste, instando a los monjes del convento franciscano, ya casi derrumbado, a que no dejaran de dar sus clases. En un último gesto de responsabilidad solicitó al Capitán General de Gran Canaria no conceder licencia alguna que permitiera a Fuerteventura la exportación de grano, enfrentándose así a la actitud de sus administradores, enriquecidos entretanto gracias a la provechosa exportación de las cosechas de sus cada vez más extensas tierras, algo que les garantizaba unos beneficios considerablemente más altos que la venta del trigo a precios ruinosos a los hambrientos Majoreros.

El Capitán General era quien en última instancia concedía la licencia para la exportación; en caso de hacer caso omiso de la vehementes protestas del Cabildo, los representantes majoreros buscaban la ayuda de su Señor, si bien los esfuerzos de éste raras veces eran coro-

Die nahestehenden Verwandten und Begünstigten, die die *Señores* in den Verwaltungsorganen eingesetzt hatten, um ihre Interessen zu vertreten, entwickelten sich zu den wirklichen Herrschern der Insel. Diese Familien waren inzwischen mit dem besten Land ausgestattet und überbrückten Hungerzeiten viel einfacher, als der Rest der Bevölkerung. Sobald die Not aufkam, stellten sie großzügig „Leihgaben" zur Verfügung, die sie dann später mit horrenden Zinsen zurückforderten. Nicht selten verlor so mancher dabei sein gesamtes Land, und die Kleinbauern verschwanden mehr und mehr.

Ohne die Hilfe des *Señors* und bedrängt von Piratenangriffen und Hungersnöten nahmen schließlich vier oder fünf Familien die Wirtschaft der Insel selbst in die Hand. Sie zahlten ihre *quintos*, stellten sich gut mit dem *Señor*, damit er sie in die entsprechenden öffentlichen Ämter einsetzte und heirateten nur untereinander, um ihr Vermögen zu bewahren und zu vergrößern. Gleichzeitig jedoch unterstützten sie die Intrigen des *Capitán Generals*.

Das Thema Kornausfuhr spiegelte für viele Jahrhunderte die unterschiedlichen Interessen zwischen immer mächtiger werdenden Großgrundbesitzern, der königlich militärischen Regierung und dem *Cabildo* als Volksvertreter wider.

Das *Cabildo* war dafür zuständig, daß die Volksversorgung abgesichert war. Bei den Amtsträgern handelte es sich aber oft um eben jene Großgrundbesitzer, die kein Interesse daran hatten, ihr Korn auf Fuerteventura billig verkaufen zu müssen, wenn sie auf Gran Canaria und Teneriffa wesentlich höhere Preise erzielen konnten. Die Verantwortung ihres Amtes (oder war es politische Taktik oder ein Rest von Gewissen?) zwang sie allerdings, wenn auch schweren Herzens, in Notzeiten eine Ausfuhr zu untersagen. Aber andere Großgrundbesitzer, die gerade nicht im *Cabildo* vertreten waren, ignorierten diese Befehle und beantragten ihre Genehmigung, hinter dem Rücken des *Cabildos*, einfach direkt beim *Capitán General* auf Gran Canaria.

Dessen Kompetenzen blieben schwammig und undefiniert. Im Grunde war er ja gar nicht zuständig für die Feudalinseln. Aber, wie das Sprichwort schon sagt: In der Not muß jeder selber sehen, wo er bleibt. Oder: Wenn die Katze aus dem Haus ist, tanzen die Mäuse auf dem Tisch. Der *Señor* hatte Fuerteventura verlassen, und seine Untertanen, ob arm oder reich, waren entschlossen, demjenigen Gehorsam zu leisten, der ihren Hunger stillte beziehungsweise ihnen mehr Einkünfte versprach.

Der *Capitán General* sicherte sich mit der Genehmigung der Ausfuhr die Unterstützung der wichtigsten Familien Fuerteventuras. Gleichzeitig zwang er das *Cabildo* zum Ungehorsam gegenüber dem *Señor*, indem er vorschlug, daß es die *quintos*, statt dem *Señor*, an das königliche

nados por el éxito. Las cartas del poder habían sido echadas de nuevo.

Los parientes cercanos y los beneficiarios nombrados por los Señores para cubrir los puestos en órganos administrativos y políticos se convirtieron en los verdaderos dueños de la isla. Con el transcurso del tiempo estas familias se apoderaron de las mejores tierras, resultando así claramente beneficiadas para superar las hambrunas. En cuanto comenzaba la penuria, generosamente ponían a disposición de la población unos préstamos que más tarde reclamaban junto a unos desorbitados intereses. No pocas personas perdieron así la totalidad de sus tierras. De esta manera quedarían cada vez menos pequeños agricultores.

Sin Señor y amenazados por los ataques de los piratas y las hambrunas, cuatro o cinco familias tomaron en su mano la economía de toda la isla. Pagaron sus quintos, se pusieron a bien con el Señor a fin de obtener los cargos públicos correspondientes, y se casaron solamente entre ellos para conservar y aumentar su fortuna. Sin embargo, al mismo tiempo apoyaban las intrigas del Capitán General.

Durante siglos la lucha por la exportación de grano sería fiel reflejo de los intereses de los cada vez más poderosos terratenientes, del Real Gobierno Militar y del Cabildo como representante del pueblo. Al Cabildo correspondía asegurar el aprovisionamiento del pueblo, pero con frecuencia los funcionarios eran los mismos terratenientes sin interés ninguno por vender su grano a precios inferiores en Fuerteventura pudiendo conseguir precios mucho más substanciosos en Gran Canaria y Tenerife. No obstante, la responsabilidad de su cargo (a cada lector corresponderá atribuirlo a una táctica política o a un resto de conciencia) les obligaba, muy a pesar suyo, a prohibir la exportación en tiempos de emergencia. Pero no faltarían latifundistas que sin representación en el Cabildo pasaran por alto las órdenes solicitando sus licencias directamente al Capitán General en Gran Canaria a espaldas del Cabildo.

Las competencias del Capitán General resultaban así vagas e indefinidas. En el fondo, las islas feudales ni siquiera eran de su incumbencia, pero no siempre estaba dispuesto a renunciar a las ventajas de su autoridad. El Señor había abandonado Fuerteventura, y sus súbditos, pobres o ricos, estaban dispuestos a obedecer a quien les prometiera salir de sus penurias o les prometiera mas beneficios. Mediante las licencias de exportación el Capitán General se aseguraba el apoyo de las familias más importantes de la isla, a la vez que tentaba la desobediencia del Cabildo

Blick auf die Täler bei Ampuyenta
Vista a los valles de Ampuyenta

Finanzamt auf Gran Canaria bezahlen sollte. Dann wäre er auch bereit, in Notzeiten „Leihgaben" aus diesem Steuertopf zu machen.

Jene Intrige trug ihre Früchte und man begann, die Zahlungen an Gran Canaria zu leisten.

Dem *Señor* paßte das natürlich gar nicht, aber seine Reklamationen trafen beim König auf relativ taube Ohren. (Vielleicht hat der König ihn auch gefragt, wo denn die ganzen Befestigungsanlagen seien, die von den *quintos* gebaut werden sollten....)

Aber nicht alles ist nur schwarz oder weiß, das ist jedem bekannt, der Geschichte studiert. An dieser Stelle sei Sebastian Trujillo Ruiz erwähnt, Mitglied einer der mächtigsten Familien Fuerteventuras in der zweiten Hälfte des 17. Jahrhundert. So wie Don Sebastian hat sich seinerzeit niemand für Fuerteventura eingesetzt. Die Liste seiner wohltätigen und mutigen Taten ist ellenlang:

Er bekleidete ab 1661 immer militärische oder politische Posten. Seine Macht nutzte er dazu aus, Weizen von anderen Inseln zu organisieren, wenn Hunger herrschte, nachdem er seine eigenen Reserven bereits verschenkt hatte! Er sorgte dafür, daß der *Señor* die Mittel zu Verfügung stellte, um ein Haus für das *Cabildo* bauen zu lassen in dessen unterem Stockwerk das Gefängnis untergebracht wurde. (Die Geschichte sagt, daß das „vielseitig nutzbare" Gebäude leider schon nach kurzer Zeit zerstört wurde, da das obere Stockwerk in das untere Stockwerk einbrach....). Don Sebastian war außerdem, nach der Zerstörung durch Xaban Arraez, maßgeblich am Wiederaufbau Betancurias beteiligt, besonders an dem der Kirche, der im Jahre 1691 abgeschlossen wurde. Er stellte seine Häuser in Betancuria als Armenhäuser zur Verfügung. Als Richter entschied er in einem Gerichtsverfahren während einer Hungersnot, daß keine *quintos* mehr gezahlt werden sollten, obwohl er seinen Schwiegersohn, der gerade Steuereintreiber war, damit arbeitslos machte. Er sorgte dafür, daß die reichen Leute sich nicht darum drückten, ihren Anteil an der Fleischversorgung bei der öffentlichen Metzgerei abzugeben. Als andere Großgrundbesitzer sich über das *Cabildo* hinwegsetzten und vom *Capitán General* die Lizenz zur Ausfuhr des Weizen bekamen, führte er dessen Anweisung nur teilweise aus und stellte umgehend einen Gegenantrag.

Doch Don Sebastian war eine absolute Ausnahme. Seine Erscheinung glich einer Sternschnuppe an dem sonst so dunklen Himmel der Majoreros.

Die Schlacht von Tamasite und wie die Coroneles an die Macht kamen.

Anfang des 18. Jahrhunderts gewann das Militär endgültig die Macht über die Insel. Der *Capitán General* beantragte 1708 beim

hacia el Señor proponiendo el pago de los quintos a la Hacienda Real en Gran Canaria en vez de pagarlos al Señor, estando dispuesto incluso a conceder en tal caso préstamos de estos fondos recaudados en tiempos de emergencia. Cada nueva intriga iría dando sus frutos y poco a poco se empezaba a realizar los pagos a Gran Canaria.

Ni que decir tiene que el Señor no estaba en absoluto de acuerdo con tal arreglo, pero el Rey, lejos de interesarse por sus reclamaciones, se preguntaba qué habría sido de todas las fortalezas que se iban a construir mediante los quintos.

Pero, como bien saben los estudiosos de la historia, nada es sólo blanco o negro. En este momento no se puede olvidar la figura de Don Sebastián Trujillo Ruiz, miembro de una de las familias más poderosas de Fuerteventura durante la segunda mitad del siglo XVII. Seguramente en aquella época nadie hizo tanto en favor de Fuerteventura como Don Sebastián. La lista de sus actos altruistas y valientes es interminable. Desde 1661 ocupó puestos militares y políticos, utilizando su poder para recabar trigo de las otras islas en época de hambruna después de haber cedido hasta sus propias reservas. Se ocupó de lograr del Señor los medios para construir una cárcel y una casa para el Cabildo. Después de la destrucción de Betancuria por Xaban Arraez, participó decisivamente en su reconstrucción, especialmente de la iglesia, obra que finalizó en 1691, disponiendo incluso sus casas de Betancuria para ser usadas como asilos. Como juez decidió durante una hambruna el impago de los quintos, perjudicando con tal sentencia a su propio yerno que trabajaba de recaudador. Se ocupaba de que la gente rica no rehuyera entregar su parte del suministro de carne en la carnicería pública. Cuando otros terratenientes se saltaron la orden del Cabildo y obtuvieron del Capitán General la licencia de exportación del trigo, ejecutó sólo parcialmente las órdenes del Capitán sin dudar en presentar de inmediato una petición en sentido opuesto.

Desgraciadamente Don Sebastián era la excepción absoluta. Su aparición se semejaba a la de una estrella fugaz en el tan oscuro cielo de los Majoreros.

La batalla de Tamasite y de cómo los Coroneles llegaron al poder.

A principios del siglo XVIII, el poder militar se hizo definitivamente con la isla. En 1708 el Capitán General solicitó ante el Rey, sin permiso del

König, ohne vorherige Zustimmung des *Señors*, für den Gouverneur Pedro Sanchez Umpierrez die Ernennung zum *Coronel de Reales Ejercitos* (*Coronel* für königliche Heere), aufgrund seiner außerordentlichen Spenden zum Erhalt der Milizregimenter Fuerteventuras.

Damit wurde Umpierrez Herr über alle Streitmächte der Insel und unterstand der direkten Befehlsgewalt des *Capitán Generals*. Der *Señor*, als *Capitán de Guerra* (Kriegskapitän), war mit diesem Schachzug aus dem Spiel.

Nach Sanchez Umpierrez Tod, 1734, sollte dessen Sohn José, ebenfalls Gouverneur, den Titel des *Coronels* weiterführen. Aber der *Señor* protestierte heftig und beanspruchte dieses Amt jetzt für sich selbst.

Mitten im Streit um die Machtbefugnisse auf Fuerteventura erklärte England Spanien im Jahre 1739 den Krieg. Die Konsequenzen ließen nicht lange auf sich warten. Die Kanaren lagen an der Handelspassage der Spanier nach Indien, deren Durchfahrt nun von englischen Korsaren blockiert wurde. Sie hatten leichte Beute, denn die Kanarier waren nur mit Ziegelsteinen (!), Pfeil und Bogen, Messern oder alten Dolchen bewaffnet. Mit blutenden Herzen mußten die Majoreros mehrere Male zusehen, wie ihre Versorgungsschiffe aus Gran Canaria in den Buchten Fuerteventuras von den Engländern gekapert und geplündert wurden.

Aber im Herbst 1740 hatten sie Gelegenheit, sich ihrer wütenden Ohnmacht zu entledigen. Unter der Führung Jóse Sanchez Dumpierrez, der dem Namen seines Vaters inzwischen ein „D" vorangestellt hatte, bewiesen sie wahres Heldentum. Ohne größere militärische Ausrüstung als ein paar verrosteter Dolche errangen sie mit Mut und Bauernschläue den Sieg in der berühmten Schlacht vom Cuchillete und gewannen später den Kampf im LLano de la Florida, am Berg von Tamacite.

Es wäre unverzeihlich, den Hergang der Schlacht vom Cuchillete nicht wenigstens kurz zu schildern, denn der Stolz über diesen Sieg ist bis heute ungebrochen. Jedes Jahr im Oktober, beim Fest von San Miguel, erinnern die Einwohner der Gemeinde von Tuineje an den Angriff der Engländer und die Schlacht am Cuchillette aufs neue in einer spektakulären Theaterinszenierung unter freiem Himmel.

Damals hat sich folgendes zugetragen:

Am 12. Oktober 1740, in tiefster Nacht, gingen dreiundfünfzig gut bewaffnete Korsaren in Gran Tarajal an Land und glaubten, ein leichtes Spiel zu haben. Sie marschierten in der Dunkelheit bis nach Tuineje, machten auf ihrem Weg mehrere Gefangene und plünderten die Kirche aus. Inzwischen hatten die überraschten Einwohner jedoch die

Señor, el nombramiento como *Coronel de los Reales Ejércitos* del gobernador Don Pedro Sánchez Umpiérrez, por sus extraordinarios donativos para el mantenimiento de los regimientos milicianos de Fuerteventura. Umpiérrez se convirtió así en el jefe de todas las fuerzas armadas de la isla, permaneciendo bajo mando directo del Capitán General. Con esta treta la añeja categoría de *Capitán de Guerra* del Señor sufría el jaque mate definitivo.

A la muerte de Sánchez Umpiérrez en 1734, su hijo José, también gobernador, debía seguir ostentando el título de Coronel por derecho sucesorio, pero el Señor protestó vehementemente exigiendo tal cargo para sí mismo.

En medio de esta lucha por el poder, Inglaterra declaró la guerra a España en 1739. Las consecuencias no tardarían en hacerse sentir. El primer golpe sufrido fue el bloqueo por parte de los corsarios ingleses de la vía comercial hacia las Indias a su paso por las Islas Canarias, sin encontrar gran oposición en la contienda debido al escaso armamento de los canarios, que apenas disponían de piedras, arcos, flechas y viejos puñales.

Los Majoreros vieron impotentes en varias ocasiones como sus barcos de aprovisionamiento procedentes de Gran Canaria, eran capturados y saqueados por los ingleses en las bahías de Fuerteventura. En octubre de 1740, bajo el mando de Don José Sánchez Dumpiérrez - quien antepuso la D al apellido paterno -, tendrían la oportunidad de resarcirse de sus penurias demostrando su verdadero heroísmo. Sin más armamento que unos cuantos puñales oxidados, pero con valor y astucia aldeana, lograron imponerse en la famosa batalla del Cuchillete y, más tarde, en el Llano de la Florida, cerca de la montaña de Tamasite. La orgullosa victoria de la batalla del Cuchillete permanece en el recuerdo de los Majoreros; cada octubre durante la festividad de San Miguel, los habitantes de Tuineje rememoran el ataque de los ingleses con una espectacular representación teatral al aire libre.

Y así lo cuentan los historiadores:

El 12 de octubre de 1740, 53 corsarios armados a la sazón desembarcaron sigilosamente en Gran Tarajal durante la noche, creyendo no encontrar dificultad alguna. Marcharon en la oscuridad hasta Tuineje tomando varios prisioneros en su camino y saquearon la iglesia. Los habitantes, sorprendidos, lograron informar a las autoridades y, al amanecer, apareció en el horizonte el Gobernador Don José Sánchez Dumpiérrez trayendo consigo dos regimientos milicianos. Los ingleses, asustados por la inesperada resistencia, emprendieron la

Blick auf das Tal Valle de Sta. Inés
Vista al Valle de Sta. Inés

Obrigkeiten informieren können, und im Morgengrauen tauchte der Gouverneur Jóseph Sanchez Dumpierrez mit zwei Milizregimentern am Horizont auf.

Die Engländer, erschrocken über den unerwarteten Widerstand, entschlossen sich zur Flucht. Doch die Majoreros, keineswegs gewillt, den Feind ungeschoren davonkommen zu lassen, schnitten ihnen bei der Anhöhe El Cuchillete den Weg ab. Sie versprachen den Korsaren die Freiheit im Austausch zu den Gefangenen und ihren Waffen. Letzteres wurde als inakzeptabel zurückgewiesen. Zwar gaben die Engländer die Gefangenen frei, doch dann rüstete man sich zum Kampf.

Ihrer Übermacht gewiß, erwarteten die Piraten mit dem Gewehr im Anschlag die unbewaffneten Angreifer, dreiundvierzig an der Zahl. Um so erstaunter waren sie, als ihre erste Gewehrsalve eine Herde Kamele traf, die die Majoreros ins Schußfeld getrieben hatten (damals gab es noch keinen Tierschutzverein.)

Diesen Moment der Verblüffung nutzte Gouverneur Sanchez Dumpierrez aus. Als einziger mit einem Pferd und einer Lanze ausgerüstet, stürzte er sich, seinen Leuten voran, mit einem Schlachtruf ins Getümmel. Trotz mangelnder Waffen legten die Majoreros einen derartigen Kampfgeist an den Tag, daß sich die Engländer ihrem wilden Angriff ergeben mußten. Die Hälfte der Korsaren lag tot auf dem Feld, aber die Majoreros verzeichneten nur vier Tote, zwei Schwerverletzte und zwölf Leichtverletzte, von denen einer bereits das achtzigste Lebensjahr überschritten hatte.

Vergessen waren für kurze Zeit Hunger und Ausbeutertum. Mit Hilfe von Gott und dem Gouverneur verteidigten sie die karge Erde ihrer Insel mit der gleichen Vehemenz, wie andere ein ganzes Königreich.

Die Beute aus Luftgewehren, Säbeln und Pistolen blieb während des nächsten Jahrhunderts der Stolz und wahrscheinlich die gesamte militärische Ausrüstung der Regimenter.

So in ihrem Patriotismus bestärkt, war es den Majoreros ein leichtes, das nächste Korsarenschiff, das Gran Tarajal am 24. November 1740 erreichte, gebührend zu empfangen.

Der Gouverneur betonte in seinem Bericht an den *Capitán General* später, daß auch der Sieg im Llano de Florida, nur auf den Todesmut seiner Leute zurückzuführen sei, die selbst die Kraft für einen zehnfachen Feind aufgebracht hätten. Bescheiden fügte er hinzu, daß natürlich ohne Gottes Fügung die Schlacht nicht glücklich hätte enden können. Die Niederlage der Engländer wäre ihre verdiente Strafe für die Plünderung der Kirche von Tuineje und die Mißhandlung des heiligen Michael gewesen (sie hatten der Holzfigur einen Arm abgebrochen).

Die Ernennung zum *Coronel* für Jóse Sanchez Dumpierrez war nach dieser Verteidigung des Vaterlandes unumgänglich. Leider verstarb er

huida, pero los Majoreros no tenían la intención de dejarles escapar sin más y lograron cerrarles el paso en las proximidades de la cuesta de El Cuchillete, prometiéndoles la libertad a cambio de los prisioneros y sus armas. La generosa oferta fue rechazada calificándola de inaceptable; pusieron en libertad a los prisioneros y se prepararon para la batalla seguros de su superioridad. Los piratas se dispusieron para la batalla apuntando sus fusiles contra los atacantes desarmados, recibiendo una gran sorpresa cuando su primera salva fue a dar en una manada de camellos que los Majoreros hicieron embestir tras conducirla al campo de batalla. El Gobernador Sánchez Dumpiérrez aprovechó la perplejidad creada en el enemigo, y como era el único hombre armado con un caballo y una lanza, se adelantó a sus hombres hacia la batalla tras lanzar el grito de guerra. A pesar de la falta de armas, el espíritu de lucha manifestado por los 43 Majoreros obligó a los ingleses a rendirse, si bien en ese momento ya la mitad de los corsarios yacían muertos en el campo de batalla mientras que las bajas entre los Majoreros eran de cuatro muertos, dos heridos graves y doce heridos leves, de los cuales uno ya había cumplido los ochenta años. Durante un breve lapso de tiempo después de su victoria **se** olvidaron del hambre y la explotación. Con ayuda de Dios y del Gobernador defendieron la árida tierra de su isla con igual vehemencia con la que otros defenderían todo un Reino. El botín de armas de fuego y sables sería el orgullo y todo el equipamiento militar de los regimientos durante el siglo siguiente.

Fortalecidos en su patriotismo, a los Majoreros no les resultó nada difícil recibir debidamente el siguiente barco corsario que llegó a Gran Tarajal el día 24 de noviembre de 1740. Tras la nueva victoria en el Llano de Florida, el Gobernador haría especial hincapié en el informe redactado para el Capitán General en que tal logro había sido posible tan sólo porque sus hombres desafiaban la muerte, añadiendo que hubieran tenido fuerza suficiente para combatir un enemigo diez veces más numeroso; en un acto de modestia daba a la providencia divina la última responsabilidad en tan favorable desenlace, haciendo de la derrota de los ingleses el merecido castigo por saquear la iglesia de Tuineje y por los malos tratos con los que habían vejado a San Miguel arrancándole un brazo a la estatua de madera.

Después de haber realizado tal defensa de la patria, el nombramiento como Coronel de Don José Sánchez Dumpiérrez fue inevitable, aunque desgraciadamente murió sólo dos años más tarde. El Rey Felipe V a partir de ese momento no dejaría nunca más al azar las luchas de poder en Fuerteventura. Tras nombrar nuevo Coronel a Don Melchor Cabrera Bethencourt, destacado también por su demostra-

schon zwei Jahre später, aber König Felipe V. überließ die Angelegenheit von nun an nicht mehr dem Zufall. Er ernannte Don Melchor Cabrera Bethencourt, der sich in diesen berühmt gewordenen Schlachten ebenfalls durch besonderen Mut ausgezeichnet hatte, zum neuen *Coronel* und vergab der Familie Cabrera das Erbrecht für diesen Titel.

Dem *Señor*, Fernando Matías Saavedra, ließ der König ausrichten, daß die Ausübung seiner militärischen Titel an seine Anwesenheit auf Fuerteventura gebunden sei. Er solle dem nachkommen, anstatt die Kompetenz anderer anzuzweifeln, die nur darauf bedacht wären, ihre Pflichten zu erfüllen. Klarer ging's wohl kaum.

Der neue „König» - der Coronel.

Das Jahrhundert der *Coroneles* hatte begonnen. Die Familien Cabrera Bethencourt und Dumpierrez vereinten durch die entsprechenden Heiraten den Besitz der nördlichen Ländereien der Cabrera Bethencourts mit den südlichen Besitztümern der Dumpierrez' aus Pájara. Die wirtschaftliche Potenz des Großgrundbesitzers verband sich mit der militärischen Macht über die Insel, und der *Coronel* wurde zum wahren *Señor* Fuerteventuras.

Der Sitz der *Coroneles* lag in dem Dorf La Oliva. Im Laufe des 18. Jahrhunderts verlor Betancuria daher immer mehr an Wichtigkeit. Schließlich wohnten 1793 in Betancuria nur noch so wenige Menschen, daß während bei der einst so berühmten Feier des „San Buenaventura" es nicht einmal genug Personen gab, um den Heiligen während der Prozession durchs Dorf zu tragen.

Neue Kirchengemeinden wurden gegründet, und es entstanden größere Ansiedlungen in Antigua, La Oliva, Tetír und Pájara. Dort wurden auch *pósitos* und öffentliche Fleischereien eingerichtet, die das Volk gemeinsam versorgen mußte. Die *pósitos* waren Kornspeicher, in denen bei guten Ernten Überschüsse gelagert werden sollten, damit in Zeiten der Hungersnöte eine Rücklage vorhanden war. Dieses System funktionierte mehr schlecht als recht, denn kaum jemand wollte darauf verzichten, seine Überschüsse nicht auswärts teuer zu verkaufen.

Die wichtigsten Häfen waren Tóston (das wir heute als El Cotillo kennen), Caleta de Fuste und Puerto de la Peña an der Westküste. Es existierten seinerzeit keinerlei Hafenanlagen, außer einem Häuschen, in dem ein Ratsherr im Auftrag des *Cabildos* saß, der die ein- und auslaufenden Schiffe auf ihre Lizenzen und Steuern hin prüfte. Immerhin hatte man 1743, nach den Angriffen der Engländer, die beiden Wehrtürme in Tóston und Caleta de Fuste gebaut. Sie sind die einzigen Befestigungsanlagen, die innerhalb von vierhundert Jahren mit dem Geld der *quintos* errichtet wurden.

ción de valor en las famosas batallas, concedió a la familia Cabrera los derechos sucesorios del título. Hizo así mismo un llamamiento al orden al Señor, Don Fernando Matías Saavedra, requiriéndole no sólo para que atendiera las obligaciones de sus títulos militares, sino también para que lo hiciera de cuerpo presente en Fuerteventura, instándole así mismo a no molestar ni dudar de la competencia de aquellos que sólo cumplían con su deber.

El nuevo "Rey": El Coronel.

Con la tajante intervención de Felipe V empezó el siglo de los Coroneles. Las familias Cabrera Bethencourt y Dumpiérrez unieron, mediante arreglos nupciales de sus descendientes, las propiedades de septentrionales de los Cabrera Bethencourt con las meridionales de los Dumpiérrez de Pájara. La potencia económica del terrateniente se juntaba con el poder militar haciendo así del Coronel el verdadero Señor de Fuerteventura.

La sede del Coronel se encontraba en La Oliva, por lo que en el transcurso del siglo XVIII Betancuria iría perdiendo progresivamente su importancia; en 1793 la población era tan escasa que en la festividad de San Buenaventura, tan célebre en otros tiempos, durante la procesión no hubo personas suficientes para sacar el Santo en procesión por el pueblo.

Se fundaron nuevas parroquias, creándose pueblos de mayor tamaño en Antigua, La Oliva, Tetir y Pájara. Allí se establecerían los positos y carnicerías públicas para el abastecimiento del pueblo. Los positos eran graneros destinados al almacenamiento de los excedentes de las buenas cosechas para reserva en tiempos de hambruna. Este sistema funcionó con más pena que gloria porque nadie renunció a vender sus excedentes fuera de la isla y a buen precio.

Los puertos más importantes eran Tostón (hoy conocido como El Cotillo), Caleta de Fuste y Puerto de la Peña, en la costa oeste. En aquel entonces se carecía por completo de cualquier tipo de instalación portuaria, a excepción de una caseta en la que vigilaba un concejal por orden del Cabildo, comprobando las licencias e impuestos de los barcos que arribaban y zarpaban. En 1743, después de los ataques de los ingleses, se habían construido las dos torres de defensa en Tostón y Caleta de Fuste; representan las únicas instalaciones de defensa construidas en 400 años con el dinero de los quintos.

Landschaft bei Las Floridas
Paisaje cerca de Las Floridas

Anfang des 18. Jahrhunderts kam außerdem der Handel mit der *barilla*, dem Salzkraut, auf. In Europa war es in Fabriken für die Herstellung von Seife, Glas und Tinte gefragt, sowie in der Chemie für die Pharmaproduktion. Das Kraut wurde auf den Feldern abgebrannt, denn man exportierte lediglich seine Asche. Mit dem *barilla*-Handel gelangte endlich Geld als Tauschmittel auf die Insel.

Aber erneut kam es zu lang anhaltenden Hungersnöten. 1771 gab es nach mehreren „schlechten Jahren" kaum noch Vieh. Man aß alles, was sich bewegte, und das Abbrennen des *cosco*, einer Variante des Salzkrauts, wurde wieder verboten, weil die Pflanze als *gofio*-Ersatz für die Ärmsten gebraucht wurde. Auf der Nachbarinsel Lanzarote kam es außerdem zu Vulkanausbrüchen und Erdbeben. Dies hatte die Flucht der dortigen Bevölkerung nach Fuerteventura zur Folge, und so gab es für noch mehr Menschen immer weniger zu essen. Als die Ernten dann endlich wieder Erträge versprachen, fiel zu guter Letzt eine Heuschreckenplage über die Insel her und vernichtete alles.

In vielen Reiseberichten über Fuerteventura beschreiben seine Besucher immer wieder entsetzt den Anblick von Millionen von Heuschrecken, die von der afrikanischen Wüste herüber, in schwarzen Wolken, auf die Insel zukamen. Was zunächst wie ein nahendes Unwetter aussah, das die Sonne verdunkelte, entpuppte sich aus der Nähe als das verhaßte Ungeziefer, das über jedes Korn, jeden Strauch und Grashalm, ja, jeden Stein herfiel und, gleich einem beweglichen Teppich, jeden Zentimeter der Insel bedeckte. Innerhalb von zwei, drei Tagen existierte nichts Eßbares mehr! Es gab nur noch das magere Vieh, das nun gänzlich zum Verhungern verurteilt war oder direkt geschlachtet wurde. Viele Monate dauerten die Räumungsarbeiten, um das Land von den Heuschrecken zu befreien. Man zündete mit dem verbliebenen Holz Feuer an, um die Plage zu ersticken oder trieb sie zum Meer hinunter. Es benötigt wohl wenig Phantasie, um sich den desolaten Zustand einer Landschaft nach einer solchen Heimsuchung vorzustellen. Die Konsequenz der Katastrophe war natürlich wieder eine verstärkte Emigration auf die Nachbarinseln, bis der Boden sich halbwegs regeneriert hatte.

Das *Cabildo*, immer in dem Bestreben, so etwas wie eine Infrastruktur aufzubauen, versuchte eine landwirtschaftliche Gesellschaft zum Anbau von Wein, Baumwolle, Beeren, Mandel- und Olivenbäumen zu gründen, aber den Kleinbauern gelang es nicht, das nötige Stammkapital aufzubringen. Man beantragte beim König die Erlaubnis, mit Amerika und Indien zu handeln, jedoch nachdem diese Genehmigung endlich erteilt wurde, scheiterte die Durchführung an dem nötigen Know-how der Antragsteller. Die einzigen „industriellen"

A principios del siglo XVIII surgió además el negocio de la barrilla, vegetal muy solicitado en Europa por las fábricas de jabón, cristal y tinta, así como en la industria química para destino farmacéutico. La hierba se quemaba en los campos y se exportaba sus cenizas. El comercio de la barrilla supuso la llegada del dinero como medio de canje a la isla.

Pero de nuevo el destino hizo llegar las largas y persistentes hambrunas. En 1771, después de varios *años malos*, apenas quedaba ganado. Se comía todo lo que se movía y se prohibió hasta la quema del cosco, una variante de la barrilla requerida para sustituir el gofio para los más pobres. En la vecina isla de Lanzarote se produjeron erupciones volcánicas y terremotos, dando lugar a la huida de su población a Fuerteventura, haciendo bueno el dicho de que donde comen dos, tres pasan hambre.

Cuando finalmente las cosechas volvían a prometer ganancias y parecía acercarse el fin de tanta penuria, una plaga de langostas se abalanzó sobre la isla destruyendo todo a su paso. No faltaron visitantes horrorizados que describieron en sus diarios de viaje el espectáculo de millones de langostas acercándose a la isla, formando oscuras nubes, procedentes del desierto africano. Lo que parecía ser una tormenta acercándose y oscureciendo el sol, resultaba ser la bíblica plaga lanzándose sobre cualquier grano, arbusto o hierba, para cubrir cada centímetro de la isla al igual que una alfombra móvil. En apenas unos días no quedó nada comestible a excepción del flaco ganado condenado ahora a morir de hambre o a ser directamente sacrificado. Los trabajos de exterminio de las langostas para volver a hacer productiva la tierra durarían interminables meses. Se encendían fuegos con la leña que quedaba para sofocar la plaga o hacerlas avanzar hacia el mar. No se requiere demasiada fantasía para imaginar el desolador estado del paisaje después de tal plaga. La consecuencia de la catástrofe volvía a ser, por supuesto, la emigración hacia las islas vecinas, hasta que el suelo se regenerase lo suficiente para volver a trabajarlo.

El Cabildo, en su esfuerzo por crear infraestructuras, trató de fundar una sociedad agrícola para el cultivo de vino, algodón, bayas, almendros y olivos, pero los pequeños agricultores no lograron reunir el capital social necesario. Se solicitó del Rey el permiso para comerciar con América y la India, pero a pesar de obtener tal permiso la comercialización fracasó por la carencia de infraestructuras. Las únicas instalaciones "industriales" de la isla consistían en las eras donde se trillaba la paja, los molinos de viento para moler grano y los hornos de cal. Entretanto el Coronel de Fuerteventura no dudó en exigir fríamente al Capitán General de Gran Canaria el permiso para exportar grano sin licencia.

Einrichtungen der Insel waren die Tennen, wo das Stroh gedroschen wurde, die Kornmühlen und Kalköfen. In der Zwischenzeit forderte der *Coronel* von Fuerteventura ungerührt vom *Capitán General* auf Gran Canaria eine lizenzfreie Kornausfuhr.

Es gab immer noch keine Schulen, und die Verbindung unter den Dörfern war denkbar schlecht, denn es existierten keine befestigten Wege. Nach Regenfällen mußte jedes Dorf seine Piste wieder reparieren.

Die medizinische Versorgung bestand aus den Ratschlägen von Heilern und Ritualen des Aberglaubens. Einmal erwog ein Arzt aus Gran Canaria, sich auf Fuerteventura niederzulassen, wenn man ihm ein festes jährliches Gehalt zahlen würde. Die Antwort des *Cabildos* war deutlich. Er könne gern kommen und versuchen, ob sein Geschäft ihm etwas einbrächte, im voraus würde man ihm jedoch nichts zahlen. Als 1787 der *Capitán General* ein Buch schickte mit dem Titel „Die medizinische Geschichte der Elephantiasis und ihre Unterschiede zur Lepra, mit Neuigkeiten über den Skorbut, das Feuer des heiligen Antonio, die Pest und andere Leiden", wußte daher niemand etwas damit anzufangen. Wunderbarerweise blieb die Insel jedoch von schweren Krankheiten und Epidemien verschont, selbst wenn die Pest auf den Nachbarinseln herrschte.

Bis 1808 die Konsequenzen der politischen Veränderungen in Spanien auch auf den Kanaren zu spüren waren, blieb die Macht des *Coronels* ungebrochen. Es war auch nicht weiter verwunderlich, daß die Bemühungen des *Cabildos*, die Volksversorgung abzusichern, immer wieder scheiterten, so lange der *Coronel* und seine Familie den größten Teil aller militärischen und administrativen Posten besetzten. Diese hatten natürlich keinerlei Interesse daran, daß außer ihnen noch jemand die Kontrolle über den jetzt aufblühenden Außenhandel gewann. Wenn die Menschen mal wieder nicht genug zu essen hatten, und der Insel die Entvölkerung drohte, spendete der *Coronel* großzügig das Lebensminimum, damit alles wieder seinen gewohnten Gang nehmen konnte.

Der mächtigste und reichste aller *Coroneles* war Agustín Cabrera Bethencourt Dumpierrez (1743-1828). Er verfügte nicht nur über enge Handelsbeziehungen mit Gran Canaria und Teneriffa, sondern besaß sogar einen Korrespondenten in England, der ihn über Korn- und Salzkrautpreise informiert hielt. Don Agustín war so reich, daß er den Condes de Santa Coloma, den letzten *Señores* aus Lanzarote, Geld lieh und ihnen später dafür einen Teil Jandías konfiszierte. Er machte dem König großzügige Spenden für die Erhaltung des spanischen Heeres und die Kriegsführung. Als Zeichen seiner christlichen Nächstenliebe ließ er es

Aún no había escuelas y la comunicación entre las distintas localidades era pésima por la ausencia de firme en los caminos. La llegada de lluvias venía seguida indefectiblemente por la reparación de las pistas de interés. La asistencia médica se limitaba a los consejos de los curanderos y las supercherías rituales. En cierta ocasión un médico de Gran Canaria trató de establecerse en Fuerteventura con la condición de obtener un salario fijo anual; el Cabildo respondió a su oferta negando cualquier pago por adelantado, instándole a que intentara ejercer su labor en base a sus ganancias, algo que nunca llegaría a suceder. Cuando en 1787 el Capitán General envió a la isla el libro titulado *"La historia médica de la elefancía y sus diferencias respecto a la lepra, con novedades sobre el escorbuto, el fuego de San Antonio, la peste y otras dolencias"*, nadie sabía qué hacer con él. A pesar de tal carencia la isla quedaba milagrosamente libre de enfermedades graves y epidemias, incluso cuando la peste hacía estragos en las islas vecinas.

En 1808 las consecuencias de los cambios políticos en España empezaron a notarse también en Canarias, y hasta ese momento el poder del Coronel continuó siendo inquebrantable. No era de extrañar que los esfuerzos cabildicios para asegurar el aprovisionamiento del pueblo fracasaran una y otra vez mientras el Coronel y su familia detentaban la mayor parte de los puestos militares y administrativos; no tenían ningún interés en que nadie más que ellos controlara el comercio exterior ahora en auge. Cuando el pueblo volvía a sumirse en la desgracia por una nueva hambruna y la despoblación de la isla se hacía inminente, el Coronel donaba generosamente lo indispensable para vivir, logrando así que todo volviera a seguir su curso habitual.

El más poderoso y rico de todos los Coroneles fue Don Agustín Cabrera Bethencourt Dumpiérrez (1743 - 1828). Disponía no sólo de estrechas relaciones comerciales con Gran Canaria y Tenerife sino incluso de su propio corresponsal en Inglaterra para mantenerse informado sobre los precios del grano y la barrilla. Su riqueza le permitió prestar dinero a los Condes de Santa Coloma, últimos Señores de Lanzarote, deuda que se saldaría más tarde con la confiscación una parte de Jandía. Hizo generosas donaciones al Rey para la manutención del ejército español y la financiación de las guerras. Como señal de su caridad cristiana insistió en fundar un asilo en Fuerteventura además de donaciones para la construcción o la ampliación de iglesias, como en el caso de la Iglesia de La Oliva. Los terratenientes, como antes los Señores, creían asegurarse así un lugar en el cielo.

Landschaft bei Casillas de Morales

Paisaje cerca de Casillas de Morales

sich nicht nehmen, auf Fuerteventura ein Armenhaus zu gründen, ganz abgesehen von den Spenden zum Bau oder zur Vergrößerung eines Gotteshauses wie zum Beispiel in La Oliva. Ähnlich wie die *Señores* glaubten die Großgrundbesitzer, sich damit einen Platz im Himmel zu sichern.

Don Agustín war zudem besonders darin spezialisiert, Geld zu verleihen, um es später, mit überhöhten Zinsen, zurückzufordern. Im Namen des *Señor*s trieb er gnadenlos die *quintos* ein. Während seiner „Regierungszeit" verschwand der Kleinbauer auf Fuerteventura fast vollständig.

So wie sein Vater Gines und sein Großvater Melchor heiratete auch Don Agustín eine Kusine, und zwar Doña Maria Magdalena Cabrera Cabrera, deren Mitgift seine Ländereien beträchtlich vergrößerte. Unglücklicherweise starb Doña Maria mit neunzehn Jahren im Kindbett. Don Agustín heiratete nie wieder. Seine Tochter Sebastina vermählte er mit Francisco Manrique de Lara, Sprößling einer der einflußreichsten und wohlhabendsten Familien aus Gran Canaria.

Agustín Cabrera beherrschte zweiundfünfzig Jahre lang als *Coronel* Fuerteventura und gab den Titel erst bei seinem Tod an den Schwiegersohn ab.

Die „Casa de los *Coroneles*" in La Oliva steht seit Anfang dieses Jahrhunderts leer. Sie wartet heute auf den Beginn eines neuen Renovierungsprojektes, um danach dem Tourismus zugeführt zu werden. Die kanarische Regierung hat das Haus den letzten Erben der *Coronels* vor einigen Jahren abgekauft. Noch träumt es von vergangenen Zeiten, in denen seine unzähligen Salons und Schlafzimmer ein Heer von Familienangehörigen und Angestellten aufnehmen konnten. Ein Ziegenhirte bewacht die große Eingangstür, die nach dem letzten Renovierungsversuch nun wieder verschlossen ist. Jetzt wohnen im Innern der leeren Räume nur die Tauben.

Das Anwesen besaß einen Stall für Kutschen und sogar eine eigene kleine Kapelle. Umgeben von Wirtschaftshäusern und Viehställen im Trockensteinbau, gleicht das Gebäude einer Festung. Nur die Kirche von La Oliva und ein ehemaliges *posito* teilen sein Alter. Man erzählt, daß sich während der winterlichen Regenfälle in den weiten Ebenen Richtung Tindaya ein großer und tiefer See bildete, so daß die Bewohner des Hauses ein kleines Boot benutzen mußten, um auf die andere Seite zu gelangen. Wenn man heute die trockene Umgebung anschaut, kann man sich das nur schwer vorstellen, aber bis vor kurzem lag das Boot noch in einem der Abstellräume.

Jedes Zimmer im Haus ist mit einem oder mehreren großen Holzfenstern ausgestattet. Die im zweiten Stockwerk an der Vorderfront gelegenen, zierten einst wunderschöne Holzbalkone. Sie sollen bei Nacht

Don Agustín es recordado también por sus usureras prácticas de prestamista y los exorbitantes intereses que exigía, además de por la manera en que reclamaba los quintos en nombre del Señor sin ningún tipo de piedad; tal fue la presión económica ejercida durante su período de "gobierno", que el pequeño agricultor de Fuerteventura casi se extinguió por completo.

Al igual que su padre Don Ginés y su abuelo Don Melchor, también él se casó con una prima para aumentar con la dote sus dominios. Su mujer, Doña María Magdalena Cabrera Cabrera, murió a los 19 años víctima de la fiebre puerperal, tras lo cual nunca más volvería a contraer matrimonio. Su hija Doña Sebastiana se casó con Don Francisco Manrique de Lara, vástago de una de las familias más influyentes y acomodadas de Gran Canaria. Don Agustín ejerció su cargo de Coronel durante 52 años y no entregó su título al yerno hasta fallecer.

La *Casa de los Coroneles* en La Oliva está vacía desde principios de este siglo. Hoy en día se encuentra a la espera de un proyecto de reforma que mejore su interés turístico, para lo cual el Gobierno Canario compró la casa a los últimos herederos de los Coroneles hace unos años. Al visitarla en nuestros días es posible, a pesar del ruinoso estado en que se encuentra, fantasear con los tiempos en que sus innumerables habitaciones y salones albergaban un sinfín de familiares y criados. Un pastor de cabras hace guardia en la cercanías del portalón de entrada que permanece cerrado después del último intento de reforma, mientras sus únicos habitantes son un grupo de palomas.

La finca disponía de un establo para las carrozas y hasta de su propia capilla; rodeado de edificios de explotación y corrales de piedras secas para el ganado, la construcción principal se asemeja a una fortaleza. Tan solo la iglesia de La Oliva y un posito antiguo comparten su edad. Se cuenta que durante las lluvias invernales, en las amplias llanuras situadas en dirección a Tindaya, se formaba un gran lago que obligaba a los habitantes de la casa a utilizar una pequeña embarcación para llegar al otro lado. Al dirigir hoy en día nuestra mirada hacia los secos alrededores es difícil imaginarse tal escena, pero hasta hace bien poco el barco se encontraba en uno de los almacenes.

Cada habitación dispone al menos de una gran ventana de madera, siendo las situadas en el frente del segundo piso las que disponían de maravillosos balcones de madera hoy desaparecidos, según se cuenta, clandestinamente. Entre los dichos populares sobre la casa, destaca aquel que la atribuye tantas ventanas como días tiene el año.

und Nebel verschwunden sein. Man sagt, daß das Haus so viele Fenster besitzt, wie das Jahr Tage hat.

Die vielen Räumlichkeiten umschließen einen quadratischen Innenhof, in dessen Mitte ein großer Vogelkäfig steht. Die Zimmer des zweiten Stockwerks sind durch eine hölzerne Galerie zugänglich, die über dem Innenhof zu schweben scheint und nur durch Pfeiler abgestützt wird.

Das Gebäude ist im Kolonialstil gehalten, aber man findet genauso gotisch angehauchte Bögen, wie barocke Holzverschnörkelungen. Jegliches Steinmaterial der Insel ist vorhanden. Die große Eingangstür umrahmen mächtige Quader aus dunklem Basalt. Kaum eine Mauer ist weniger als einen Meter dick. Unter dem Kalk kann man in einigen Wänden den Trockenstein hervorvorschimmern sehen. Der Treppenaufgang zur Galerie wurde aus Trachyt hergestellt, dem Stein des Berges von Tindaya. Kein Wunder, daß der Trachyt so begehrt ist: Die rund zweihundertfünfzig Jahre ihres Bestehens sieht man den Treppenstufen nicht an. Die Decken sind aus Kienholz und gehören zu den wenigen renovierten Teilen des Hauses. Man muß den Bauleuten zu jener Zeit Respekt zollen, die ein solches Haus mit den geringen Mitteln, die der Insel damals zur Verfügung standen, errichtet haben. Es wurde nirgendwo festgehalten, über wieviel Jahre sein Bau sich hingezogen hat.

Bei einem Besuch gehe ich durch leere Eßzimmer mit großen Wandschränken und riesigen Vorratskammern. Ich frage mich, wie die Familien der *Coroneles* hier wohl gelebt haben?

Ein englischer Besucher.

Dem Tagebuch des englischen Reisenden George Glas verdanken die Historiker eine der detailliertesten Beschreibungen des Charakters und der Lebensweise der reichen sowie armen Einwohner Fuerteventuras des 18. Jahrhunderts. Außerdem einen Bericht über das Zusammentreffen mit den mächtigsten Männern der Insel: *Coronel* Gines de Cabrera und seinem Sohn Agustín Cabrera. Beide waren bei Glas' Besuch bereits Witwer. Zwei Jahre später sollte Agustín den Titel des *Coronels* übernehmen.

Aus dem Tagebuch geht hervor, daß Glas 1764 an der Ostküste in Caleta de Fuste ankerte. Der *Coronel* wurde sofort über die Ankunft des ausländischen Besuchers verständigt. Glas erhielt die Aufforderung, sich umgehend in La Oliva zu präsentieren.

In einer Tagesreise wurde er auf dem Rücken eines Esels zur „Casa de los *Coroneles*" gebracht, wo ihn Gines de Cabrera und sein Sohn Agustín in dem großen Empfangsalon ihres Hauses respektvoll

Las múltiples habitaciones y salones están construidos alrededor de un patio cuadrado en cuyo centro se halla una gran jaula pajarera. A las habitaciones de la segunda planta se accede por una galería de madera que parece flotar sobre el patio apoyándose tan solo en pilares. Aunque la construcción es de estilo colonial, posee arcos de estilo gótico y floreos barrocos de madera. Todos los materiales pétreos de la isla están representados; enormes cuadros de basalto oscuro enmarcan el gran portal de entrada, y no hay muros cuyo espesor sea inferior a un metro, pudiéndose ver la piedra seca en alguna de sus paredes por debajo de la cal. La escalera que lleva a la galería se construyó con traquita, la piedra que se extrae de la montaña de Tindaya; no es de extrañar que este material sea tan preciado pues, a pesar de sus 250 años de existencia, los escalones no parecen haber sufrido el paso del tiempo. Los techos son de madera resinosa y pertenecen a las pocas partes reformadas de la casa. Especial tributo merecen los constructores de aquellos tiempos, capaces de levantar tal palacio con los escasos medios de los que disponía la isla antiguamente. Por desgracia no ha quedado constancia documental de los años que fueron necesarios para su construcción.

Visitando la casa y paseando por los comedores ahora vacíos, con sus grandes despensas y armarios empotrados, no es posible dejar de preguntarse cómo habrán vivido en este lugar las familias de los Coroneles.

Un visitante inglés.

El diario del viajero inglés George Glas ha proporcionado a los historiadores una de las más detalladas descripciones sobre el carácter y el modo de vida de las gentes de Fuerteventura del siglo XVIII. Contiene además un relato sobre su encuentro con los hombres más poderosos de aquel tiempo, el Coronel Don Ginés Cabrera y su hijo Don Agustín. Cuando Glas los visitó ya ambos habían enviudado, y aún habrían de transcurrir dos años para que el título del Coronel fuera regentado por Don Agustín. Glas fondeó en Caleta de Fuste en 1764, siendo informado inmediatamente el Coronel de la llegada del visitante extranjero y ordenándole su inmediata presentación en La Oliva.

Realizó el viaje en un día, siendo transportado a lomos de un burro hasta la Casa de los Coroneles donde Don Ginés y su sucesor le brindaron respetuoso recibimiento en la gran sala de recepciones. Fue

begrüßten. Man lud ihn nur zu einem kargen Mahl ein, das aus einer Suppe aus Brühe, Öl, Essig, Paprika, Zwiebeln und Brotstreifen bestand, begleitet von drei gekochten Eiern und Wein. Glas bemerkte im Hintergrund mehrere Frauen, die jedoch sofort verschwanden, als sie sich entdeckt fühlten. Interessiert erkundigte sich Don Gines nach der Herkunft des Engländers und seinen weiteren Reiseplänen. Nach dem Austausch der ersten Höflichkeiten verlangte er Auskunft über die religiöse Überzeugung seines Gastes. Mit Entsetzen stellte er fest, daß der Engländer Protestant war. Daraus entwickelte sich eine heftige Diskussion über die katholische Kirche.

Glas behauptete, daß ein wahrhaft Gläubiger, der sich nach dem Neuen Testament richte, in seinem Leben zweifellos zu gewissen Entsagungen bereit sein sollte. Im Gegensatz dazu habe er festgestellt, daß gerade derjenige, der in Spanien zu Ansehen und Reichtum kommen wolle, eine Mitgliedschaft in der römisch-katholischen Kirche nachweisen müsse.

Dieses Argument wurde von Don Agustín nicht widerlegt, sondern einfach ignoriert. Er stellte Glas in Aussicht, daß ein frommer Pater seiner Wahl es mit der Zeit sicherlich schaffen könnte, ihn von seinem Irrglauben zu befreien.

Im Anschluß an das Gespräch zeigte der *Coronel* dem Engländer die an den Wänden dekorierten verrosteten Säbel und Musketen. Ob es in England auch so wertvolle Waffen gäbe, fragte er Glas.

Schließlich wurde der Besucher entlassen, der seinen Rückweg auf dem Esel zur Ostküste antrat.

Aber George Glas war nicht nur beim *Coronel* zu Gast. Während seines nächsten Besuches hielt er sich im Haus des *Alcalde Mayor* in Betancuria auf. Dort wurde er üppig mit gebratenen Hühnern, Brot und Wein bewirtet. Aber wieder sind, außer den Dienstmädchen, keine Frauen anwesend.

Bei einem reichen Bauern jedoch versammelte sich nach dem Essen das ganze Dorf um den Reisenden und stellte ihm unzählige Fragen, die, wie er bemerkte, von einer großen Unkenntnis über England und das spanische Festland zeugten.

Glas stellte erstaunt fest, daß selbst reiche Leute es als unnötig und lästig empfanden, die Insel zu verlassen. Trotz aller Neugier gegenüber auswärtigen Besuchern verspürte der Majorero keinerlei Reiselust. Diese Haltung findet sich in dem Vers eines Volksliedes wieder:

Tengo un pedazo de gavia
Con la que el gofio aseguro;
Cuatro hairas me dan baifos
A mi !que me importa el mundo!

invitado a una frugal comida consistente en una sopa de caldo, aceite, vinagre, pimiento, cebolla y rebanadas de pan, acompañada de tres huevos sancochados y vino. Glas se percató de la presencia de varias mujeres en el fondo del salón, que desaparecieron al ser descubiertas. Con gran interés Don Ginés le interrogó sobre su procedencia y demás planes de viaje, llegando a exigirle información sobre sus convicciones religiosas después de intercambiar las primeras cortesías; espantado por la confesión protestante de su invitado, surgió una apasionada discusión sobre la iglesia católica. Glas afirmaba que un verdadero creyente, guiándose por el Nuevo Testamento, había de estar dispuesto a renunciar a ciertas cosas durante su vida, pero que, muy al contrario, había comprobado que en España las personas con pretensiones de prestigio y riqueza, tenían que acreditar su pertenencia a la iglesia católica apostólica romana. Don Agustín no desmintió su argumento, pasándolo simplemente por alto, pero le encomendó para que, con el tiempo, algún Padre piadoso lograra liberarlo de su heterodoxia.

Tras esta conversación, el Coronel mostró al inglés los sables y mosquetes oxidados, colgados en las paredes, preguntándole si en Inglaterra existían también armas tan valiosas. Finalmente fue despedido, pudiendo emprender su viaje de vuelta a la costa este en burro.

Pero George Glas no solo estaba invitado a la casa del Coronel. Durante su siguiente visita permanecería en casa del Alcalde Mayor en Betancuria, siendo invitado a una opulenta comida basándose en pollos fritos, pan y vino. Una vez más no pudo constatar la presencia de más mujeres que las criadas. En otra visita a la casa de un rico campesino, todo el pueblo se reunió en torno al viajero para hacerle un sinnúmero de preguntas que se revelaron como un profundo testigo de la ignorancia existente sobre Inglaterra y sobre la propia península ibérica. Glas notó asombrado como incluso la gente rica consideraba innecesario y molesto abandonar la isla. A pesar de toda su curiosidad frente a los visitantes el majorero no sentía ningún deseo de viajar, actitud que ha llegado hasta nuestros días reflejada en estos versos de una canción popular:

Tengo un pedazo de gavia
Con la que el gofio aseguro;
Cuatro hairas me dan baifos
A mí ¡qué me importa el mundo!

Dem Sinn nach übersetzt bedeutet es, wer im Besitz einer *gavia* war, die den *gofio* sicherte und vier Ziegen sein eigen nannte, die ihm Zicklein gebaren, den scherte der Rest der Welt wenig. Kam jetzt noch ein Kamel oder Esel dazu, dann handelte es sich schon um einen wohlhabenden Mann, denn er mußte nicht zu Fuß gehen.

Wenn es im Winter nur ein Minimum von Niederschlägen gab, harrte der Majorero auf seinem Stück Land aus, und zwar so lange, bis es keine Hoffnung mehr gab, daß er seine Familie davon ernähren konnte. Dann, und nur dann, entschloß er sich zu einer befristeten Emigration auf eine der benachbarten Inseln, an die afrikanische Küste oder nach Kuba. Bei den ersten Regenmeldungen saß er schon wieder auf dem nächsten Schiff Richtung Fuerteventura.

Der Grund für dieses Festhalten an einem in seinen Augen armseligen Stück trockener Erde blieb dem Engländer ein Rätsel.

Das Dorf Tuineje hielt Glas für den ärmsten Ort, den er je gesehen hatte. Wie überall auf der Insel wurde er von den Dorfbewohnern zunächst freundlich empfangen. Auf den Stufen ihrer Hütten sitzend, fragten sie ihn mit großer Neugier und Unwissenheit über die Welt aus, ohne daß er jedoch etwas zu essen oder zu trinken angeboten bekam. Ein Glas Wasser reichte man ihm erst, als er darum bat. Zu seinem Erstaunen gab es inmitten der unbelesenen Menge einen Mann, der ihm Auskünfte über das Leben der Ureinwohner geben konnte und genau über die geographische Lage der Kanaren Bescheid wußte. Aber trotz all seiner bereitwilligen Erzählungen über europäische Sitten mußte Glas, hungrig, auf sein Schiff zurückkehren. Dort berichtete man ihm die verblüffende Geschichte eines jüdischen Besatzungsmitgliedes, das das Dorf noch vor Glas' eigenem Besuch erreicht hatte.

Im Grunde war es dem Matrosen untersagt gewesen, das Schiff zu verlassen, um Schwierigkeiten mit der Inquisition zu vermeiden. Da der Mann über Sprachkenntnisse verfügte, ignorierte er den Befehl und gab sich in Tuineje als Italiener aus. Dies trug ihm den größten Respekt ein, der in Huldigung umschlug, als er behauptete, vom Heiligen Vater selbst gesegnet worden zu sein. Plötzlich stritten sich die Dörfler darum, ihn zu bewirten. Sie zauberten beste Lebensmittel aus ihren Hütten hervor, ohne einen Tribut dafür zu verlangen. Er mußte aber in allen Einzelheiten von seinem Zusammentreffen mit dem höchsten Kirchenoberhaupt berichten. Zweifellos glaubten die Majoreros, daß ein Teil des päpstlichen Segens auch auf sie abfallen würde, wenn sie den Besucher entsprechend respektvoll behandelten.

Der Rest der Mannschaft, die ihn begleitete, ging leer aus. Erst, nachdem sie reichlich Geld dafür geboten hatten, erhielten sie halbwegs annehmbare Lebensmittel.

Cuenta en su relato como quien entonces podía llamar suyo a un camello o un burro, era considerado persona acomodada ya que no tenía que ir a pie; así mismo reflejó con fidelidad el sentimiento tan extendido entre la población, según el cual "mientras en invierno hubiera un mínimo de precipitaciones aguanta en su trozo de tierra hasta que ya no queda ninguna esperanza de poder alimentar su familia con los frutos de su terruño. Entonces, y solo entonces, decide emigrar, durante un tiempo limitado a una de las islas vecinas, a la costa africana o a Cuba, para embarcar de nuevo en el primer barco que zarpe hacia su Fuerteventura al enterarse de la llegada de las primeras lluvias". El inglés no se explicaba la causa por la cual el Majorero se aferraba tanto a un miserable trozo de tierra seca, tal y como él lo veía, permaneciendo tal razón en el mundo de los misterios.

El poblado de Tuineje era para Glas el lugar más pobre que jamás había visto. Como en el resto de localidades de la isla, los vecinos del pueblo le dieron una cordial bienvenida; sentados en los escalones de sus chozas, le preguntaban con gran curiosidad e ignorancia acerca del mundo, pero sin llegar a ofrecerle ni tan siquiera algo de comer o de beber; no recibió ni un vaso de agua hasta que no lo pidió. Ante su asombro, de entre la multitud de analfabetos surgió un hombre que le proporcionó información sobre la vida de los aborígenes y que estaba al corriente de la exacta situación geográfica de Canarias. A pesar de responder a todas las solicitudes de sus oyentes sobre las costumbres europeas, tuvo que regresar a bordo aún hambriento.

Ya en el barco pudo escuchar la sorprendente historia de un miembro de la tripulación que había llegado al poblado algún tiempo antes que Glas; este marinero tenía prohibido abandonar la nave para evitar dificultades con la inquisición debido a su condición de judío, pero como el hombre disponía de conocimientos de idioma, había desobedecido la orden y había llegado hasta Tuineje diciendo ser italiano; tal afirmación había ocasionado gran respeto entre las gentes, transformándose en homenaje al afirmar haber recibido la Santa Bendición del mismísimo Santo Padre. De repente los vecinos del pueblo disputaban sobre quien iba a darle de comer, haciendo aparecer como por encanto los mejores alimentos de sus chozas sin exigir a cambio nada más que el relato detallado de su encuentro con el máximo representante de la iglesia. Sin duda los Majoreros pensaban que una parte de la bendición papal se transmitirá a ellos al tratar al visitante con el debido respeto. Sin embargo, el resto de la tripulación que lo había acompañado se quedó con tanto hambre como llevaba, siendo imposible obtener ningún alimento hasta que no ofrecieron el canje adecuado.

Ampuyenta
Ampuyenta

Glas' Schlußfolgerungen über die Majoreros waren wenig schmeichelhaft. Er bezeichnete sie als geizig, ignorant und grob, auch wenn sie sich noch so freundlich und wissensdurstig gegenüber Reisenden verhielten.

Diese Meinung können wir natürlich nicht mit ihm teilen.

Im vollen Bewußtsein unserer Subjektivität können wir aber eine grundlegende Tatsache feststellen:

Eine der herausragenden Eigenschaften des Majoreros ist sein Individualismus.

Im allgemeinen besteht in der westlichen Welt eine wachsende Tendenz zum Individualismus, als unweigerliche Konsequenz des Materialismus und des Industriezeitalters. Dank der Technik kann heute jeder allein leben, und wenn die Genforschung sich so rasant weiterentwickelt, können wir uns vielleicht eines Tages sogar wie eine große Zelle einfach spalten.

Der Individualismus des Majoreros hat jedoch andere Ursprünge, die aus der zwangsweisen Isolation der vergangenen Jahrhunderte entstanden sind.

In den langen Stunden des Wartens auf Regen fand er viel Zeit, sich sein karges Leben zu organisieren. Darin unterscheidet er sich gewaltig von dem modernen Individualisten: letzterer wird vom Zeitmangel kontrolliert, während der Majorero nur über diesen einen Reichtum verfügte: Zeit.

Ohne Maurer und Architekten baute er sich sein Trockensteinhaus, für das er wochenlang nach den passenden Steinen suchte. Dabei berücksichtigte er die Nähe zu einer Wasserstelle, den Schutz vor den Nordwinden und eventuellen Verschwemmungen, eine praktisch zu manipulierende Unterbringung für das Vieh und die Konservierung seiner Produkte: Milch und Käse.

Der einfache Majorero besaß zwar nie Geld, aber er hatte die Zeit, sich Lösungen für seine Probleme auszudenken. Das Wasser zur Reinigung und für die Vorbereitung der Mahlzeiten speicherte er auf dem flachen Dach seines Hauses. Jedes der einfachen Gebäude verfügte außerdem über einen kleinen Kräutergarten. Für das Vieh grub er Kanäle und Wasserauffangbecken aus Steinen und Erde. Das Dach seines Hauses deckte er mit *torta* ab, einer Mischung aus Lehm, Wasser und Stroh. Das alles kostete kein Geld, sondern viele Stunden Arbeit.

Wen wundert es da, daß der Majorero einen sehr erdgebundenen Individualismus entwickelt hat, beziehungsweise eine Art der Selbstgenügsamkeit, in der wenig Platz für gesellschaftliche Höflichkeiten war. Seine Ansprüche waren von existentiellen Sorgen geprägt und so entwickelte er aus der Not so manche Tugend, auch wenn diese von „Zugereisten" nicht immer als solche erkannt wurde (und wird).

Las conclusiones de Glas respecto a los Majoreros no fueron muy generosas. Los calificó de tacaños, ignorantes y brutos, por muy cordial que fuera su comportamiento frente a los viajeros y por muy grande que fuera su afán de saber. Por supuesto, no podemos compartir esta opinión con él.

Somos muy conscientes de nuestra subjetividad, pero podemos constatar un hecho fundamental: una de las calidades más destacables del Majorero es su individualismo. En el mundo occidental existe por regla general una creciente tendencia al individualismo, consecuencia inevitable del materialismo y de la era industrial. Gracias a la técnica cualquier persona puede vivir sola, y de seguirse desarrollando la investigación genética al ritmo actual, llegará el día en que podamos hasta reproducirnos individualmente.

No obstante el individualismo del Majorero tiene raíces bien distintas, ya que apenas han transcurrido 35 años de "vida moderna".

Su peculiar individualidad se ha formado durante los siglos de aislamiento forzado. Durante las largas horas de espera de la lluvia fue mucho el tiempo empleado en organizar su humilde vida. Esta es otra gran diferencia del moderno individualismo: el actual es fruto de la escasez de tiempo, mientras que en el caso del Majorero el tiempo es precisamente la única riqueza de que disponía.

Sin albañiles ni arquitectos levantó su casa de piedras secas, empleando para su construcción semanas completas en buscar las piedras necesarias. Tenía en consideración la cercanía de un pozo de agua, la protección contra los vientos del norte y los eventuales aluviones, así como un corral para el ganado práctico de manipular, la conservación de sus productos - la leche y el queso -, o el disponer de su pequeño huerto en cada casa.

Aunque el Majorero nunca dispuso de dinero, tenía tiempo de sobra para pensar en resolver sus problemas. Almacenaba el agua para la limpieza y la preparación de las comidas en la azotea de su casa. Para el ganado, excavaba canales y construía depósitos colectores de agua con piedras y tierra. Cubría el techo de su casa con torta, una mezcla de barro, agua y paja. Todo eso no requería dinero, sólo muchas horas de trabajo.

A quien puede extrañar que, bajo tales circunstancias, desarrollara su individualismo unido a la tierra o, si se prefiere, una peculiar autosuficiencia sin lugar para las cortesías de la vida social. Lo único preocupante era la lluvia y se podría afirmar que sólo sentía miedo de una cosa: que el cielo se le cayera encima.

ANTONIO UND ANTONINA

Um Punkt sechs Uhr morgens stehe ich vor Antonios Tür. Der Vollmond erhellt die Dorfstraße, auf der außer ein paar müden Discoheimkehrern nur zwei Straßenfeger zu sehen sind, die die Spuren des letzten Tages aus dem Rinnstein kehren.

Ich klopfe, und wenige Minuten später steigt Antonio mit einem Eimer und einer Plastiktüte bewaffnet zu mir ins Auto.

Das sonnenverbrannte, schmale Gesicht und sein volles, dunkles Haar, lassen nicht vermuten, daß er dieses Jahr achtundsechzig Jahre alt wird. Seine Bewegungen sind ruhig und gelassen. Er trägt zwei T-Shirts, eine Jogginghose, Gummistiefel und die unerläßliche Kappe, auch wenn die Sonne noch lange nicht aufgegangen ist. Ein verschlafenes „Hóla!" - und schon sind wir auf dem Weg zum Hafen.

Dort herrscht trotz der frühen Morgenstunde rege Geschäftigkeit.

Während Antonio in der Dunkelheit Richtung Anlegesteg verschwindet, schaue ich ein paar Männern zu, die einen kleinen Thunfischkutter beladen.

Jetzt, im Juli, ist die Zeit des Thunfischfangs. Dieser Raubfisch wird mit lebenden Ködern, *bogas*, gefangen, kleinen Silberfischen, die zahlreich in den flachen Gewässern der Küste vorkommen.

Dies gehört für jeden halbwegs passionierten Fischer zum kleinen Fisch-ABC. Für mich ist das jedoch alles neu, denn als Stadtkind wächst man nun mal nicht mit diesen maritimen Kenntnissen auf. Dementsprechend nervös überlege ich, ob in meinem Rucksack auch wirklich alles drin ist, um problemlos elf Stunden in einem kleinen Fischerboot auf offener See zu schaukeln. Ein Hemd zum Wechseln, Wasser, belegte Brote, ein großer Strohhut, mein Notizbuch und vor allem Sonnencreme mit dem höchsten Lichtschutzfaktor, denn obwohl der Wind Kühle vorgaukelt, brennt sich die Sonne gnadenlos in die Haut ein.

Schließlich ist die „Marisol" auslaufbereit, und vorsichtig klettere ich an Bord.

Die „Marisol" ist Antonios drittes Boot. Es ist zirka acht Meter lang und hat zwei Bugs. Unter jedem Bug versteckt sich eine kleine *bodega*, in der Material verstaut wird, das vor Nässe geschützt werden muß. Mittschiffs befinden sich drei Holzplanken als Sitzgelegenheiten, eine dritte offene *bodega* für lebende Köder und ein Holzkasten, in dem der Motor untergebracht ist. Früher wurden diese Boote durch Ruder oder Segel betrieben, aber seit ungefähr dreißig Jahren erleichtern Motor und Dieselöl die Arbeit.

Antonio kann sich noch gut an die Zeit des Ruderns erinnern, denn er war vierzehn Jahre alt, als er zum ersten Mal mit einem seiner älteren Brüder zum Fischen fuhr.

ANTONIO UND ANTONINA

A las seis en punto de la mañana me encuentro ante la puerta de Antonio. La luna llena ilumina aún la calle del pueblo en la que apenas se distinguen un trasnochador de regreso a su casa y dos barrenderos tratando de eliminar de los bordillos las huellas del día ya terminado.

Llamo al timbre y en pocos minutos Antonio, equipado con un cubo y una bolsa de plástico, sube al coche. El fino rostro curtido y el cabello oponiéndose al avance de las canas no dejan entrever que este año cumplirá sesenta y ocho años. Sus movimientos son tranquilos y sosegados. Forman su vestimenta dos camisetas, unos pantalones de deporte, botas de goma y la imprescindible gorra, aunque el sol aún se resista a aparecer. Un adormecido "¡Hola!", y ya estamos camino del muelle.

A pesar de lo temprano de la hora, un enorme bullicio domina ya la zona. Mientras Antonio desaparece entre la oscuridad en dirección al embarcadero, observo a un par de hombres cargando una balandra atunera.

Es éste el mes de Julio, la temporada de la pesca del atún. Este pez voraz es capturado con cebo vivo, llamado bogas, pequeños peces de plata muy abundantes en las tranquilas aguas de la costa. Esto forma parte del abecé de cualquier pescador aficionado. Sin embargo para mí todo esto es nuevo ya que, al ser "de ciudad", uno carece de estos conocimientos. Me pregunto intranquila si en mi mochila llevo realmente todo lo necesario para poder mecerme en el mar sin problemas durante once horas en una pequeño barco de pesca: una camisa de repuesto, agua, un bocadillo, un gran sombrero de paja, mi cuaderno de apuntes y, lo más importante, crema solar con el factor de protección más elevado. Y es que aunque el viento parezca fresco, el sol quema la piel sin piedad alguna.

Por fin la "Marisol" está preparada para salir y con cuidado me subo a bordo. Esta es la tercera embarcación de Antonio; tiene ocho metros de largo y dos proas, bajo las cuales se esconden sendas bodegas en las que guardar el material a salvo de la humedad. En medio del barco hay tres tablas de madera a modo de asientos provisionales, una tercera bodega para el cebo vivo y un cajón de madera donde se esconde el motor. Antiguamente estas embarcaciones se movían mediante remos y velas, pero desde hace más de treinta años el motor y el gasoil facilitan este trabajo.

Antonio recuerda muy bien la época del remo. Tenía entonces catorce años cuando, junto a uno de sus hermanos mayores, salió por primera vez a pescar.

Ich frage ihn, ob man damals näher an der Küste geangelt hat.

„Aber nein", sagt er, „wir sind genauso weit hinausgefahren wie heute, manchmal sogar noch weiter, wenn das Wetter es erlaubte."

Ein Mann aus der *cofradía* reicht uns einen Reservekanister mit Dieselöl an Bord, und dann tuckert die „Marisol" langsam auf die Hafenausfahrt zu.

Während Antonio mit einem Auge das Ruder beobachtet, zerhackt er auf einem Holzbrett Fischreste von gestern zu Püree. Bevor wir nämlich auf Thunfischjagd gehen können, müssen wir zuerst die *bodega* mit Köderfischen füllen.

Die nächsten Stunden sind wir damit beschäftigt, rund um den Hafen nach *bogas* zu angeln. Durch einen Holztrichter, der an seinem breiten Ende mit einer Glasscheibe versehen ist, sucht Antonio den Meeresgrund nach Silberfischen ab. Sobald er einen Schwarm entdeckt hat, formt er aus dem Thunfischpüree kleine Bällchen und wirft sie ins Wasser. Dann faltet er die *gueldera* auseinander.

Eine *gueldera* sieht wie ein überdimensionales, großes Teenetz aus. Sie hat zirka anderthalb Meter Durchmesser und ebensoviel Tiefe. Die Metallmaschen des Netzes sind so eng geknotet, daß die kleinen Fische auf keinen Fall entkommen können.

Antonio legt in die Mitte der *gueldera* ein größeres Thunfischbällchen, balanciert mit dem Netz über die Planken und schwenkt es hoch über unseren Köpfen ins Wasser.

Die *gueldera* hängt an einem Holzstock, an dessen Ende eine Schnur befestigt ist. So kann das Netz möglichst tief ins Meer versenkt werden. Langsam zieht Antonio die Schnur um das Boot. Dabei springt er so behende wie ein junger Mann von einer Planke zur nächsten, ohne auch nur eine einzige Sekunde das Gleichgewicht zu verlieren. Nach ein paar Runden um den Bootsrand holt er die *gueldera* wieder ein.

Sobald der Holzstock aus dem Wasser auftaucht, stemmt er das Netz hoch. Dazu muß er tief in die Knie gehen, denn das Metallnetz ist schwer. Schließlich stützt er den Stock am Bugrand ab und der Rest der *gueldera* taucht auf. Erwartungsvoll schaue ich auf ihren Grund, aber dort zappeln höchstens zehn oder fünfzehn Silberfische. Mir schwant, wie oft dieser Vorgang noch wiederholt werden muß!

Bis elf Uhr dauert das mühselige Fischen nach den Ködern, bevor wir endlich Richtung Punta de Jandía die Küste entlangtuckern.

Die vorgelagerten Gewässer Jandías sind aufgrund ihrer geringen Tiefe ein beliebtes Fischereigebiet. Die Sockel, auf denen die Kanarischen Inseln stehen, fallen zum größten Teil abrupt in die Tiefe ab. Damit sind die meisten Fischarten für die Fischer mit ihren kleinen Booten außer Reichweite. Aber der Meeresgrund vor Jandía verläuft sanft ins Meer und

Le pregunto si en aquel entonces se pescaba más cerca de la costa.

"Claro que no", responde, *"salíamos tan lejos como lo hacemos hoy e incluso a veces más aún, si el tiempo lo permitía, claro"*.

Un hombre de la Cofradía sube a bordo una garrafa de gasoil y por fin la "Marisol" se dirige lentamente a la salida del muelle. Antonio, a la vez que vigila el remo, corta sobre una tabla de madera un pescado sobrante del día anterior en trozos muy pequeños. Antes de salir a la pesca del atún tenemos que llenar la bodega con cebo vivo.

Pasamos las horas siguientes atareados con la pesca de bogas en el muelle. A través de un embudo de madera provisto en su extremo más ancho de un cristal, Antonio busca los peces de plata en el fondo del mar. Tan pronto como descubre un banco de peces, forma bolitas de los pequeños trozos de pescado y las lanza al agua para desplegar a continuación la gueldera.

Una gueldera parece un enorme colador de té. Con su metro y medio de diámetro y otro tanto de profundidad, se trata de una gran red cuyas mallas de metal están tan entrelazadas que ningún pez puede escapar. Antonio coloca en medio de la gueldera una gran bola de atún, balancea la red sobre las tablas y la lanza al agua por encima de nuestras cabezas. Colgada por una cuerda de un palo, la red se puede hundir todo lo que se quiera en el fondo del mar. Antonio salta de una tabla a otra tan ágil como un muchacho, sin perder en ningún momento el equilibrio, arrastrando la cuerda alrededor de la embarcación. Después de un par de vueltas alrededor del borde de la embarcación, recoge de nuevo la gueldera.

Tan pronto como el palo de madera emerge del agua, levanta la red a pulso, para lo cual ha de arrodillarse por lo pesado del metal. Finalmente apoya el palo en el borde de la embarcación y el resto de la gueldera emerge. Llena de esperanza busco en el fondo, pero allí se agitan apenas diez o quince peces de plata. Presiento que aún habré de presenciar esa escena otras muchas veces.

La ardua pesca del cebo se prolonga hasta las once de la mañana y ya por fin nos encaminamos lentamente hacia la costa de Punta de Jandía.

Las aguas costeras de Jandía son por su escasa profundidad una buena zona para los peces. La mayor parte de la plataforma sobre la que se asienta la isla cae en las profundidades abruptamente. Por eso la mayoría de las especies de peces no están al alcance de los pescadores del lugar por lo pequeño de sus embarcaciones. Pero el fondo en las orillas de la península de Jandía discurre suavemente en el océano, como mareta relativamente tranquila. Incluso en invierno hacerse a la mar es a menudo posible.

die See ist fast immer relativ ruhig. Sogar im Winter ist das Auslaufen teilweise möglich.

Während wir an vielen kleinen Buchten entlangfahren, überfällt mich bleierne Müdigkeit. Der Wind ist kühl und ich friere trotz zwei Paar Hemden, einem Pullover, einer Windjacke und langer Hose. Antonio sitzt seelenruhig am Ruder und findet die Temperatur gerade angenehm.

Mit den gefangenen Köderfischen ist er jedoch nicht zufrieden. Er hat noch etwas Püree übrig, und um halb zwölf angelt er ein letztes Mal nach *bogas*. Ich frage ihn, ob er oft so lange nach Köderfisch suchen muß, und er nickt. Früher, ja, da gab es mehr, aber heute ist die Ostküste so gut wie leergeangelt.

Da die Westküste durch die Unterströmungen und den starken Seegang nur an wenigen Sommermonaten befahrbar ist, konzentriert sich die ganze Tätigkeit der Fischer auf die östliche Seite der Insel.

Bis in die achtziger Jahre wurde auch sehr viel in den Saharabänken gefischt. Es war üblich, auf großen Kuttern anzuheuern und für mehrere Monate entlang der Küste Afrikas zu arbeiten. Als General Franco 1974 den Dreierpakt zwischen Spanien, Mauretanien und Marokko unterschrieb, mußte die spanische Westsahara geräumt werden, deren erste Stützpunkte einst die *Señores* im 16. Jahrhundert auf Ihren Raubzügen gegründet hatten. Gleichzeitig wurden den kanarischen Fischern auch die Fischgründe an der Saharaküste, in der Nähe von El Aaíun und Umgebung, abgesprochen, was eine starke Einbuße bedeutete. Auch Antonio arbeitete Mitte der siebziger Jahre auf diesen großen Schiffen, um sich so das Geld für sein erstes eigenes Boot zu verdienen.

Der Absatzmarkt war gering. Bis vor zwanzig Jahren verkaufte man in Morro Jable nur Trockenfisch, da die Abnahme des Frischfisches nicht garantiert war. Mit dem Beginn des Tourismus tauchten dann in den kleinen Häfen Interessenten an frischem Fisch auf, die jedoch unregelmäßig kauften und somit keine zuverlässige Einahmequelle darstellten. Erst nach der Gründung der Fischerzunft oder *cofradía*, deren Mitglieder an einen organisierten Vertrieb angeschlossen sind, wird gezielt für den Verkauf von Frischfisch geangelt. Von der Hauptstadt aus versuchte man sogar, eine größere Fischereiflotte aufzubauen, was aber an mangelnden Subventionen für die entsprechenden Hafeneinrichtungen scheiterte.

Sobald die letzten Reste des Thunfischbreis für *bogas* aufgebraucht sind, klappt Antonio die *gueldera* ordentlich zusammen und verstaut sie sorgfältig. Er legt sehr großen Wert auf Ordnung und Sauberkeit. Jedes Ding hat auf dem Boot seinen festen Platz. Schmutz oder Fischreste werden auf der Stelle mit viel Meerwasser fortgespült.

A medida que navegamos por las cercanías de las múltiples calas, se apodera de mí un cansancio plomizo. El viento es fresco, y tengo frío a pesar de las dos camisas, el jersey, la cazadora y los pantalones. Antonio dirige tranquilo el timón; la temperatura no parece afectarle.

Son las once y media cuando, no conforme con el cebo capturado, intenta por última vez pescar bogas a la altura del faro con los últimos restos de pescado desmenuzado. Fatigada le pregunto si a menudo ha de dedicar tanto tiempo para conseguir el cebo, a lo cual asiente. Hace tiempo había más peces, pero hoy la costa oriental está prácticamente vacía. Y es que la actividad de los pescadores se centra en esta parte de la isla, pues la costa occidental apenas es navegable durante los meses de verano debido al fuerte oleaje y las corrientes marinas.

Hasta los años ochenta se pescaba mucho en las bancadas saharianas. Era frecuente enrolarse en una gran balandra y trabajar durante algunos meses en la costa africana. Cuando Franco firmó en 1974 el "Pacto de los Tres" entre España, Mauritania y Marruecos, el occidente del Sahara español hubo de ser desocupado. Sus primeros puntos de apoyo habían sido fundados antiguamente por "Los Señores" en el siglo XVI. Los caladeros de El Aaiun y sus alrededores fueron a su vez negados a los pescadores canarios, lo que supuso un importante cambio. Antonio trabajaba a mediados de los setenta en esos grandes barcos, lo que le permitió ganar el dinero suficiente para adquirir su primera embarcación.

Entonces el mercado de consumo era escaso. Hasta hace veinte años en Morro Jable se vendía tan solo pescado seco pues el acceso al fresco no estaba garantizado. La llegada del turismo despertó el interés por el pescado fresco en el pequeño muelle, pero aún así su compra era inconstante y representaba un ingreso poco seguro. Sólo tras la fundación de las Cofradías de pescadores, cuyos miembros intentaron organizar la venta, se impuso la tendencia a capturar pescado fresco. Desde la capital se intentó incluso construir una gran flota pesquera, pero la idea fracasó por las escasas subvenciones y las fuertes inversiones necesarias para el muelle.

Tan pronto como se hubo acabado el último resto del cebo para las bogas, Antonio recoge cuidadosamente la gueldera colocándola en su sitio. El orden y la limpieza son para el de gran importancia: en la embarcación cada cosa tiene su sitio y la suciedad o restos de pescado son limpiados al momento con agua del mar.

Por fin tomamos rumbo al mar abierto. La marea sube y con ella esperamos la llegada de los atunes. Tan pronto como la embarcación se aleja de la punta, el oleaje se torna más fuerte. Mi estómago ha soportado la travesía sin problemas hasta el momento, pero cuando Antonio echa el ancla

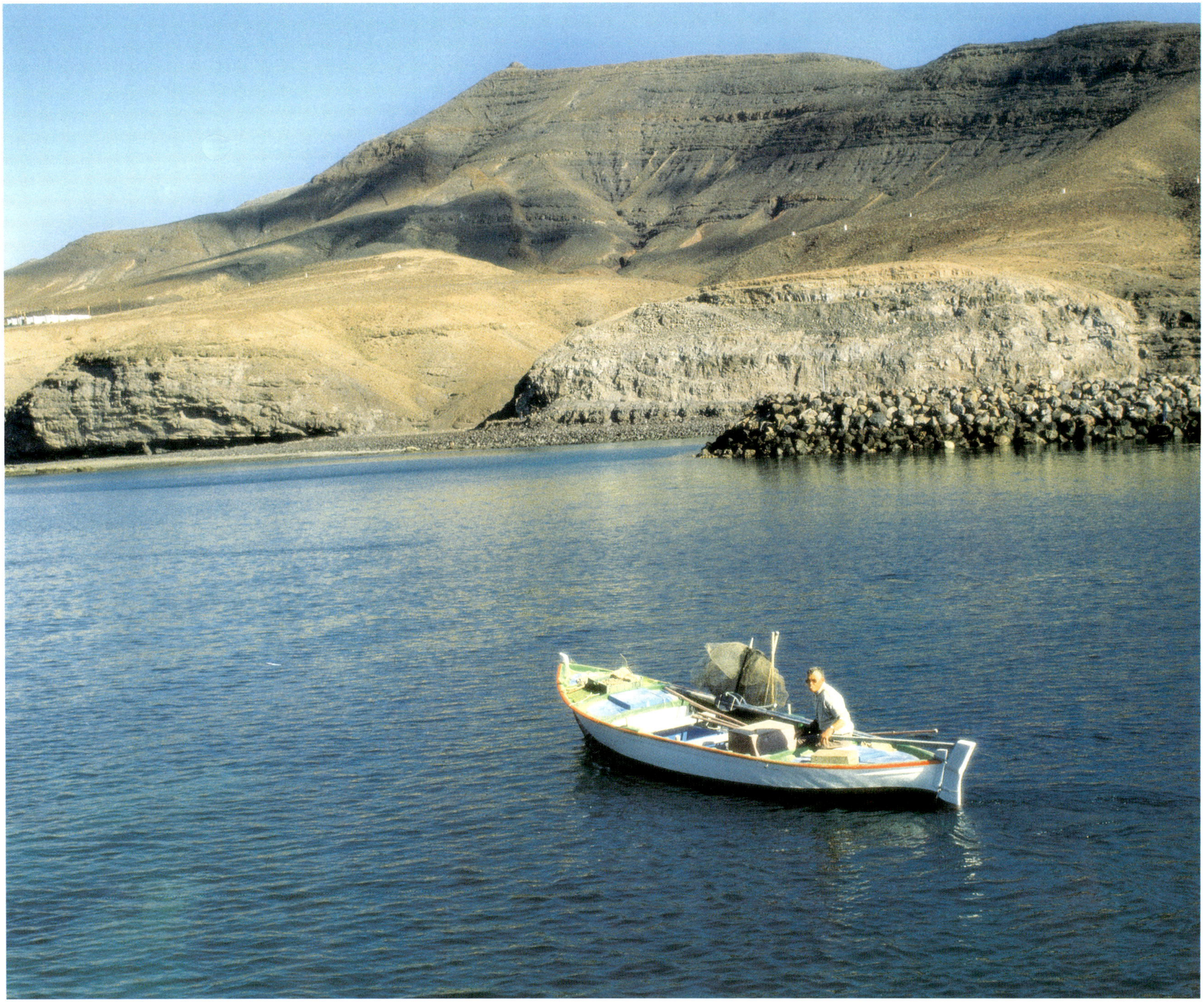

In der Zwischenzeit haben wir die Punta de Jandía mit ihrem Leuchtturm erreicht und nehmen nun Kurs auf die offene See. Die Flut steigt und mit ihr kommen hoffentlich die Thunfische. Gleichzeitig nimmt jedoch auch der Seegang hier zu. Bis jetzt hat mein Magen die Fahrt wunderbar ertragen. Als Antonio aber auf dem Meer den Anker herabläßt und den Motor abstellt, kommen mir erste Zweifel an meiner Seefestigkeit und ich bedaure, gefrühstückt zu haben.

Da es sehr windig ist (ich finde es stürmt, aber Antonio sagt, es ist ein bißchen windig und das sei gut, da hätten die Thunfische größere Freßlust), baut er für mich, zum Schutz vor der aufsprühenden Gischt, ein altes Surfsegel auf. Mit dieser guten Absicht versperrt er mir die Sicht auf das Land und die heranrollenden Wellen, was meinen Magen noch mehr verstimmt.

Ich weiß, daß Antonio normalerweise viel weiter hinausfährt, da dort die Fangmöglichkeiten besser sind und fordere ihn heroisch auf, meinetwegen keinen Arbeitstag zu opfern. Zu meiner großen Erleichterung nimmt er mich jedoch nicht beim Wort.

Nach und nach wirft er *bogas* ins Meer und beobachtet den Wellengang. Ich starre ebenfalls auf die Wogen und sehe nur Meer. Plötzlich zeigt er auf eine Stelle zwischen den weißen Schaumkronen.

„Hast du ihn gesehen? Da ist einer. Thunfische springen nach dem Köder."

Schnell greift er nach einer Nylonleine, deren meterlanges Ende wie eine Schlange in einem kleinen Körbchen zusammengerollt liegt. An ihren Haken spießt er einen *boga* und wirft ihn ins Wasser. Rasch rollt sich die Leine aus dem Körbchen ab. Um sie sicher zu halten, trägt er an den Fingerknöcheln schwarze Gummis, die das Einschneiden des Nylons verhindern sollen. Kaum ist die Schnur jedoch im Wasser, ruckt es, und er beginnt, sie mit flinken Bewegungen wieder einzuholen. Der Fisch hat angebissen. Aufgeregt vergesse ich für einige Momente meinen Magen und warte gespannt auf das Ende der Schnur. Auf einmal liegt das Nylon seitlich am Bootsrand und kurz darauf schlägt die Beute heftig gegen das Holz. Mit einem Ruck zieht Antonio einen *rabil* an Bord.

Der *rabil* ist eine Thunfischart, die metallicblau und -gelb gezeichnet ist. Er kann bis zu zwei Metern lang werden. Unser Exemplar mag knapp einen Meter messen und sieht rund und wohlgenährt aus. Antonio nimmt einen kurzen Holzknüppel und versetzt dem Fisch schnell einen kräftigen Schlag auf den Kopf.

Beeindruckt von den Farben und der Größe dieses wunderschönen Tieres bin ich hin und her gerissen zwischen Mitleid für den Fisch und Stolz über den Fang, so als hätte ich ihn selber über Bord gezogen.

y apaga el motor, me sobrevienen dudas sobre mis cualidades de marinera, y lamento haber desayunado. El viento se me antoja tempestuoso a pesar de la opinión de Antonio que se muestra muy contento con el "vientecillo" que, según él, estimula el apetito de los atunes. Una vieja vela de surf ha de ser improvisada por Antonio para protegerme de las salpicaduras; tan buena intención por su parte me protege realmente de las olas, pero reduce mi vista a tierra firme disgustando así aún más a mi ya maltrecho estómago.

Yo sé que normalmente él se adentra aún más en la mar, ya que las posibilidades de pesca son mucho mayores. Heroicamente lo exhorto para que no sacrifique por mi culpa este día de trabajo: para mi alivio, no me toma la palabra.

Lanza ininterrumpidamente bogas al mar y observa el embate de las olas. También yo miro absorta las olas, pero sólo veo mar. De repente señala un punto entre las crestas:

"¿Lo has visto? Ahí hay uno. Los atunes vienen a por el cebo". Rápidamente lanza el sedal al agua; su largo extremo está enrollado a modo de serpiente en una pequeña cesta. En su gancho ha espetado una boga. Para sujetar el sedal con seguridad, lleva puestas gomas negras en los dedos; son los "dediles" y su misión es impedir que el nilón le corte al recogerlo. El sedal se desenrolla muy velozmente, apenas se encuentra en el agua y ya se mueve, e inmediatamente Antonio comienza a recogerlo de nuevo con ágiles movimientos. El pez ha mordido el anzuelo. Emocionada me olvido por un momento de mi estómago y con expectación espero el extremo del sedal. De repente el extremo llega al lado de la embarcación y al momento la presa golpea con fuerza contra la madera. Con un fuerte impulso un rabil es subido a bordo.

El rabil es una especie de atún caracterizado por su color azul metálico y amarillo que puede llegar a un tamaño de dos metros. Nuestro ejemplar tiene unos noventa centímetros y por lo rollizo parece estar muy bien alimentado. Con un pequeño garrote Antonio asesta al pez un golpe seco en la cabeza.

Impresionada por el color y el tamaño del animal, me debato entre los sentimientos de lástima por el pez y orgullo por la presa, como si yo misma lo hubiera subido a bordo. Impaciente busco en el agua las huellas de una nueva presa; habrán de pasar aún otros treinta minutos.

Cada vez hay un mayor número de bogas en el agua, y las gaviotas revolotean sin parar sobre la embarcación. Permanentemente al acecho, esperan atrapar los pequeños peces de plata antes de que se

Ungeduldig suche ich im Wasser nach der Spur des nächsten Fisches, aber während einer halbe Stunde passiert gar nichts.

Immer mehr *bogas* wandern ins Wasser, und die Möwen kreisen ununterbrochen ums Boot. Sie liegen ständig auf der Lauer, um die kleinen Silberfische zu erwischen, bevor sie in die Tiefe abtauchen. Eine von ihnen nimmt sogar den „Köder-*boga*" an der Leine auf und beißt ihn sauber vom Haken ab, bevor dieser leer ins Wasser zurückfällt.

Jetzt bereitet Antonio eine Angel vor, deren Leine an einem langen Bambusrohr hängt. Er befestigt einen Köder am Haken und läßt die Angel über die Wellen tanzen, indem er sie hin und her schwenkt. Plötzlich spannt sich sein Körper und mit Schwung zieht er einen silbrig glänzenden *bonito* aus dem Wasser. Diese Thunfischart ist ein wenig kleiner und dünner als der *rabil* und im allgemeinen als *bonito del norte* bekannt. Er bekommt seinen Schlag auf den Kopf und landet neben dem *rabil*. Ich versuche, nicht auf die immer größer werdende Blutlache auf dem Bootsgrund zu schauen, und richte den Blick auf den Horizont.

Unser Anglerglück scheint erst einmal vorbei zu sein. Wir müssen Geduld haben und warten. Ich nutze die Gelegenheit, um Antonio nach seiner Kindheit zu fragen.

Sieben Geschwister besaß er und war selbst eines der jüngsten. Seine Mutter stammt aus Cofete von der Westküste, hinter den Bergen von Morro Jable. Sein Vater wuchs genau am entgegengesetzten Ende der Insel auf, in El Cotillo, dem nördlichsten Fischerort Fuerteventuras, der früher den Namen Toston trug.

Während eines Winters wanderten viele Frauen aus Jandía in den Norden, um dort bei einem der Gutsherren Weizen auszureißen. So lernten sich Antonios Eltern in El Cotillo kennen. Nach ihrer Heirat zogen sie in den Süden nach Morro Jable, wo die Fischgründe reichhaltiger waren. Hier fand Antonio seine Frau, Antonina, mit der er zehn Kinder großzog.

Die Fischer waren zu jener Zeit nirgendwo fest angesiedelt. Man bewegte sich im Rhythmus der Jahreszeiten und der Fischgründe um die Insel und lebte in kleinen Hütten am Strand. Dies war für die Familien mühselig, aber andere Alternativen hatten die Fischer nicht.

Antonios Jugend und seine ersten Jahre als Familienvater waren gekennzeichnet von vielen Nöten, ausgelöst durch die mangelhafte Versorgung der Insel. Besonders schwer waren die Zeiten des Bürgerkrieges und zweiten Weltkrieges. Zwar fanden auf den Inseln selbst keine Schlachten statt, aber die Handelsboykotte verursachten in den Randgebieten wie Fuerteventura, die auf den Import angewiesen waren, bittere Hungersnöte. Nur Fischer und Bauern konnten sich so auf der Insel halten und brauchten nicht dem Strom der emigrierenden Tagelöhner und Landarbeiter zu folgen.

sumerjan en las profundidades. Una de ellas logra levantar la boga de cebo arrancándola limpiamente del anzuelo antes de que éste caiga de nuevo vacío al agua.

Ahora Antonio prepara una larga caña de bambú de la que cuelga el sedal y tras sujetar un cebo en el anzuelo la deja bailar entre las olas, moviéndola de acá para allá. De repente su cuerpo se tensa y con brío saca del agua en un instante un brillante bonito de plata. Esta especie de atún es un poco más pequeña y delgada que el rabil, siendo conocida vulgarmente como bonito del norte. El pez recibe otro golpe en la cabeza yendo a parar al lado del rabil. Yo procuro no mirar el charco de sangre que sigue creciendo en la cubierta de la embarcación e intento mirar al horizonte.

Nuestra suerte parece haber tocado fin, aunque la paciencia de Antonio parece infinita. Aprovecho la ocasión para interrogarle sobre su infancia. Era uno de los benjamines de una familia de siete hermanos. Su madre había nacido en Cofete, localidad separada en la costa occidental, detrás de las montañas de Morro Jable. Su padre creció exactamente en el extremo opuesto de la isla, en El Cotillo, la zona pesquera del norte de Fuerteventura, que antiguamente se llamaba Tostón.

Un invierno varias mujeres fueron enviadas al norte desde Jandía como jornaleras para la siega del trigo al servicio de un terrateniente. Así fue como se conocieron los padres de Antonio en El Cotillo. Tras su boda se mudaron al sur, a Morro Jable, donde los caladeros eran más numerosos. Fue aquí donde conoció Antonio a su mujer, Antonina, junto a la cual crió a diez hijos.

En aquel entonces los pescadores no estaban establecidos de manera fija en ninguna parte, mudando su domicilio al ritmo de las estaciones del año y de los caladeros más favorables por toda la geografía costera de la isla. Se vivía en pequeñas casetas o refugios en la misma playa y es que, aunque difícil para la familia, no tenían otra posibilidad. Durante la guerra civil española y la cruda segunda guerra mundial no tuvo lugar ninguna batalla en la isla, pero los boicoteos mercantiles sentenciaban a las regiones más periféricas, como Fuerteventura, condenándolas una y otra vez al hambre. Por eso sólo pescadores y granjeros podían sobrevivir dignamente en Fuerteventura sin necesidad de seguir las corrientes migratorias jornaleros y braceros.

De repente aparece en la lejanía otra embarcación. Mientras mantiene la vista clavada en la pequeña balandra de un camarote, Antonio frunce el ceño y murmura:

"Esos tienen un palangre en el agua".

Un palangre es un cabo madre del que salen hasta otros quinientos mas, cada uno con su respectivo cebo, de modo que puede llegar a cubrir varios

Plötzlich taucht weiter draußen auf dem Meer ein anderes Schiff auf. Antonio runzelt die Stirn und starrt auf den Kutter mit der kleine Kajüte.

„Die haben eine *palangre* im Wasser", brummt er.

Eine *palangre* ist eine Mutterschnur, von der bis zu fünfhundert Nebenleinen abgehen, so daß sie kilometerlang werden kann. In dem steinigen Meeresboden von Jandía verhaken sich die einzelnen Schnüre mit ihren Ködern oft in den Felsen. Der Fisch, der dort anbeißt, stirbt sinnlos. Die *palangre* und einige andere Massenfangsysteme wurden vor einigen Jahren verboten, da viele der gefangenen Tiere entweder gar nicht geborgen werden konnten oder nicht verkäuflich waren. So zum Beispiel ist auch der *trasmallo* nicht erlaubt, eine Art Netz, das wahllos alles fängt, kleine und große Fischarten, Schildkröten etc. Der Fischer, der mit so einem Fanggerät der Marine in die Hände fällt, muß mit einer schweren Strafe rechnen.

Der Seegang nimmt jetzt zu und die kleine *bodega* mit *bogas* ist fast leer.

In dem Moment, wo Antonio sagt, daß es besser wäre, nach Hause zu fahren, hat mein Magen endgültig genug. Ohne Vorwarnung schaffe ich es gerade noch, den Kopf über Bord zu halten und schon verschwindet mein Frühstück in den Wellen. Hinter mir höre ich den teilnehmenden Ruf meines *patrons*, aber plötzlich ist er schwer beschäftigt. Sobald ich den Kopf wieder heben kann, sehe ich ihn mit einem Riesenfisch kämpfen.

Nach schier endlosen, spannenden Minuten zieht er einen anderthalb Meter langen *peto* ins Boot. Verdutzt starre ich auf das große Tier.

„Den hast du geangelt", grinst Antonio, „mit deinem besonderem Köder..."

Erleichtert stimme ich in sein Lachen ein, heilfroh, die gräßliche Übelkeit losgeworden zu sein. Trotzdem habe ich nichts dagegen, daß er die Angel wegpackt und den Motor anwirft. Ich setze mich vorn auf den Bug, um fest das Land im Auge zu behalten, was ich schon nach Sekunden bereue.

Sobald das Boot Fahrt bekommt, fährt es mit voller Kraft gegen die Strömung an. Aus beachtlicher Höhe fällt es in jedes Wellental, um gleich darauf ebenso schnell wieder aufzusteigen. Die Gischt, die dabei aufspritzt, gleicht einer großzügigen Dusche, Welle für Welle. Alles ist naß, nicht nur meine Kleidung, sondern auch meine Tasche und mein Notizblock, von dem ich nicht weiß, wozu ich ihn mitgenommen habe. Mein Hut ist längst weit über das Meer davongeweht, obwohl ich ihn mir fest unter dem Kinn zusammengebunden hatte.

Das Lachen überkommt mich, als wir erneut in die Tiefe klatschen. Die schnelle Fahrt ist wesentlich angenehmer, als das unregelmäßige

kilómetros. A menudo se enganchan en las rocas de los pedregosos fondos del mar de Jandía y muchos de los peces que allí han picado mueren sin sentido. El palangre y algunos otros métodos de pesca masiva fueron prohibidos hace algunos años pues muchos de los animales así capturados ni podían comercializarse ni ser rescatados. Otro ejemplo es el trasmallo, un tipo de red que capturaba indiscriminadamente peces grandes y pequeños, tortugas, etc. Los pescadores saben que ser sorprendido por la Marina trabajando con cualquiera de estas artes de pesca prohibidas supone enfrentarse a una grave multa.

El oleaje parece aminorar y la bodega del cebo está casi vacía. Justo cuando Antonio decide regresar a casa mi estómago no resiste más y, sin previo aviso, apenas logro sacar la cabeza fuera del bote para ver desaparecer mi desayuno entre las olas. Detrás de mí escucho la voz compasiva de mi patrón, pero tan pronto como logro recuperarme y levantar la cabeza lo veo enzarzado luchando con un enorme pez.

Tras unos interminables e intensos minutos logra arrastrar al bote un peto de metro y medio de largo. Perpleja, miro absorta al gran animal.

"A éste lo has pescado tú", dice Antonio entre carcajadas, "*muy buena la idea del cebo*".

Me río con él, aliviada por haberme librado de las horribles nauseas, a pesar de lo cual no lamento que recoja la caña de pescar y ponga el motor en marcha. Tomo asiento en la proa para no perder de vista la tierra firme, decisión que lamento a los pocos segundos pues navegamos contra corriente, cayendo en cada concavidad de cada ola, para volver a subir rápidamente. Ola tras ola la espuma nos salpica a modo de generosa ducha. Todo está mojado: mi ropa, mi bolso, mi cuaderno de apuntes - no sé para qué lo he traído -. Hace tiempo que mi sombrero se perdió volando en el mar, a pesar de estar fuertemente anudado bajo mi barbilla.

Me estremece la risa cada vez que nos hundimos en el fondo, el veloz viaje es mucho más agradable que el balanceo irregular de la embarcación anclada. Es como montar sobre un caballo al galope. En apenas veinte minutos llegamos a las tranquilas aguas de la costa, donde sopla un suave viento y el sol, oculto tras las nubes hasta ahora, por fin se deja ver. Trato de deshacerme de la ropa mojada; a Antonio no parece haberle afectado esta aventura : si no fuera por un par de manchas húmedas en su camiseta creería que no hemos estado sentados en el mismo bote.

La Marisol bordea ahora sin prisa la tranquila costa. Se hace difícil creer que a sólo unos pocos metros mar adentro haya tal agitación.

Todas las calas que pasamos tienen un nombre. El "Paso del viento" es una cala especialmente ventosa pues en ella desemboca un barranco. A continuación la "Cueva del diablo", escondida entre las peñas y sólo

Schaukeln des verankerten Bootes. Auf einmal verstehe ich, was die Leute mit Wellenreiten meinen. Es ist fast so, als säße man auf einem galoppierenden Pferd.

Nach zwanzig Minuten gelangen wir in stillere Küstengewässer. Hier weht nur ein sanfter Wind und die Sonne, die sich eben noch hinter den Wolken versteckt gehalten hatte, kommt heraus. Ich beginne, mich aus meiner nassen Kleidung zu schälen, bis eine halbwegs trockene Schicht zutage tritt. An Antonio scheint dieses Abenteuer spurlos vorübergegangen zu sein. Nur ein paar nasse Stellen auf seinem T-Shirt zeigen, daß wir zusammen im gleichen Boot gesessen haben.

Gemächlich fährt die „Marisol" die stille Küste entlang. Es ist kaum zu glauben, daß nur wenige Meter weiter draußen das Meer in solchem Aufruhr ist.

Die Buchten, die wir jetzt passieren, tragen alle einen Namen: Der Paso del viento ist eine besonders windige Bucht, weil dort ein *barranco* mündet. Ihr folgt die Cueva del diábolo, eine im Fels versteckte Höhle, die nur bei Ebbe zu sehen ist. Es wird viel erzählt von den Menschen, die dort einmal gelebt haben.

Mit einer Legende verbunden ist die Casa de la Señora, ein wunderschönes Strandstück, wo die Reste eines alten Kalkofens zu sehen sind. In dem verfallenen Steinhaus daneben hat einst eine mysteriöse Señora mit zwei Bediensteten gewohnt.

In einer der nächsten Buchten hauste seinerzeit Pancho Pérrez, der verrückt wurde, weil alle Frauen starben, mit denen er sich verheiratete. Bei der fünften drehte er vollends durch und starb vor ihr, aber sie folgte ihm, der Tradition entsprechend, kurze Zeit später ins Grab.

Es ist halb fünf, als wir im Hafen ankommen. Betrübt schaue ich auf die magere Beute. Ohne mich wäre Antonio weiter hinausgefahren und hätte mehr geangelt. Vor einigen Jahren wurde er sogar als vermißt gemeldet, so weit hatte er sich von der Küste entfernt. Das ganze Dorf stand mit seiner Frau am Hafen und starrte angstvoll aufs Meer, bis er seelenruhig am späten Abend heimkehrte. Er hatte ganz allein eintausend Kilo Thunfisch geangelt! Das Boot war so voll, daß er sich oben auf den Fisch setzen mußte, um heimzulenken.

Kein Fischer kann einem solchem Anglerglück widerstehen, auch wenn es ihn dabei immer weiter in die offenen See zieht, da er nie weiß, wie oft er im Winter hinausfahren kann.

Aber heute winkt Antonio großzügig ab und erträgt stoisch die anzüglichen Witze der anderen Fischer, als ich aus seinem Boot steige.

Unsere Beute gibt er in der *cofradía* zum Wiegen und zur Lagerung ab, aber damit ist der Arbeitstag noch nicht zu Ende. Bevor wir nach Hause fahren können, muß erst das Boot gesäubert werden.

visible con bajamar; son muchas las historias que se cuentan sobre las personas que allí vivieron. La "Casa de la Señora" tiene, como no, su propia leyenda. En esta hermosísima playa se puede admirar un antiguo horno de cal contiguo a las pedregosas ruinas de una casa, antaño alojamiento de una misteriosa señora y sus dos criados.

En una de las calas que siguen acompañando nuestra ruta vivió en su día Pancho Pérez, enloquecido porque todas las mujeres con las que se casaba fallecían. Tras su quinto matrimonio perdió totalmente la razón, muriendo antes que su nueva esposa. Pero, para continuar con la tradición, ella le siguió a la tumba poco tiempo después.

A las cuatro y media de la tarde atracamos en el muelle. Observo desconsolada el paupérrimo botín, aunque a Antonio no parece importarle. Sin mí se hubiera adentrado mucho más en el mar logrando más capturas. Cuentan que hace algunos años lo dieron por desaparecido por lo mucho que se alejó de la costa; todo el pueblo, con Antonina a la cabeza, esperaba en el muelle mirando llenos de angustia al horizonte. Bien entrada la noche regresó con total naturalidad. Había pescado, él solo, unos mil kilos de atún; tan cargada estaba la embarcación que hubo de sentase sobre su botín para poder regresar. Ningún pescador resistiría la tentación ante un golpe de suerte tal, aún viéndose obligado a adentrase en la mar, porque nunca se sabe, de cara al invierno, cuantas veces se podrá salir a la mar.

En la Cofradía entrega nuestro botín para su pesaje y almacenado, soportando al mismo tiempo y con mucho estoicismo los ofensivos chistes del resto de los pescadores allí presentes. Pero aún no ha llegado a su fin el día de trabajo: antes de poder regresar a casa hay que limpiar la barca.

Se me hace extraño sentir de nuevo el suelo firme bajo mis pies. Me subo al coche con toda la parsimonia de que soy capaz y con no menos precaución, a la espera de que mi cabeza deje de girar. De vuelta al pueblo Antonio comparte conmigo su alegría porque, a pesar de mi malestar, la experiencia me haya gustado.

Ya en casa apenas si reconozco la fantasmagórica imagen que el espejo me devuelve, y dedico mis últimas fuerzas a meterme en la ducha. La profundidad del sueño que me espera es comparable sólo a la de la mar recién abandonada.

Al día siguiente estoy invitada a comer en casa de un cuñado de Antonio, el cual, junto a su esposa, aún vive del ganado caprino que cría y explota en uno de los barrancos de Jandía.

Al aparcar delante de la casa compruebo que gran parte de la familia ya ha llegado. La casa, toda ella de piedra, posee una fachada que

Leuchtturm "La Entallada" bei Las Playitas
Faro "La Entallada" en Las Playitas

Der feste Boden unter meinen Füßen fühlt sich seltsam an. Vorsichtig setze ich mich ins Auto und warte, daß das Schaukeln in meinem Kopf aufhört. Langsam fahren wir ins Dorf zurück und Antonio freut sich, daß es mir, trotz meiner „Spende" an die Meereswelt, gefallen hat.

Daheim schaut mir im Spiegel ein Gespenst entgegen. Mit letzter Kraft stelle ich mich unter die Dusche und sinke danach in tiefen Schlaf.

Am nächsten Tag bin ich bei einem Schwager von Antonio zum Essen eingeladen, der mit seiner Frau in einem *barranco* von Jandía wohnt und immer noch von der Ziegenhaltung lebt.

Als ich vor dem alten Steinhaus parke, dessen Vorbau ausschaut wie ein selbstgebasteltes Kartenhaus, ist auch ein großer Teil von Antonios Familie schon da. Von den zehn Kindern sind fast alle verheiratet und haben natürlich ihren eigenen Nachwuchs dabei. Es geht laut und lebendig zu, denn jeder will etwas sagen und gehört werden. Antonina schleppt Riesentöpfe voll Kartoffeln und Ziegenfleisch vom Herd auf den Tisch und stellt einen großen Ziegenkäse dazu. Zuerst wird die jüngste Generation versorgt, damit die Eltern später in Ruhe essen können.

Während die Kinder essen, finde ich in dem kleinen Wohnraum Antonio, der mich sofort fragt, ob ich die gestrige Fahrt gut verkraftet habe. Ich nicke und beteuere, daß dies nicht meine letzte Angeltour gewesen sei. Das freut ihn, und er sagt mir voraus, daß ich mich nach der dritten Fahrt sicherlich nicht mehr übergeben müßte.

Ich setzte mich zu ihm und habe nun Gelegenheit, nach all dem zu fragen, was mir in meiner gestrigen Übelkeit unmöglich war. Schließlich fängt man auf Fuerteventura ja nicht nur Thunfische, sondern viele andere Fischarten, für die es die unterschiedlichsten Fangmethoden gibt.

Mit den sogenannten *chicharros* oder *trainas*, das sind Schleppnetze, werden hauptsächlich Köderfische gefangen, aber auch *besugo*, *chopa* und *calamar*, Fischsorten, die jeder Tourist im Restaurant auf der Karte findet.

Die *caña de punta* ist ein spezielles Fischfanggerät, mit der die allgemein hochgeschätzten Papageienfische, *viejas*, geangelt werden. Es hat ein Horn als Haken, an dem ein Krebs aufgespießt wird, der *viejas* anlockt.

Mit der potera fängt man Tintenfisch. Am Ende dieser Angel sind eine Vielzahl von stecknadelförmigen Haken befestigt.

Und natürlich gibt es auch die nasas, kastenartige Reusen aus Metallgeflecht in verschiedenen Größen. Die werden im Meer ausge-

parece hecha de naipes por su original empedrado decorativo. De los diez hijos de Antonio casi todos son padres de familia y están acompañados también por sus propios hijos. El ambiente es ruidoso y vivaz, todos quieren hablar y ser escuchados. Antonina prepara la mesa y desde la cocina va acercando enormes cazuelas repletas de papas y carne de cabra, colocando en el centro de todo el festín un gran queso de cabra. Es la generación más joven la primera en saciar su apetito, para que los padres puedan comer tranquilos más tarde.

Mientras comen los niños me reúno con Antonio en el cuarto de estar. De inmediato muestra interés por mi recuperación del viaje de ayer. Yo afirmo solemnemente que no ha sido mi última salida al mar, lo cual le alegra, y para animarme me dice que, después mi tercera travesía, a buen seguro no vomitaré más. Me siento con él y aprovecho la oportunidad de preguntarle lo que ayer, a causa de mi "indisposición marinera", no pude. Y es que en Fuerteventura se pescan otras muchas especies además de los túnidos, por lo que existen muy diversos métodos de pesca.

Con redes barrederas o de arrastre llamadas "chicharros" o "trainas" se capturan principalmente los cebos, pero también el besugo, la chopa y el calamar, especies todas que cualquier turista puede encontrar en la carta de los muchos restaurantes especializados en pescado.

Con la "caña de punta" son atrapados por regla general los muy apreciados escáridos: las "viejas". Posee un cuerno a modo de anzuelo en el que un cangrejo sirve de cebo para atraer a tan sabroso pescado.

La "potera" es una caña en cuyo extremo hay un sinnúmero de anzuelos en forma de alfileres, y que se usa para la captura de los pulpos.

Y naturalmente están las "nasas", especie de caja de tela metálica de diversos tamaños y grosores de tela en función de la especie que se desea capturar. Éstas son colocadas en el mar luego de hacer la conveniente marcación con los puntos de la costa más favorables, para poder así al día siguiente volverlas a encontrar para recoger todo lo que en ellas se haya introducido.

"Antiguamente sólo existía la caña de pescar", comenta Antonio. *"Así la cantidad de presas era limitada y la renovación de peces siempre estaba asegurada. Ahora a menudo salimos inútilmente"*.

La llamada de Antonina interrumpe nuestra conversación, y nos sentamos a comer en la mesa más grande de la casa, en la que apenas hay sillas suficientes para todos los miembros de la familia.

setzt, wobei man sich als Orientierung einen bestimmten Punkt an der Küste merkt, um sie am nächsten Tag wiederzufinden. Die Maschengeflechte der nasas sind unterschiedlich dicht, entsprechend der Fischart, die gefangen werden soll.

„Früher gab es nur die Angel", sagt Antonio. „So war die Fangmenge begrenzt, und der Fischbestand konnte sich immer wieder erneuern. Jetzt fahren wir oft vergeblich hinaus."

Der Ruf zum Essen unterbricht unsere Unterhaltung, und wir setzen uns an den großen Tisch, an dem es kaum genug Stühle für alle Familienmitglieder gibt.

Von Antonios Söhnen ist keiner Fischer geworden. Er hat ihnen empfohlen, sich besser eine weniger gefährliche Arbeit an Land zu suchen. Zwar ging bisher selten ein Fischer verloren, aber das Unfallrisiko ist groß, und die Angst der Frauen begleitet die Männer bei all ihren Fahrten.

Die meisten seiner Kinder arbeiten heute im Tourismus, obwohl sie deshalb mit ihrem Herkunftsort nicht weniger verbunden sind. Wasser und Strom gibt es erst seit gut zwei Jahrzehnten und sie können sich gut an die Zeit davor erinnern. So sehr sie in der Gegenwart leben, empfinden sie die Herkunft ihrer Eltern als ein Stück wertvoller Tradition, die es mit allen Mitteln zu bewahren gilt.

Ich fordere Antonina auf, von früher zu erzählen. Sofort hört jedermann aufmerksam zu, obwohl sie diese Geschichten schon viele Male gehört haben.

Antonina ist im Gran Valle aufgewachsen, einem der grünen barrancos Jandías, in der Nähe einer Quelle. Dort lebte sie mit ihren dreizehn Geschwistern in den üblichen Steinhäusern und half ihren Eltern bei der Arbeit mit den Ziegen und dem Kornanbau. Später zogen sie dann ins Valle de Esquinzo, wo der Vater Gemüse und Korn anbaute.

„Zu jener Zeit waren alle Bauern medianeros", sagt sie. Das bedeutet, daß die Hälfte aller Ziegen, des Weizens und des Käses an den Verwalter der Condesa abzugeben war, der der Boden damals gehörte.

Später übernahm Gutsav Winter die Verwaltung der Halbinsel und die Bauern und Fischer leisteten die gleiche „Steuerabgabe" an ihn.

Aber der Tourismus drängte die Ladwirtschaft und den Fischfang in den Hintergrund, und heute werden die barrancos nur noch von weidenden Ziegen bewohnt.

Als die Sonne hinter den Bergen verschwindet, verlasse ich die Abgeschiedenheit der einsamen finca. Wie immer begleitet mich der Hauch der Vergangenheit, die an diesen Orten lebendig geblieben ist.

Ninguno de los hijos de Antonio ha seguido sus pasos. Él les ha recomendado siempre buscarse un trabajo menos peligroso en tierra firme. Hasta ahora, en estas aguas raras veces ha desaparecido un pescador, pero el riesgo de accidentes no es de despreciar, y el temor de las mujeres acompaña a sus maridos en todos sus viajes.

La mayoría de sus hijos trabajan hoy ligados al turismo, aunque no por ello se sienten menos unidos al su lugar de origen. Desde hace unos veinticinco años existe en la isla agua y electricidad, y la mayoría de ellos recuerda a la perfección épocas pasadas. Aún viviendo en un presente tan distinto ya, guardan sus orígenes y las experiencias de sus padres como parte imprescindible de la tradición, la cual merece la pena ser conservada por todos los medios.

Exhorto a Antonina para que nos relate antiguas anécdotas y de inmediato todo el mundo escucha absorto aunque muchos nos sepamos ya las historias de memoria.

Antonina se crió en Gran Valle, uno de los barrancos verdes de Jandía por su proximidad a un manantial. Allí vivió con sus trece hermanos en la tradicional casa de piedra, ayudando a sus padres en los trabajos con las cabras y el cultivo de cereal. Sería más tarde cuando se mudaran al Valle de Esquinzo, donde el padre cultivaba verdura y cereales. En aquel tiempo todos los granjeros eran "medianeros", explica ella. Esta condición suponía que el cincuenta por ciento de todo, cabras, trigo y queso, había de ser entregado al administrador de "La Condesa", al cual le pertenecía el suelo.

Posteriormente la administración de las tierras pasó a manos de Don Gustav Winter, a quien hubieron de entregar también el mismo "impuesto".

La llegada del turismo trajo consigo el abandono de los barrancos, aprovechándose apenas hoy como pastos para las cabras de la costa y alguna que otra finca solitaria con su pequeño rebaño.

Llega la hora de dar por terminada la visita, agasajada una vez más por todo lo que conmigo han compartido. Abandono la soledad de la finca, igual que lo hace el sol por la loma del barranco. Una vez más me acompaña la omnipresente sombra del pasado, tan fresca en este lugar.

Strand bei La Pared
Playa de La Pared

JUANA MARÍA

Meine Freundin Juana María lebt am Fuß des „Hexenberges" von Tindaya. In seinem Schatten erwachte in ihr mit fünfundzwanzig Jahren das Wissen der *alfareras* aus der Zeit der Majos zu neuem Leben. Seitdem schmerzt sie jeder Tag, an dem sie ihre Hände nicht in den Ton versenken kann. Wenn sie arbeitet, ist sie mit ihren Gedanken an einem ganz anderen Ort als dem, den ihr Gott zugedacht hat - niemand weiß, wo das ist.

„Das Arbeiten mit dem Ton, das ist meine Zuflucht", sagt sie, „sonst wäre ich zwischen all der Hausarbeit und den Kindern verrückt geworden."

Ihre vier Kinder, die heute fast alle groß sind, haben von klein auf gelernt, daß man die Mutter bei ihrer Beschäftigung nicht stören durfte. Solange sie in ihrer Werkstatt saß, gehörte ihre Aufmerksamkeit allein dem Ton.

Die Liebe zum Töpfern hat abgefärbt. Juana Marías älteste Tochter ist jetzt auch im Besitz des *Artesano*- Ausweises. Sie hilft der Mutter bei großen Aufträgen, wie der Herstellung von Öfen und bei den Handwerkskursen, die diese seit vielen Jahren gibt. Auf Fuerteventura muß man eine Kunsthandwerksprüfung ablegen, wenn man sich *artesano* nennen will.

Der *artesano* unter den Majoreros, das ist wieder mal ein ganz eigener Schlag von Mensch. Seine Eigenständigkeit ist sozusagen das Nonplusultra des Individualismus.

Von der *artesanía* leben ist auf Fuerteventura gar nicht so einfach, denn außer dem Material und seinen Händen, hat der *artesano* nur die Zeit als Hilfsmittel. Und die ist, im Gegensatz zu früher, heutzutage knapp.

Noch zu Juana Marías Jugendzeit, da war das anders. Da war die *artesanía* ein normaler Bestandteil jeden Haushalts, allein schon aus der Notwendigkeit heraus.

„Wir haben alles selber gemacht", erinnert sie sich. „Wir flochten die Hüte und Körbe aus Palmwedeln oder machten Besen aus ihnen. Wir spannen die Wolle der Schafe, bevor wir das Garn zum Weben verwandten. Unsere Kleider nähten wir auch selbst, und die Aussteuer, die wurde im Hohlsaumstich gestickt."

Heute ist für all diese Handwerke im Alltag keine Zeit mehr. Die alten *artesanos* indes stört das wenig. Sie denken nicht daran, ihre Arbeit durch technische Mittel zu mechanisieren, um ihre Waren schneller zu produzieren. Da suchen sie sich lieber eine Arbeitsstelle im Tourismus und gehen dann in ihrer Freizeit dem Kunsthandwerk nach.

JUANA MARÍA

Juana María vive al pie de la montaña de las brujas en Tindaya. Bajo su sombra y ya con 25 años de edad renació en ella la sabiduría de las alfareras "Majos". Desde aquel momento cada día que no hunde sus manos en el barro es para ella un día baldío. Al trabajar su mente está lejos del espacio terreno que le fuera asignado por Dios, y que nadie sino ella sabe donde se encuentra.

"El trabajo con el barro es mi refugio", dice, *"si no, ya me hubiera vuelto loca entre todo el trabajo de la casa y los niños"*. Sus cuatro hijos, hoy ya casi todos mayores, aprendieron desde pequeños a no molestar a su madre mientras estaba ocupada. Siempre que estuviera sentada en su taller, la atención se centraba únicamente en el barro.

El amor a la alfarería ha sido heredado por los hijos. La mayor de todas posee también su carnet de artesana; ayuda a su madre en los encargos grandes, como la fabricación de hornos, y en los cursos de artesanía que desde hace muchos años imparte. En Fuerteventura para llamarse "artesano" hay que aprobar previamente un examen de esta disciplina. Entre los Majoreros el artesano forma una casta muy especial: su independencia es, por decirlo de alguna manera, el novamás del individualismo. Vivir de la artesanía no es fácil aquí ya que, salvo el material y sus manos, el artesano tiene al tiempo como único recurso. Y, al contrario que antaño, el tiempo escasea en nuestros días.

Cuando Juana María era joven las cosas eran muy distintas. Entonces la artesanía era una parte más de cada hogar, por simple necesidad.

"Nosotras mismas hacíamos de todo", recuerda. *"Trenzábamos los sombreros y las cestas de palma, o hacíamos escobas con ella. Hilábamos lana de las ovejas antes de poder tejer con su hilo. Nuestra ropa también la cosíamos nosotras mismas, y el ajuar se hacía todo en calado"*.

Hoy ya no hay tiempo para practicar tantos tipos de artesanía, si bien a los viejos artesanos esto les importa poco. Nunca han pensado en mecanizar su trabajo mediante técnicas más modernas para producir así su mercancía con más rapidez. Antes prefieren buscarse un puesto de trabajo en la industria del turismo y dejar la artesanía para su ratos libres. Y eso del arte, sea como fuere, dejarlo como cosa aparte.

La palabra artesano significa según el diccionario "trabajador manual, autor, creador", y ya la misma palabra indica, al desglosarla, un "arte sano". Todo eso es verdad, aunque los artesanos majoreros siempre se han ocupado de la fabricación de objetos de uso diario como escobas, sombreros, cestas, fuentes, hornos, platos, jarras, vasos y

Das mit der „Kunst" ist auch so eine Sache. Wörtlich übersetzt heißt „arte-sano" gesunde Kunst. Im Wörterbuch steht: Handwerker, Urheber, Schöpfer.

Das stimmt alles irgendwie, aber eigentlich stellten die *artesanos* von Fuerteventura immer Nutzgegenstände her. Besen, Hüte, Körbe, Schüsseln, Öfen, Teller, Krüge, Becher und Decken, die dann im Gebrauch zum Leben erweckt wurden. Wer sich mit solchen handgemachten Dingen umgibt, bekommt ein völlig anderes Verhältnis zu dem Wort „Gegenstand". Anstatt eines Objektes hat man plötzlich ein lebendiges Material in der Hand, dem andere Hände liebevoll die Form gegeben haben. Dadurch gewinnt es mit einem Mal an Bedeutung, vor allem, weil man es täglich benutzt, in den guten und den schlechten Tagen, und es entsteht eine Beziehung zu ihm.

„Es fällt mir schwer, mich von meinen Sachen zu trennen", seufzt Juana María. „Ich möchte sie am liebsten alle behalten."

Das ist nicht sehr wirtschaftlich gedacht, aber so ist das eben mit den *artesanos*.

Natürlich gibt es heute auch eine junge Generation von *artesanos*, die versuchen, in unserer Wohlstandsgesellschaft durch kreative Kunst die alten Handwerke am Leben zu erhalten. Gebrauchsgegenstände sind heute überall billig zu erwerben, das Handwerk ist zum Kunsthandwerk geworden, sein Produkt ist vom Gebrauchsgegenstand zum Luxusartikel avanciert. Der Begriff Luxusartikel bedeutet, alles, was nicht lebenswichtig ist. Zwischen französischem Champagner, Kaviar und einem handgemachten *tofio* liegen natürlich Welten, aber ein jedes ist zweifellos Ausdruck von Lebensqualität.

Seit einigen Jahren gibt es eine Vereinigung der *artesanos*, die gleichzeitig das Handwerk als solches schützen und seine Kommerzialisierung vorantreiben soll. Außerdem werden auf allen kanarischen Inseln Kunsthandwerk-Ausstellungen durchgeführt, um die Arbeit des *artesanos* der Bevölkerung näherzubringen. Die Kosten für die Reise, den Stand und den Aufenthalt sind oft höher als die erzielten Verkäufe. Organisationsfragen und Materialversorgung sind von nun an Probleme, mit denen die neue Vereinigung sich befaßt.

Juana María hat 1990 auf Teneriffa und 1993 auf Fuerteventura auf der jährlichen Kunstmesse einen Preis für ihre Arbeit bekommen.

Daß sie einst an Ausstellungen teilnehmen und für ihre *tofios* prämiert werden würde, hätte sie sich bestimmt nicht träumen lassen, als sie zum ersten Mal im Valle de Sta. Inés saß und das Töpfern „wiedererlernte". In jenem Tal sitzen seit Urzeiten die *alfareras* Fuerteventuras. Dort lehrte man diese Kunst und verkaufte die Tongefäße seit der Eroberung durch die Spanier. Auch wenn die Herstellung aller Gebrauchsgegenstände seinen

mantas que, al usarlos, van cobrando vida propia. Quien se rodee de estos frutos del trabajo manual, cambiará de opinión sobre la palabra "objeto". En vez de algo muerto, uno puede sentir como en sus manos mantiene una materia con vida a la que unas manos ajenas y a la vez creadoras le han dado forma con trabajo y dedicación, por lo que, de repente, cobra importancia y personalidad propias, sobre todo al ser usado día a día, y se crea relación casi íntima.

"*Me cuesta mucho separarme de mis piezas*", dice Juana María, suspirando. "*Si por mi fuera me las quedaría todas*".

Puede que esto no sea una idea precisamente económica, pero así son los artesanos.

El salto generacional, por su parte, está garantizado; hoy en día existe toda una generación de artesanos noveles que merced a su creatividad ponen su granito de arena para mantener vivos antiguos artes y oficios en nuestra moderna sociedad de bienestar. Los antiguos oficios se han convertido en artesanía y sus productos han dejado de ser simples objetos de primera necesidad para convertirse en artículos de lujo -y no podemos olvidar en este contexto el paradógico significado de esta expresión derivado también, como no, del salto del tiempo: "todo lo que no es de primera necesidad"-. Y es que aunque entre un buen champan francés con caviar y un tofio hecho a mano haya todo un mundo de distancia, ambas cosas representan, que duda cabe, cierta calidad de vida.

Hace ya algunos años se ha formado una Asociación de Artesanos en Fuerteventura con la finalidad de proteger la artesanía local como tal y, al mismo tiempo, mejorar su comercialización. Y no solo eso. Desde hace decenios en cada una de las Islas Canarias se celebran ferias de artesanía para acercar más el trabajo de los artesanos a la población. Los gastos de viaje, para el tenderete y la estancia, son con frecuencia más elevados que los ingresos obtenidos de las ventas. Organización y suministro de materiales son, desde su nacimiento, algunos de los asuntos de que se ocupa la nueva asociación.

En la feria anual de Tenerife en 1990 y en la de Fuerteventura en 1993, Juana María obtuvo sendos premios por su trabajo con el barro. A buen seguro nunca soñó con participar en ferias y menos aún que sus tofios ganarían premios, cuando se sentó por la primera vez a "*volver a aprender*" la alfarería en el Valle.

Desde tiempos inmemoriales las alfareras majoreras se encontraban en el Valle de Santa Inés, lugar en el que se podían comprar vasijas de cerámica y se enseñaba este arte desde que llegaran los conquistadores españoles. Aunque la fabricación de los artículos de uso corriente tenía lugar en los hogares, la alfarería quedaba reservada para las mujeres del Valle:

Juana María - Tindaya
Juana María - Tindaya

Platz in den Haushalten hatte, blieb das Töpfern den Frauen im ‚Valle' vorbehalten. Es war mit mehr Aufwand und Vorbereitungen verbunden, als die anderen Handarbeiten, ganz abgesehen davon, daß man einen Ofen zum Brennen brauchte.

Die tiefe Befriedigung, die diese Arbeit in Juana María auslöste, veranlaßte sie, ihre eigenen Experimente anzustellen. Sie war, und ist es auch noch heute, völlig fasziniert von den Gefäßen der alten Majos. Es gibt kein Museum, das sie nicht besucht hätte, um sich die antiken Formen anzuschauen.

„Leider ist viel in Privatbesitz", bedauert sie, denn es ist ihre feste Überzeugung, daß es sich hier um Volksgut der Insel handelt, das jedem zugänglich sein sollte. Die Wände ihrer Werkstatt sind voll mit den Zeichnungen archäologischer Funde, an die sie sich bei der Reproduktion dieser Gefäße so genau wie irgendwie möglich hält. Ihre Arbeitsweise unterscheidet sich kaum von der der alten Majofrauen. Nur das Messer hat damals wahrscheinlich ein scharf geschliffener Knochen ersetzt.

Zuerst muß der Ton gesammelt werden. Entsprechend der Gegend der Insel ist er von unterschiedlicher Farbe. Außerdem braucht man Sand, toten Sand, das heißt, er ist fein und süß, im Gegensatz zum lebenden Sand am Meer, der grobkörniger und salzig ist.

Bevor man den Ton verarbeiten kann, sollte er mindestens zwei Wochen im Wasser liegen. Danach ruht er zum Entwässern am besten auf Gips. Der saugt die Feuchtigkeit auf und säubert zugleich. Jetzt wird der Ton mit Sand versetzt. Sobald beides durch das Kneten ineinander übergangen ist, werden kleine Stücke davon in Würste gerollt. Die sogenannten *churros* erhielten ihren Namen nach einem Fettgebäck, das genauso aussieht. Viele ringförmig zusammengelegte *churros* unterschiedlicher Größe geben dem Modell seine Grundform.

Die Auswahl der Tongefäße ist groß. Da gibt es spitz nach unten zusammenlaufende Töpfe, die die Majos einst in die Erde versenkten, um die Milch darin kühlzuhalten. Oder *tofios* und *tabajostes*, die zum Melken benutzt wurden und alle eine schnabelartige Schüttvorrichtung haben. In den späteren Jahrhunderten entwickelten die Majoreros die Töpferei weiter. So entstand der *lebrillo*, eine Schüssel, in der das Mehl zu Brotteig verarbeitet wurde. Im *tostador* wurde Weizen, Mais oder Gerste über dem offenen Feuer geröstet, bevor man das Korn in Mehl und später in *gofio* verwandelte. Die *talla* oder das *vernegal* wurde ausschließlich für den Wasserauffang benutzt, die *olla* blieb dem Kochen vorbehalten. Jedes der Gefäße ist in seiner Form dem Zweck wunderbar angepaßt.

Die *tofios* oder *tabajostes* sind mit vielen Verzierungen versehen. Die Dekoration ist nie dieselbe, keine Tonschüssel gleicht der anderen. Wie feine Äderchen durchlaufen die Rillen und Querstreifen den Ton. Ihre Bedeutung ist bisher noch ein Geheimnis geblieben.

requería más esfuerzo y preparativos que el resto de oficios, además de necesitar un horno para la cocción.

La íntima satisfacción que su oficio causa a Juana María, la ha llevado a investigar y avanzar en su creación; la fascinación que siempre han producido en ella las antiguas vasijas de los Majos, la ha obligado a recorrer todos los museos relacionados. *"Desgraciadamente gran parte de las piezas existentes pertenecen a colecciones privadas",* comenta apesadumbrada desde su firme convicción de que se trata de un bien común de todo su pueblo y de que debería ser accesible para todos.

Las paredes de su taller están cubiertas de dibujos de hallazgos arqueológicos que le ayudan a reproducir las antiguas cerámicas con la mayor exactitud posible. Su modo de trabajar apenas se distingue del que emplearon en su día los Majos; probablemente en todo el proceso sólo su cuchillo haya sustituido un hueso afilado.

Lo primero es buscar el barro. Según el lugar de la isla de donde éste proceda tendrá distinto color. Se necesita también arena, arena muerta, es decir, fina y dulce, todo lo contrario de la arena viva del mar que resultaría demasiado gruesa y salada. Antes de poder trabajarlo se ha de sumergir el barro en agua al menos durante quince días. Posteriormente y para retirar el agua se deposita sobre yeso; éste absorbe la humedad y a la vez lo limpia. Sólo entonces se añade la arena. Amasándolos, ambos materiales se unen y a continuación se separan pequeños trozos y se modelan los "churros". Varios de estos churros de distintos tamaños y en forma de anillos, apilados uno encima de otro, dan al modelo de la vasija su forma básica.

Hay gran variedad de modelos, por ejemplo aquellos cuyo extremo inferior termina en punta servían a los Majos para hundirlos en la tierra manteniendo así fresca la leche que recogían. Otros tipos son los *tofios* o *tabajostes*, usados para ordeñar; disponen ambos de un ancho pico por un lado para verter cómodamente el líquido. En los siglos posteriores las Majoreras seguirían desarrollando la alfarería, creando nuevas piezas como el *lebrillo*, fuente ancha y abierta en la que se amasaba el pan. En el *tostador* y sobre el fuego se tostaban el maíz, la cebada o el trigo, antes de convertir el grano en gofio. La *talla* o el *bernegal* se usaban exclusivamente como recipientes colectores de agua y las *ollas* servían para cocinar. La forma de cada vasija está perfectamente adaptada a su uso específico. Los *tofios* o *tabajostes* están ricamente adornados. Su decoración nunca se repite logrando así que cada vasija sea única. El barro está surcado, a modo de finas arterias, por incontables marcas cuyo significado sigue siendo un enigma.

Sobald die *churros* gut aufeinanderpappen, nimmt Juana María einen von den vielen Kieselsteinen, die sie an Fuerteventuras Küste gesammelt und sorgsam auf ihre Beschaffenheit und ihren Zweck hin geprüft hat. Manche sind rundlich und andere schmal und spitz. Jeder wird in einer anderen Phase des Arbeitsvorgangs eingesetzt. Zuerst schleift sie das Gefäß mit einem Stein von innen und außen glatt. Dann muß es einen Tag lang trocknen. Sobald der Ton einigermaßen hart geworden ist, nimmt sie ein Messer und schneidet die Kanten und Flächen gerade. Nun kommt die Geduldsarbeit. Mit feuchten Steinen wird die Schüssel glatt geschliffen, bis keine Unebenheiten mehr hervorstehen und die Hand mühelos darüber hinweggleiten kann.

Jetzt ist die Dekoration an der Reihe. Die feinen Rillen müssen oft viele Tage lang immer wieder nachgezogen werden, bis sie ihre endgültige Tiefe und Sauberkeit erreicht haben. Manche sehen aus wie nadeldünne Linien. Erst, wenn Juana María vollkommen mit einem Modell zufrieden ist, wird es gebrannt. Selbstverständlich stellt sie den Ofen nicht für ein einziges *tofio* an. Sobald sie eine größere Menge verschiedener Rohformen vorbereitet hat, geht sie Holz suchen.

„Wenn nicht ausreichend Holz da war, haben wir früher alles mögliche zum Brennen genommen, selbst alte Schuhsohlen, *aulaga*, was man so eben fand. Aber natürlich ist die Hitze dann nicht groß genug, und die Gefäße sind zerbrechlicher."

Der Ofen, in dem sie brennt, ist die Arbeit eines Steinmetzen aus Lajares, einem kleinen Ort in der Nähe von La Oliva, der auch der Sitz der ehemaligen Schule des *calados*, der Hohlsaumstickerei war.

Die Wände des Ofens sind aus Steinen gefertigt, deren Zwischenräume mit Ton verschmiert sind, damit die Hitze nicht entweichen kann. Alle Rohformen werden auf einer Oberfläche von Ziegelsteinen im Ofen deponiert. Dann wird er verschlossen und darunter das Feuer angefacht. Der Brand dauert mehrere Stunden, und die Glut des Feuers darf nur langsam gesteigert werden. Die letzten zwei Stunden herrschen achthundert Grad Hitze.

Während des Brennvorgangs färbt der Rauch am Anfang alle Tonschüsseln schwarz. Sobald jedoch etwa sechshundert Grad erreicht sind, reinigt das Feuer die Gefäße wieder und macht sie rosig. Wenn Juana María ihnen trotzdem einen dunkleren Farbton geben will, legt sie kurz vor Beendigung des Brennvorgangs noch einmal Holz auf. Aufgrund der großen Hitze brennt sich der dabei neu aufsteigende Rauch nunmehr fest in die Schüsseln ein und macht sie schokoladenfarben.

Die fertigen Modelle unterscheiden sich in ihrer endgültigen Farbe auch durch die Tonqualität. Besonders, wenn hellerer Ton verwendet wird, färbt dies die Keramiken terrakottarot. Wird zusätzlich helle

En cuanto los churros están bien pegados uno encima del otro, Juana María elige una de entre las muchas lajas laboriosa y pacientemente recogidas a lo largo de los años en las playas tras seleccionarlas según su calidad y utilidad. Unas son redondas y otras afiladas y puntiagudas. Cada una tiene su utilidad en una fase distinta del proceso. Primero la vasija es lijada interna y externamente con una piedra adecuada. Después la pieza tendrá que secarse durante un día y cuando el barro se haya endurecido lo suficiente se cortan los bordes y las superficies hasta igualarlos. En este momento empieza la parte del trabajo que más paciencia requiere; mediante piedras húmedas la vasija es lijada hasta hacer desaparecer todas las asperezas y la mano pueda deslizarse con facilidad sobre su superficie.

Ha llegado el momento de empezar a trabajar en la decoración. Más a menudo de lo que la paciencia de un profano pueda soportar, las ranuras más finas habrán de ser reiteradamente grabadas y repetidas cuantas veces sea necesario, incluso durante muchos días, hasta lograr finalmente darles la profundidad y pureza finales. Algunas de ellas tienen el aspecto de líneas finísimas. Sólo cuando Juana María se siente completamente contenta con el modelo procede a su cocción.

Nunca enciende el horno para un solo tofio. Sólo cuando hay una cantidad suficiente de modelos en crudo busca la leña. *"Antes, cuando no teníamos leña suficiente, utilizábamos cualquier cosa para la cocción, desde las suelas de zapato más viejas hasta la aulaga, todo lo que se encontraba y podía arder. Pero así, naturalmente, no se lograba el calor necesario y las vasijas resultaban más frágiles"*.

El horno que usa es obra de un cantero de Lajares, un pueblecito próximo a La Oliva, en el que también se encuentra la sede de la antigua "escuela del calado".

Las paredes del horno están hechas de piedras y sus huecos sellados con barro para que el calor no pueda escapar. Todas las vasijas crudas se depositan en el interior del horno sobre una superficie hecha de ladrillos especiales. A continuación se cierra el horno y se enciende el fuego. La cocción requiere varias horas y la temperatura en el interior ha de aumentar lenta y gradualmente hasta lograr en las ultimas dos horas mantenerse en 800°C.

Al principio el humo tiñe todas las vasijas de negro, pero una vez alcanzados los 600°C el fuego limpia las piezas dejándolas rosadas. Cuando Juana María quiere darles un tono más oscuro añade un poco de leña justo antes de terminar la cocción; a causa de la elevada temperatura el humo así producido se graba en las vasijas de manera indeleble, dándoles su típico color chocolate.

Erde auf dem Gefäß verrieben, solange es noch feucht ist, dann bekommt es beim Brennen eine gelbliche Farbe, die es antik erscheinen läßt.

Immer wenn ich die Töpferin in ihrer Werkstatt besuche, binde ich mir eine der großen Schürzen um, verzichte dankend auf die Handschuhe, nehme mir ein Stück Ton und knete drauflos. Während ich meine „Anfängerchurros" rolle, und Juana María mit ihren flinken Händen feine Linien in ein *tofio* ritzt, erzählt sie mir von ihrer Jugend.

Zu Hause war sie die Zweitälteste und mußte sich, wie alle ältesten Töchter, um ihre Geschwister kümmern.

„Ich konnte kaum abwarten zu heiraten, um meinen eigenen Haushalt zu gründen", sagt sie. „Ich wußte ja nicht, daß ich vom Regen in die Traufe kommen würde."

Innerhalb dieses wohl schon „geschichtlichen" Irrtums, dem kaum eine Frau ihrer Zeit entkommen ist, suchte sie sich ihre Zuflucht.

„Du mußt etwas für dich selbst haben", sagt sie, „etwas, das dich zufrieden und stolz macht. Wenn deine Arbeit dann auch noch anerkannt wird, ist das sehr schön."

Sie heiratete mit einundzwanzig und hatte vier Jahre später schon drei Kinder geboren. Zwischen Kindergeschrei und der damals so beschwerlichen Hausarbeit, ohne Strom und fließendem Wasser, trieb sie eines Tages die Neugier ins Valle de Sta. Inés.

Dort traf sie auf Salomé Brito und ihre Schwiegertochter Josefina Bethencourt. Diesen beiden Frauen beim Töpfern zuzusehen, war für Juana María wie eine Offenbarung.

„Ich bin nur ein einziges Mal dort gewesen, danach wußten meine Hände von allein, was sie zu tun hatten. Ich mußte mich nur ‚erinnern'."

Mit den Jahren wurde die „Erinnerung" zur Gewißheit, denn sie weiß einfach, wie der Ton reagiert und sie glaubt nicht, daß ihr jemals mehr als zwei Gefäße beim Brennen gesprungen wären. Dabei ist es eine Kunst zu kalkulieren, wann das Holz nachgelegt werden muß, damit die Hitze nicht zu langsam und nicht zu schnell steigt.

„Das ist wie beim Kochen", lacht sie, „man muß es einfach im Gefühl haben."

Sie sucht in der Kiste neben sich nach einem bestimmten Holzspachtel, und neben allerlei Utensilien kommt eine kleine, lädierte Heiligenfigur zum Vorschein.

„Ach, das ist San Pancrasio", antwortet sie auf meine Frage. „Er bringt Glück, wenn ihn dir jemand schenkt. Aber zuerst mußt du ihn schlecht behandeln."

Der Arme sieht weiß Gott nicht gut aus, es fehlt ihm sogar eine Hand.

Una vez terminadas las piezas se distinguen en su color definitivo también por la calidad del barro utilizado. Usando un barro más claro adquieren un color terracota, pero añadiendo un poco de tierra clara sobre la vasija mientras esta se mantenga húmeda aún, la cocción le dará un color amarillento y con él un toque de antigüedad.

Siempre que visito a la alfarera en su taller me pongo uno de sus grandes delantales y renuncio a los guantes, busco un trozo de barro y empiezo a amasarlo. Mientras doy vueltas a mis churros de principiante, Juana María graba con sus hábiles manos finas líneas en un tofio y me habla de su juventud. En su casa era la segunda hija, por lo que siempre tuvo a su cuidado a sus hermanos más pequeños.

"Apenas podía esperar a casarme y tener mi propio hogar. Lo que no sabía era que saltaba de la sartén para ir a parar a las brasas".

Dentro de este error ya casi histórico del que pocas mujeres de su época escaparon, ella buscó y encontró su refugio.

"Tienes que tener algo para ti misma, algo que te haga sentirte satisfecha y orgullosa. Y si tu trabajo llega a ser reconocido, eso es muy bonito".

Casada con 21 años, cuatro más tarde ya había dado a luz a tres hijas. Entre los llantos de las niñas y las labores de la casa, tan fatigosas en aquel entonces sin electricidad ni agua corriente, un buen día la curiosidad la guió hasta el Valle de Santa Inés donde encontró a Salome Brito y a su nuera, Josefina Bethencourt. Contemplar con sus ojos como ambas mujeres trabajaban el barro fue como una revelación para Juana María.

"Estuve allí una sola vez, y después mis manos sabían por sí solas que tenían que hacer. Simplemente tenía que acordarme".

Con los años el recuerdo de que habla se convirtió en certeza; ya sencillamente sabe como responde el barro entre sus manos, hasta el punto de afirmar que jamás se le han roto más de dos vasijas en todas las cocciones que ha realizado. Y eso que calcular el preciso momento de añadir la leña al fuego para que la temperatura no suba ni muy rápida ni muy lentamente, es todo un arte.

"Esto es como cocinar", se ríe, *"uno tiene que sentirlo".*

Buscando un espátula especial de madera dentro una caja, veo depositada a su lado la pequeña figura de un Santo ligeramente dañada.

"Ah, este es San Pancracio", contesta a mi pregunta. *"Trae buena suerte cuando alguien te lo regala. Pero primero tienes que tratarlo mal".*

Desde luego no tiene buen aspecto, e incluso le falta una mano.

"Normalmente suelo ponerle con la cara hacia la pared y simplemente me olvido de él", dice Juana María. *"Pero hay gente que al principio le meten en*

„Meistens stelle ich ihn mit dem Gesicht zur Wand und vergesse ihn einfach", sagt Juana María. „Es gibt jedoch Leute, die ihn anfangs eine Weile ins Gefrierfach legen. Petersilie muß man ihm auch bringen, aber die muß geschenkt oder gestohlen sein."

Solche Worte sind nicht verwunderlich für jemanden, der am Berg von Tindaya lebt. Aberglauben und Magie gehören zum täglichen Leben, selbst wenn sie nicht so ernst genommen werden.

Unzählige Sagen umgeben den „Hexenberg". Da ist die Legende von dem „Licht von Mafasca", und laut den Überlieferungen war hier der Versammlungsort der Hexen Fuerteventuras. Schon auf die Ureinwohner hat der Berg eine magische Anziehungskraft ausgeübt. In seinen Hängen hat man unter anderem Felsgravierungen in Form von Fußabdrücken gefunden, die sonst nur noch in Libyen vorkommen. Sie sind einer der wichtigsten Hinweise über die Herkunft der ersten Einwohner Fuerteventuras. Abgesehen von den Eingravierungen, über deren Bedeutung immer noch gerätselt wird, scheint der Berg auch ein beliebter Platz für die Ausübung religiöser Kulte gewesen zu sein. Die Archäologen arbeiten im Wettlauf mit der Zeit. Ein großer spanischer Künstler hat der Regierung ein Projekt präsentiert, mit dem er den Berg zu einem Naturmonument machen will. Er möchte die Stellung des Menschen in Bezug zu den Elementen demonstrieren, und nebenbei soll der Berg auch noch Ziel touristischer Ausflüge werden. Naturschützer und Archäologen liegen im Streit mit Politikern, Bodenspekulanten und Künstlern. In dem Interessenkonflikt spielt sein heller Stein, der Trachyt, eine wichtige Rolle. Er ist fast immun gegen Erosionen und daher heißbegehrt für die Fassadenverkleidungen. Nun hängt das Schicksal des Berges von dem Bericht der Geologen ab, die herausfinden sollen, ob er den geplanten Ausgrabungen, die für das Kunstobjekt notwendig sind, überhaupt standhalten kann.

Einer der vielen Interpretationsansätze über die magisch-religiöse Bedeutung des Berges zur Zeit der Majos sucht seine Antwort ebenfalls in der Beziehung zwischen dem Menschen und dem Element. Man geht davon aus, daß der Berg einen Sonnentempel besaß, von dem aus die Heiligenpriesterinnen Tamonante und Tibiabín den astrologischen Verlauf der Sonne, der Erde und der Jahreszeiten verfolgten, um später aus ihren Rückschlüssen Voraussagen zu treffen.

Egal welche Bedeutung die Wissenschaftler dem Berg und seinen Gravierungen geben, für Juana María und viele Einwohner sind die Heiligen für den täglichen Gebrauch noch gut im Gedächtnis. Als Zeichen der Vermischung von Aberglauben und Christentum gehörten sie genauso zum Landleben des Majoreros wie die Ziege, der *gofio* und das Warten auf den Regen.

el congelador durante un tiempo. También hay que darle perejil, pero este tiene que ser regalado o robado", termina y se ríe.

Estas palabras no son extrañas para alguien que vive cerca de la montaña de Tindaya. La superstición y la magia forman parte de la vida cotidiana, aún cuando no se las toma demasiado en serio. Son innumerables las leyendas que rodean la montaña de las brujas. La más conocida es la de la luz de Mafasca y, según los cuentos, aquí es donde se reunían las brujas de Fuerteventura.

Ya los aborígenes se sentían mágicamente atraídos por la montaña. En sus faldas han sido encontrados, entre otros, grabados "podomorfos" - en forma de pies - que además de en Tindaya han sido encontrados en Libia. Constituyen una de las referencias más importantes al origen de los primeros habitantes de Fuerteventura. Aparte de los grabados sobre cuyo significado aún se especula, parece haber sido también un lugar de reunión donde celebrar cultos religiosos. Los arqueólogos trabajan contra el reloj. El gran artista español Eduardo Chillida ha presentado al Gobierno un proyecto para convertir la montaña en un monumento natural que demostraría la posición del hombre en su relación con los elementos, logrando al mismo tiempo convertir la montaña en un lugar de gran interés turístico. Se discute aún este gigantesco proyecto, permaneciendo incierto el destino de la montaña sagrada. Ecologistas y arqueólogos se enfrentan a políticos, especuladores inmobiliarios y artistas. A todo este juego de intereses más o menos legítimos se añade la gran importancia de su piedra clara, la traquita, material casi resistente a la erosión de gran interés en el sector de la construcción para el revestimiento de fachadas. Ahora todo parece depender del informe encargado a los geólogos y que permitirá conocer si la montaña resistiese las excavaciones necesarias para vaciarla parcialmente, como propone el proyecto artístico.

Uno de los muchos enfoques para interpretar el significado mágico-religioso de la montaña en tiempos de los Majos busca su respuesta, al igual que el proyecto de Chillida, en la relación entre el hombre y los elementos. Se parte de la idea de que la montaña era un Templo del Sol, desde el que sacerdotes como Tamonante y Tibiabín, habrían seguido el curso de los astros y las estaciones para, según sus conclusiones, emitir sus profecías.

Pero independientemente del significado que den los científicos a la montaña, Juana María y otros muchos habitantes de Tindaya recuerdan aún los Santos y su uso diario. El sincretismo, mezcla de antiguas supersticiones y cristianismo, forman parte de la vida del Majorero tanto como la cabra, el gofio y la espera de la lluvia.

Alte Mühle bei Tefia
Molino en Tefia

San Isidro, der war für eine gute Ernte zuständig, Santa Lucia kümmerte sich um die Augen, San Pedro um Berge, San Juan gehörte zum Meer, und San Antonio sorgte für die Bräute und Bräutigame. San Andres hatte eine schwierige Stellung, denn er mußte Regen bringen. Um dem Wunsch Nachdruck zu verleihen, drohte man ihm damit, ihn aus dem Dorf zu jagen. Vor ein paar hundert Jahren haben die Einwohner aus Tetir die arme Holzstatue wirklich einmal ins Exil geschickt. Selbst die Heiligen auf Fuerteventura sind Kummer gewöhnt.

Wer Juana María zuschaut, wie sie, versunken in ihre Arbeit, sich selbst vergißt, der spürt außerdem, daß das Wissen der alten Majos, das in vielen seiner Nachfahren heute schlummert, jeden Tag aufs Neue erweckt werden kann. Sein Träger muß nur dazu bereit sein, es zu leben.

VOM FEUDALSYSTEM IN DAS JAHRHUNDERT DER KAZIKEN UND FREIMAURER

Spanien in den Wirren des 19. Jahrhunderts.

Die endgültige Abschaffung des Feudalsystems in Spanien war kein spontaner Entschluß aus einer königlichen Laune heraus, sondern die Konsequenz einer langen innenpolitischen Entwicklung. Zwar waren die *Señores* ihrer militärischen Kompetenzen so gut wie enthoben, aber sie übten immer noch die Rechtsprechung auf ihren Ländereien aus, ganz abgesehen von den *quintos*, die sie von ihren Vasallen weiterhin kassierten. All diese Vorrechte wurden den Feudalherren nun von der aufwärts strebenden Bürgertumsbewegung streitig gemacht.

Im Jahre 1808 hatten Napoleons Übergriffe auf Spanien endlich Erfolg. Einmal an der Macht, gab er sich nicht mit der Abdankung des damaligen spanischen Königs Carlos IV. zugunsten dessen Sohnes Fernando VII. zufrieden, sondern setzte seinen Bruder Jóseph Bonaparte auf den spanischen Thron. Dies forderte den Unabhängigkeitskrieg heraus, der 1814 mit dem Sieg der Spanier endete.

Zu jener Zeit hatte sich bereits eine starke Bürgertumsbewegung im Land gebildet. Noch während der Krieg andauerte, wurde 1812 in Cádiz die erste Konstitution erlassen. Aber König Fernando VII. kehrte bei Kriegsende aus dem Exil zurück, und seine erste Amtshandlung war die Abschaffung dieser neuen Verfassung. Obwohl er alle liberalen Regungen

---

Si San Isidro era el responsable de una buena cosecha, Santa Lucía era la encargada de la vista de los creyentes, San Pedro de las montañas, San Juan del mar y San Antonio de los noviazgos. A San Andrés siempre le ha correspondido en esta tierra la más delicada posición por ser el implicado en la llegada de la lluvia. Por esa difícil responsabilidad que siempre se le ha atribuido, se ha llegado incluso a amenazar a tan sufrido Santo con el exilio: en una ocasión hace ya cientos de años, las gentes de la nórdica localidad de Tetir le expulsaron de su parroquia. Hasta los Santos están acostumbrados a soportar sus penas en Fuerteventura.

Observando a Juana María absorta en su trabajo, olvidada de sí misma, se siente no sólo como la sabiduría de los antiguos Majos permanece dormida en muchos de sus descendientes, sino también como puede resucitar en nuestros días. El milagro depende tan sólo de la voluntad de su portador en revivirla.

DEL SISTEMA FEUDAL AL SIGLO DEL CACIQUISMO Y DEL MASÓN

España en la conflictiva situación política de los siglos XIX y XX.

La abolición definitiva del sistema feudal en España no fue una resolución espontánea, consecuencia de un capricho real, sino el resultado de la evolución de la política interior. Aunque los Señores habían sido eximidos de sus competencias militares, desempeñaban aún la administración de justicia en sus tierras, además de continuar percibiendo el tributo de los quintos de sus vasallos. Pero poco a poco todos estos privilegios fueron disputados a los Señores por el creciente movimiento burgués.

En el año 1808 las incursiones napoleónicas en España tuvieron éxito. Una vez en el poder, no satisfecho con la abdicación del entonces rey de España Carlos IV en favor de su hijo Fernando VII, Napoleón colocó a su hermano José Bonaparte en el trono español, provocando con ello la Guerra de Independencia que no tocaría a su fin hasta el año 1814 con la victoria de los españoles.

Para entonces ya se había producido una fuerte revolución burguesa y fue en el transcurso de la contienda, en 1812, cuando se promulgó la primera constitución española en Cádiz, si bien a su regreso del exilio, el rey Fernando VII la derogaría en su primer acto oficial. Aunque sometió todos

unterdrückte und als absoluter Alleinherrscher regierte, gelang es ihm nur mühsam, die Unzufriedenheit im Lande zu kontrollieren. Dazu kamen außenpolitische Sorgen. Angesteckt durch den Unabhängigkeitskrieg in Nordamerika, begannen sich die südamerikanischen Kolonien von ihren spanischen Besatzern zu befreien. Der daraus entstandene Verlust der Handelsrechte verärgerte das Bürgertum. Erneut riefen revolutionäre Bewegungen nach einer Verfassung, die aber erst 1876, nach vielen innenpolitischen Wirren, im Parlament genehmigt wurde. Sie schaffte die Grundlage zur Wiederherstellung einer verfassungsgebundenen Monarchie durch die Bourbonen in Gestalt von König Alfonso XIII.

Während seiner Regierungszeit verlor Spanien 1898 seine restlichen Kolonien in Südamerika. Dies hatte nicht nur politische Nachteile, sondern löste auch eine Identitätskrise im spanischen Nationalbewußtsein aus. Spiegelbild dieses Prozesses wurde die sogenannte „Generation von 1898". Dieser Begriff umfaßt eine Reihe von Künstlern und Literaten, die das bis zu jenem Zeitpunkt unantastbare spanische Nationalbewußtsein in Frage stellten. In ihren Werken setzten sie sich kritisch mit der Gesellschaft und der herrschenden Politik auseinander.

Zu Beginn des 20. Jahrhunderts nutzte der Diktator Primo der Rivera die Unzufriedenheit des Volkes, um im Jahre 1923, unterstützt vom industriellen Bürgertum, den Großgrundbesitzern und der Kirche, mit einem Militärputsch die politische Macht an sich zu reißen. Zwar war auch seine Militärregierung nicht von langer Dauer, aber die ihr folgende republikanische Regierung konnte sich ebenfalls nicht halten. 1936 brach der Bürgerkrieg aus und gipfelte 1939 in einer der dunkelsten Epochen Spaniens: der Diktatur des General Francos.

Die Kanaren im 19. Jahrhundert.
Abschied der Coroneles und Auftritt der neuen Herren:
Die Großgrundbesitzer und das Pleito Insular.

Vor dem Hintergrund der Festlandpolitik sind die nicht weniger chaotischen Zustände auf den Kanaren im 19. Jahrhundert zu verstehen. Hier ein kurzer Überblick:

Die große Entfernung zum Festland hatte die kuriose Konsequenz, daß immer, wenn man sich von Seiten der kanarischen Regierung gerade auf die neue Situation eingestellt hatte, das nächste Schiff aus Spanien kam, mit gegensätzlichen Meldungen und Anweisungen. Diese widersprüchliche Lage gab außerdem genug Spielraum für die

los movimientos liberales y gobernó como monarca absoluto, apenas si logró controlar el descontento dominante en el país. A tan inestable situación se añadirían los crecientes problemas en el exterior: las colonias sudamericanas comenzaron a independizarse, contagiadas por los vientos de libertad que desde el norte llegaban por la Guerra de Independencia norteamericana. En consecuencia la corona perdió sus derechos mercantiles enojando aún más a la clase burguesa. Nuevos movimientos revolucionarios pedían una constitución que llegaría con la aprobación por el Parlamento en el año 1876, tras innumerables conflictos de política interior. Sería ésta quien sentara la base para la restitución de una Monarquía Constitucional con los Borbones, estando a la cabeza Alfonso XIII.

Durante su reinado, en 1898, perdió España el resto de sus colonias en Sudamérica con las consiguientes desventajas políticas, y la aparición de toda una crisis de identidad en la conciencia nacional española que daría origen a la llamada "Generación del 98".

Ésta englobaba toda una etapa del arte español y a sus representantes en la práctica totalidad de sus disciplinas, cuya razón de ser común era la ruptura de aquella conciencia nacional que hasta entonces se consideraba inquebrantable, criticando en sus obras la sociedad y la política dominante.

Sería en el año 1923 cuando, aprovechando el descontento público del pueblo, el dictador Primo de Rivera se apoderara mediante un golpe de estado del control político, siendo apoyado por la burguesía industrial, los terratenientes y la Iglesia. Si bien su gobierno militar no duró demasiado, menos lo harían aún los gobiernos republicanos que le sucedieron. 1936 trajo consigo la Guerra Civil que culminó, tres años más tarde, con una de las más oscuras épocas del país, la dictadura del General Franco.

Las islas Canarias en el siglo XIX.
Se despiden los Coroneles y nace la era de los terratenientes.
Se inicia el Pleito insular.

Con este escenario político en la península no resulta difícil de comprender la caótica situación en Canarias durante el siglo XIX. La enorme distancia que separan las islas de la península trajo consigo durante este período que, a cada adaptación del Gobierno Canario a una nueva situación política, le sucedía de inmediato la llegada de un nuevo barco con información e instrucciones contrarias. Tan contradictoria situación proporcionaba margen de maniobra suficiente para que los más altos comisionados de Gran Canaria y Tenerife obraran a sus anchas impunemen-

eigenmächtigen Handlungen der höchsten Militärbeauftragten von Gran Canaria und Teneriffa. Mit der Verfolgung ihrer Interessen leiteten sie die bedauernswerte Geburt des *Pleito Insulares* ein.

In diesem „Inselstreit" kämpften die beiden ehrgeizigen Militäroberhäupter gegeneinander um die Vorherrschaft auf dem Archipel. Die kleineren Inseln wurden durch Versorgungsboykotte unter Druck gesetzt, um ihnen die Entscheidung ihrer Zugehörigkeit zu „erleichtern". Nach einem Jahrhundert des Tauziehens erfolgte im Jahre 1912 die Aufteilung der Kanaren in zwei Provinzen: Fuerteventura und Lanzarote gehörten von nun an zu Gran Canaria und La Palma, El Hierro und La Gomera zu Teneriffa.

Fuerteventura und Lanzarote löste die neue Provinzzugehörigkeit zwar aus der Herrschaft und Abhängigkeit des Feudalsystems, führte die Inseln aber geradewegs in die Arme der Vernachlässigung. Ihre Zugehörigkeit zu Gran Canaria drückte sich allein auf dem Papier aus. Die beiden Hauptprovinzen nutzten die Existenz der Randgebiete zwar für politische Forderungen gegenüber dem Festland, aber auf wirtschaftliche und finanzielle Unterstützung sollten die *islas menores* (weniger große Inseln) vergeblich warten. So verwandelten sie sich in kurzer Zeit in *islas marginadas* (Inseln des Randgebietes).

Die Großgrundbesitzer und ehemaligen *Coroneles* Fuerteventuras brauchten nicht lange, um sich der neuen Situation anzupassen. Nachdem ihre Vertragspartner, die *Señores,* ihrer Macht enthoben waren und der Übergang zum Kapitalismus eingeleitet wurde, siedelten sie nach Gran Canaria und Teneriffa über. Dort filtrierten sie sich in die Verwaltungsorganismen ein, um ihre Interessen besser vertreten zu können. Langfristige Investitionen in ihre Besitze auf Fuerteventura oder Lanzarote unternahmen sie nicht, ihre Orientierung war produktionsgerichtet. Sie wurden im Laufe der Zeit die neuen Teilhaber ausländischer Investoren.

Fuerteventura - Umbruch der politischen Macht des *Coronels*.

Auf Fuerteventura kündigte sich eine Änderung der politischen Verhältnisse bereits im Oktober 1808 an, als dort Beauftragte des (vorübergehenden) neuen Oberrates aus Teneriffa erschienen, um im Zuge der Bürgertumsbewegung einen Unterrat, statt des *Cabildos* einzusetzen. Sie veranstalteten eine geheime Wahl, die, zum Ärger des *Coronels,* nicht in seinem Haus stattfand. Damit wollte der Oberrat die allmächtigen Umtriebe Don Agustín Cabreras eindämmen, was ihm auch gelang, denn jener ging aus der Wahl nicht als Präsident hervor.

Trotz allen Stolzes über die ungewohnte Macht zitterte der neue

te para la consecución de sus intereses, abonando el camino para el lamentable nacimiento del llamado "Pleito insular". En esa *guerra entre islas* luchaban los ambiciosos jefes militares de las Islas realengas por su supremacía en el Archipiélago, apremiando a las islas menores mediante boicot de aprovisionamiento para "facilitarles" la decisión de su pertenencia a uno de los bandos. Tras un siglo de tiras y aflojas, en el año 1912 se llevó a cabo la división territorial del archipiélago canario en dos provincias, pasando a depender desde entonces Fuerteventura y Lanzarote de Gran Canaria, y La Palma, El Hierro y La Gomera de Tenerife.

La nueva dependencia administrativa de la provincia de Las Palmas permitió que Fuerteventura y Lanzarote se libraran de la dominación y del vasallaje del sistema feudal, pero las condujo directamente a los brazos del abandono. Su pertenencia se expresaba sólo en el mapa ya que ambas islas capitalinas emplearon sus regiones limítrofes tan sólo para exigir ayudas de la península, relegando a las islas menores a la inútil espera de un apoyo financiero que siempre se hizo de rogar. De esta manera y en muy poco tiempo se convirtieron en islas marginadas.

Los terratenientes y antiguos Coroneles de Fuerteventura no tardaron en adaptarse a la nueva situación; una vez que los Señoríos habían sido eximidos de su poder y comenzara la transición al capitalismo, emigraron a finales de siglo hacia las islas capitalinas infiltrándose en los organismos políticos y administrativos para defender mejor sus intereses. Olvidándose de las inversiones a largo plazo en sus propiedades de Fuerteventura y Lanzarote, dirigieron su interés a la producción, convirtiéndose con el paso del tiempo en los socios de los inversores extranjeros.

Fuerteventura: La desaparición de los Coroneles y la aparición de los nuevos Señores.

En octubre del año 1808 se anunciaba en Fuerteventura un cambio de actitud política al hacer aparición en la isla los comisionados de la nueva Junta Suprema de Tenerife con la intención de implantar una Junta Subalterna en lugar del Cabildo, aprovechando el desarrollo de la revolución burguesa. Mediante votación secreta que, para el enojo del Coronel, no tuvo lugar en su casa, la Junta Suprema acabó con las intrigas de Don Agustín Cabrera, logrando tras el escrutinio de la misma desbancar a éste de su puesto presidencial.

Unterrat Fuerteventuras vor den Repressalien, mit denen ihn der erzürnte *Coronel* unter Druck setzen konnte. Ein Mann, der es fünfzig Jahre lang gewohnt war, das einzige Verbindungsglied zum herrschenden System zu sein, würde seine Stellung nicht kampflos aufgeben.

Im Angesicht der Tatsache, daß auf den Ländereien des *Coronels* die Hälfte aller Landarbeiter und Bauern Fuerteventuras beschäftigt waren, forderte der Unterrat massive Unterstützung von Teneriffa:

Sie ersuchten um die Verlegung der Hauptstadt von Betancuria nach Antigua, da sich dort die größte Ansiedlung der Insel befände. Das Postamt solle, statt in La Oliva, in Antigua stationiert werden, da der *Coronel* immer alle Briefe zuerst läse und dann nur jene weiterschickte, die ihm opportun erschienen. Es sei außerdem unerläßlich vor dem Haus des Unterrates Wachen aufzustellen, Denn man fürchtete um die Sicherheit seiner Mitglieder. Außerdem möge man dem Präsidenten die Autorität erteilen, von nun an den Handelsverkehr, das heißt die Ein- und Ausfuhrlizenzen zu kontrollieren. Nicht zuletzt sei es weiterhin dringend notwendig, etwas gegen den *Alcalde Mayor* Umpierrez zu unternehmen, der sich allen Anweisungen des Unterrates widersetzte (kein Wunder, denn er war natürlich mit dem *Coronel* verwandt).

Der Oberrat leitete sofort eine Untersuchung gegen Agustín Cabrera ein. Dieser verklagte daraufhin den Unterrat auf Verleumdung. Darum scherte sich der Oberrat indes wenig. Aber kaum hatte er dem *Coronel* provisorisch den Titel entzogen, kam auf Gran Canaria ein neues Schiff aus Sevilla an. Die königlichen Beauftragten lösten den Oberrat wieder auf und setzten den vorherigen königlichen Gerichtshof mit den *Cabildo*s wieder ein. Selbstverständlich erhielt der *Coronel* mit der königlichen Anordnung auch seinen Titel zurück.

Ein solches Hin und Her führte zwangsläufig zu einem politischen und administrativen Chaos, in dem zum Schluß jeder machte, was er für richtig hielt. Nachdem die Konstitution 1812 erlassen wurde, begannen neue Kirchengemeinden aus dem Boden zu schießen. Bei mehr als eintausend Bewohnern durfte eine Gemeinde mit einem eigenen Bürgermeister gegründet werden. Zur gleichen Zeit existierten auf Fuerteventura ein *Alcalde Mayor*, der jetzt wieder dem *Cabildo* vorstand, und ein *Alcalde Constitucional*, der den Vorsitz im Unterrat hielt. *Cabildo* und Unterrat tagten unabhängig voneinander und ihre Oberhäupter trafen ihre eigenen Entscheidungen. Ob sie befolgt wurden, stand auf einem anderen Blatt.

Pero la nueva Junta Subalterna de Fuerteventura, con todo su recién estrenado poder, temblaba ante las posibles represalias del encolerizado Coronel en cuyas tierras trabajaban la mitad de los agricultores y ganaderos de Fuerteventura y que tan acostumbrado estaba a ser el único eslabón de unión con el sistema dominante durante más de cincuenta años. Tras exigir a Tenerife el máximo apoyo se logró el traslado de la capital de Betancuria a Antigua, donde se encontraba la mayor parte de la población de la isla. Sin embargo la consecución de otros avances sólo tendría un carácter temporal, como la ubicación en la nueva capital la Administración de Correos, apartándola así de La Oliva - donde el Coronel siempre era el primero en leer las cartas permitiendo que llegaran a su destino tan sólo aquellas que él consideraba oportunas -, la guardia militar del edificio de la Junta Subalterna para la protección propia, o la cesión de la autoridad portuaria al Presidente para el tráfico comercial y el consiguiente control de las licencias de llegada y salida de los barcos.

Y no contenta con esto, la Junta Subalterna inició represalias contra del Alcalde Mayor Umpiérrez por su resistencia a cumplir algunas de sus órdenes; no en vano estaba emparentado con el Coronel. Acto seguido la propia Junta Suprema organizó una investigación contra Don Agustín Cabrera, a consecuencia de lo cual éste denunciaría a la Junta Subalterna por calumnias, algo que no llegó ni a incomodar a la Junta Suprema.

Pero apenas se consiguió privar provisionalmente al Coronel de su título, llegaría a Gran Canaria un nuevo barco procedente de Sevilla llevando a bordo los Comisionados Reales encargados de restablecer la Real Audiencia junto con el Cabildo y de disolver la Junta Suprema. Naturalmente el Coronel recuperó su título por Real Decreto.

Pero no fue éste un momento aislado de caos político y administrativo, en el que al final, cada uno haría lo que consideraba conveniente; similar confusión tuvo lugar después de la promulgación de **la** Constitución del año 1812 - vulgarmente llamada "la Pepa". Comenzaron entonces a hacer aparición numerosas parroquias, ya que a partir de mil habitantes se podía constituir un ayuntamiento con su propio alcalde. Existía al mismo tiempo un Alcalde Mayor, que una vez más presidía el Cabildo, y un Alcalde Constitucional, encargado de presidir la Junta Subalterna. Cabildo y Junta Subalterna se reunían independientemente, tomando sus dirigentes sus propias decisiones con igual independencia uno de otro. Si tantas y a veces tan contradictorias decisiones eran o no cumplidas, era harina de otro costal.

Westküste bei La Pared
Costa Occidental cerca de La Pared

In dem Durcheinander blieb schließlich das *Cabildo* die einzige Verbindung nach außerhalb. Seine Aufzeichnungen liegen nur bis 1837 vor. In diesem Jahr wurde endgültig das Feudalsystem gesetzlich abgeschafft.

Die gesetzliche Abschaffung des Feudalsystems.

Dafür hatte das Bürgertum auf dem Festland gesorgt. 1811 ordnete ein königliches Dekret an, den *Señores* die Rechtsprechung zu entziehen und ihnen nur jenen Grundbesitz anzuerkennen, den sie schriftlich nachweisen konnten. Da die Einkünfte der *Señores* auf der Besteuerung der Produktion des Inseleinkommens basierten, unabhängig wessen Eigentum es war, folgte eine massive Enteignung. Gewinner blieben dabei natürlich die Großgrundbesitzer.

Das Dekret sollte im Zuge der politischen Unruhen noch einige Male angezweifelt und annulliert werden, aber unter der Regentschaft Isabel II. erließ es das Parlament am 26. August 1837 zum endgültigen Gesetz.

Ein historisches Datum für die Majoreros nach jahrhundertelangen *quintos*- Abgaben. Aber es schlich sich der Verdacht ein, ob man nicht vom Regen in die Traufe gekommen war. Die *quintos* verwandelten sich nun in Pacht für die Großgrundbesitzer und Steuerabgaben an den Staat. Im kapitalistischen System verschwand außerdem die zweideutige Verantwortlichkeit des *Señores* als Patron seiner Insel, an den man sich in Extremsituationen um Unterstützung gewandt hatte. Die Interessenvertretung oblag nun dem scheinbar gleichgültigen königlichen Gerichtshof. Die Randgebiete versanken erneut in der Isolation. Die Verwalter der *Señores* wurden durch die Aufseher (Kaziken) der auswärtigen Großgrundbesitzer ersetzt, die das *Medianerotum* einführten: Die Pacht bestand aus der Hälfte aller wirtschaftlichen Einnahmen des Pächters.

Geburt einer Hauptstadt: Puerto de Cabras
Ihr Taufpate: Ramón Fernández Castañeyra

Die Wirtschaft Fuerteventuras hatte durch den Export der *barilla*, dem Salzkraut, einen Aufschwung erfahren. Im Jahre 1832 kam es jedoch auf-

En este clima de continua confusión se permaneció durante mucho tiempo, siendo el Cabildo la única conexión con el exterior. Sus registros datan apenas del año 1837, fecha en que el sistema feudal fue abolido por fin legalmente.

La abolición legal del sistema feudal.

La burguesía península se había ocupado de la lucha contra los últimos restos del feudalismo, logrando mediante Real Decreto de 1811 revocar el derecho a la Administración de Justicia de los Señores, y reconociéndoles sólo aquellas propiedades cuya posesión pudieran acreditar mediante escritura. Como los ingresos de los Señores se basaban en la tributación por producción, con total independencia de quien fuera la propiedad productiva, tal medida originó una gran expropiación en la que los ganadores volvieron a ser los terratenientes.

Debido a la incertidumbre política del momento, este decreto sería puesto en tela de juicio y anulado varias veces, hasta que bajo el reinado de Isabel II el Parlamento la promulgó como Ley definitiva el 26 de Agosto de 1837. Fue ésta una fecha histórica para los Majoreros después de siglos sometidos al tributo de los quintos.

Pero pronto la sospecha de haber escapado del trueno para dar con el relámpago se convirtió en certidumbre, y es que los quintos pasaron a ser renta para los terratenientes e impuestos fiscales para el estado. Con la implantación del sistema capitalista desapareció además la ambigua responsabilidad de los Señores como Patrón de su isla, según la cual uno podía dirigirse a ellos en situaciones extremas para pedir apoyo. Ahora la defensa de los intereses le correspondía a la Real Audiencia, que permanecía indiferente.

Las islas marginales se hundieron de nuevo en el aislamiento; los administradores de los Señores fueron sustituidos por los capataces - caciques - de los terratenientes extranjeros, que introdujeron la figura del *Medianero*: la renta se componía del cincuenta por ciento de todas las actividades económicas del arrendatario.

Puerto Cabras o el nacimiento de una ciudad:
Ramón Fernández Castañeyra, su padrino.

La economía de Fuerteventura se veía ligeramente impulsada gracias a la exportación de la barrilla, hasta que en el año 1832, con el

grund der Erfindung gleichwertiger chemischer Mittel zu einem erneuten Einbruch. Die Insel erlitt die übliche Emigration, bis sich in der zweiten Hälfte des 19. Jahrhunderts ein starker Markt um die *cochinilla* entwickelte. Die Schildlaus, die sich an Kakteenblättern ansiedelt, entwickelt einen roten Farbstoff, der damals ein begehrtes Färbemittel in Europa war. Viele Bauern sattelten auf den reinen Anbau von Kakteen um. Gleichzeitig schossen die Kornpreise in die Höhe. Als Königin Isabel II. im Jahre 1868 entthront wurde, verfestigte sich eine Bürgertumsbewegung in Puerto de Cabras, die das momentane wirtschaftliche Wachstum zu nutzen wußte.

Aber mit der Wiederherstellung der bourbonischen Monarchie im Jahre 1876 blieb der größte Teil der kanarischen Bevölkerung weiterhin politisch impotent. Allein die bürgerliche Bewegung, die sich im Vorhandensein von Händlern und Handwerkern in den Hafenstädten manifestierte und das auswärtige Kapital repräsentierte, begann sich im eigenen Interesse zu engagieren. Zwar blieben sie als Zwischenhändler in einer Art „Semifeudalismus" von den Großgrundbesitzern abhängig, denn sie übernahmen die Ausfuhr von deren Waren, aber sie nutzten die Zeit, ihren Wohlstand zu vergrößern und sich in den Ämtern der Hafenstadt festzusetzen.

Puerto de Cabras, das seinen Namen den weidenden Ziegen in der Nähe des Hafens verdankte, war zu diesem Zeitpunkt bereits unzweifelhaft die Hauptstadt der Insel. Unter der immer reger werdenden Hafentätigkeit hatten die neuen Siedler allen wirtschaftlichen Krisen getrotzt. Schon zur Hochzeit der *barilla* besaßen englische Exportfirmen dort ihre Lagerhäuser. Einer der ersten Händler und Anwohner, die in der Mehrzahl Ausländer und Abkömmlinge anderer kanarischer Inseln waren, kam aus Schottland: Diego Miller. Er zeichnete für das neue Dorf einen Erschließungsplan, der in seinem Maßstab jeder Hauptstadt würdig war. Es muß sich bei diesen ersten Bewohnern um sehr selbstbewußte Leute mit viel Initiative gehandelt haben. Sie errichteten 1824 eine Kapelle und erklärten sich 1834 zur Gemeinde. Den übrigen Bewohnern der Insel saß noch die Angst von dem letzten Piratenangriff in den Knochen. Somit überließen sie es den Neuankömmlingen, aus der friedlichen Bucht mit der Zeit eine florierende Hafenstadt zu machen.

Ende des 19. Jahrhunderts bestand Puerto de Cabras Bevölkerung größtenteils aus Freimaurern, die sich um die zentrale Figur Ramón Fernández Castañeyra gruppierten. Sein Vater José war um 1850 aus Galizien nach Fuerteventura gekommen und erlangte im Zuge der aufkommenden Bürgertumsbewegung schnell großes Ansehen. Er bekleidete die Position des Bürgermeisters, Friedensrichters und des Verwalters des Postamtes. Ramón zau-

descubrimiento de una sustancia química de similares características, se sumió en una nueva depresión. La isla padeció la correspondiente emigración, hasta que ya entrada la segunda mitad del siglo diecinueve se desarrolló un importante mercado en torno a la cochinilla. La cochinilla, que se asienta en las hojas de los cactus, produce un colorante rojo, el cual por aquel entonces era en Europa una solicitada tintura. Muchos agricultores optaron por el puro cultivo de campos de cactus, disparándose al mismo tiempo los precios del grano. Cuando en el año 1868 la reina Isabel II fue destronada, tuvo lugar en Puerto Cabras la consolidación de un movimiento burgués aprovechando el momentáneo crecimiento económico.

Pero con la restitución de la monarquía borbónica en 1876 la mayoría de la población canaria se vio de nuevo políticamente impotente. Sólo el movimiento burgués con sus manifestaciones en las ciudades marítimas, representados por comerciantes y artesanos, y su representación del capital extranjero, logró hacer frente a la indiferencia de los terratenientes. Serían esos burgueses, junto a algunos artesanos, los que ocuparan el papel de intermediarios, adquiriendo competencias en materia de exportación de mercancías, lo que les permitiría ir aumentando su riqueza y estableciéndose en cargos administrativos y políticos de las ciudades marítimas, creando una especie de *semifeudalismo*.

Puerto Cabras, que debe su nombre a las cabras pastoreadas en las cercanías del puerto, era en ese momento ya sin duda alguna la capital de la isla. Bajo las cada vez más intensas actividades portuarias, habían desafiado los nuevos habitantes todas las crisis económicas. Desde el auge de la barrilla varias empresas inglesas de exportación poseían allí sus almacenes. Entre los primeros comerciantes y vecinos residentes, en su mayoría extranjeros y descendientes de las otras islas del archipiélago, estaba Don Diego Miller, de origen escocés, creador del plan urbanístico de esta ciudad incipiente, algo que, dentro de sus posibilidades, supuso un trazado digno de cualquier capital. Según las crónicas los habitantes de aquel primer Puerto Cabras eran personas de gran autoestima y mayor iniciativa, llegando a erigir en el año 1824 una capilla y a declarar en 1834 el Ayuntamiento. El resto de los habitantes de la isla recordaba aún la última incursión de los piratas en el año 1817, por lo que nadie dio gran crédito a los recién llegados en su empeño por hacer florecer una ciudad marítima en la tranquila cala.

A finales del siglo XIX la población de Puerto Cabras estaba compuesta en su gran mayoría por masones agrupados en torno a la figu-

derte nach dessen Tod nicht, die Arbeit seines Vaters fortzusetzen.

Sechsundzwanzig Jahre lang stand er selbst der Stadt als Bürgermeister vor. Trotz seines Wohlstandes als erfolgreichster Zwischenhändler, Grundbesitzer und Politiker widmete er sein Leben vollkommen dem wirtschaftlichen und kulturellen Wachstum Fuerteventuras und Puerto de Cabras. Tatsächlich gibt es bisher noch keinen Historiker, der dies nicht bestätigen würde. (Man nennt ihn auch *El Buen Cacique*, den guten Kaziken.)

Ramón verband eine enge Freundschaft mit einem der wichtigsten kanarischen Politiker dieser Zeit, Don Fernando León y Castillo aus Gran Canaria. Als Abgeordneter der Kanaren vertrat er die Interessen der Inseln im spanischen Parlament. Diese Beziehung nutzte Castañeyra aus, um für infrastrukturelle Verbesserungen auf Fuerteventura zu kämpfen. Allem voran stand der Bau einer Hafenanlage für Puerto de Cabras. Nachdem die Notwendigkeit des Hafens endlich erwiesen und die hart erkämpfte Baugenehmigung erteilt worden war, mußten die führenden Händler Puerto de Cabras das Projekt dann allerdings selbst finanzieren. Die Regierung lehnte es ab, dafür Geldmittel zur Verfügung zu stellen.

Castañeyra sorgte auch dafür, daß Straßen in Puerto de Cabras angelegt wurden und forderte zäh und unnachgiebig, und diesmal mit Erfolg, von der Regierung die Zuschüsse für ein Straßennetz auf der Insel. Er verbesserte die Anbautechniken auf seinem Land, um die Exportpreise zu senken und provozierte durch seine vielseitigen Geschäftsverbindungen eine erhöhte Handelsaktivität.

Sein kulturelles Interesse war groß. Er richtete eine Gemeindemusikkapelle ein und gab die Wochenzeitung „La Aurora" heraus, der er als Chefredakteur vorstand. Er war Anlaufpunkt für auswärtige Wissenschaftler, immer in dem Bestreben, die Qualitäten und Notwendigkeiten Fuerteventuras durch Öffentlichkeitsarbeit publik zu machen und den Besuchern so viele Informationen wie möglich zu liefern.

Und damit nicht genug, bekleidete Ramón auch noch die Posten des Vizekonsuls für Paraguay, Ecuador und Peru, er war der Agent der Schiffahrtsgesellschaft Metropolitana und der offizielle Korrespondent der Banco España auf Fuerteventura.

In jedem Jahrhundert scheint es unter der Handvoll reicher Leute, die das Geschick der Insel bestimmten, einen gegeben zu haben, der nicht nur in seinen eigenen Diensten, sondern auch in denen des Volkes stand (man gedenke Sebastian Trujillos). In

ra de Ramón Fernández Castañeyra. Su padre José, llegó a Fuerteventura desde Galicia en el año 1850 y obtuvo rápidamente dentro del próspero movimiento burgués gran reconocimiento llegando a desempeñar los cargos de Alcalde, Juez de Paz y Administrador de Correos. Ramón no dudó en continuar con el trabajo de su padre a la muerte de éste.

Ocupó el cargo de Alcalde de la ciudad durante veintiséis años y, a pesar de su éxito como importante intermediario, propietario y político, dedicó de lleno su vida al desarrollo económico y cultural de Fuerteventura en general y de Puerto de Cabras en particular. No hay hasta la fecha historiador que no constate su calidad humana, lo que le hizo ganarse el sobrenombre de "el buen cacique". Mantuvo estrecha amistad con uno de los políticos canarios más importantes de la época, Don Fernando León y Castillo de Gran Canaria que, como diputado de las islas Canarias, representaba los intereses comunes en el Parlamento español. Castañeyra aprovechó esta relación para luchar por mejorar las infraestructuras en Fuerteventura. Lo más apremiante era la construcción de unas instalaciones portuarias adecuadas para Puerto Cabras. Después de muchos esfuerzos y tras demostrar la necesidad de un muelle, se concedió el permiso de obra, si bien fueron los propios dirigentes de Puerto Cabras quienes hubieron de financiar el proyecto después que el Gobierno rechazara aportar los medios económicos necesarios. También se preocupó del trazado de las calles en Puerto Cabras y exigió enérgica y firmemente del gobierno, esta vez con éxito, subvenciones para una red de carreteras en la isla. Mejoró además las técnicas de cultivo de su tierra para bajar los precios de exportación y provocó a través de múltiples relaciones comerciales una intensa actividad comercial.

Su interés cultural fue igualmente inagotable. Organizó una banda municipal y publicó durante seis años el periódico semanal "La Aurora", que él mismo dirigió como redactor jefe. Fue el punto de arranque para científicos extranjeros, siempre en el empeño de dar a conocer mediante relaciones públicas las cualidades y necesidades de Fuerteventura y proporcionarle al visitante tanta información como fuera posible.

Y si eso no fuera suficiente, ejerció además el cargo de Vicecónsul para Paraguay, Ecuador y Perú, siendo representante de la compañía naviera Metropolitana y el corresponsal oficial del Banco de España en Fuerteventura.

En la historia de la isla, cada siglo ha aparecido entre las personas que controlan el destino de la isla una persona que no sólo ha estado al servicio de sus intereses, sino también al servicio de los intereses del pueblo;

Ramón Fernández Castañeyra hatte Fuerteventura sicherlich seinen Mann des 19. Jahrhunderts gefunden.

Das Ende des 19.Jahrhundert auf Fuerteventura - statt Einkünften nur Hoffnungen

Die wirtschaftliche Euphorie, ausgelöst durch den Export der *cochinilla*, erlitt ein jähes Ende, als in England das Anilin erfunden wurde. Ab 1874 konzentrierte man sich nur noch auf den Kornexport zu den anderen kanarischen Inseln und nach Andalusien.

Wie eh und je war der Ertrag von den Klimaeinflüssen abhängig. Der Wassermangel blieb das größte Problem. Viele der süßen Quellen waren inzwischen salzhaltig geworden und die Notwendigkeit, die Insel mit Wasser von außerhalb zu beliefern, wuchs unaufhaltsam. Dafür wurden Versorgungsschiffe, die sogenannten *Correrillos*, aus Gran Canaria eingesetzt. Man drängte darauf, Tiefbohrungen vornehmen zu lassen, um so das Problem zu lösen. Castañeyra setzte die Projekte *La Esperanza* (die Hoffnung) und *El Porvenir* (die Zukunft) durch, mit denen die Verbesserung der Wasserversorgung endgültig vorangetrieben werden sollte.

Aber die überregionalen Ereignisse erstickten jegliche Hoffnung auf die erforderlichen Zuschüsse im Keim. Der *Puertos Francos*, ein königliches Dekret aus dem Jahre 1900 über Import- und Exportbestimmungen, belegte jede von den Kanaren importierte Ware mit einer Steuer. Damit hörte der Kornexport nach Andalusien auf.

Jetzt stagnierte der Handel vollkommen. Die Händler in Puerto de Cabras hatten schon die Krise der *cochinilla* nur durch den Erwerb von Grundbesitz überleben können. Die Aufkäufe der Felder emigrierender Kleinbauern boten die Möglichkeit der Selbstversorgung oder Verpachtung. Castañeyra besaß das Exklusivrecht für den Zwischenhandel mit Gran Canaria und Teneriffa. Andere hatten Kalköfen gekauft und konzentrierten sich auf die Kalkausfuhr.

Entgegen aller Bemühungen Castañeyras verlor Puerto de Cabras seine Hafenbehörde und sein Generalstabsbatillon. Lanzarote und Gran Canaria wurden telegraphisch miteinander verbunden, aber Fuerteventura, das in der Mitte lag, übersah man dabei, was den Bürgermeister Puerto de Cabras zur Weißglut trieb. Nach dem Verlust der amerikanischen Kolonien hörte auch der sporadische Verkehr mit Amerika auf. Als Ergebnis des *Pleito Insulares* fuhren die ausländischen Kornexporteure nur noch die Hauptinseln an.

se recuerda aún a Don Sebastián Trujillos. Seguramente en la persona de Don Ramón Fernández Castañeyra Fuerteventura encontró a su hombre del siglo XIX.

El final del siglo XIX en Fuerteventura: En vez de ingresos esperanzas

La euforia económica provocada por la exportación de la cochinilla sufrió un final repentino tras la invención de la anilina en Inglaterra, con lo cual a partir del año 1874 todo el interés hubo de centrarse tan sólo en la exportación de grano a las otras islas Canarias y a Andalucía.

Una vez más el rendimiento dependía del clima y la escasez de agua continuaba siendo el mayor problema. Muchos de los pozos del sur se habían convertido en pozos salinos y la necesidad de proveer la isla con agua del exterior se hizo inevitable. Desde Gran Canaria se dispusieron barcos de aprovisionamiento llamados Correíllos. Se insistió en la realización de perforaciones con profundidad para solucionar el problema, y fue el propio Castañeyra quien llevaría a cabo los proyectos de La Esperanza y El Porvenir, con los que finalmente se debía de impulsar la mejora del aprovisionamiento de aguas.

Pero los sucesos supraregionales ahogaban cualquier esperanza sobre las subvenciones exigidas. El Real Decreto de los Puertos Francos del año 1900 sobre disposiciones de importación y exportación, gravaba cada una de las mercancías importadas de las islas Canarias con un impuesto de importación como si procediera del extranjero, acabando así con la exportación de grano a Andalucía.

El comercio se vio completamente estancado y los comerciantes de Puerto de Cabras que habían superado la crisis de la cochinilla gracias a los beneficios de la tierra tuvieron que recurrir a la compra de los terrenos de pequeños agricultores emigrantes para el autoabastecimiento y el arriendo. Otros compraron hornos de cal y se dedicaron a su exportación. Castañeyra poseía el derecho exclusivo del comercio intermediario con Gran Canaria y Tenerife, pero a pesar de todos sus esfuerzos, Puerto de Cabras perdió su capitanía del puerto y su batallón del Estado Mayor. Lanzarote y Gran Canaria se comunicaban telegráficamente, pero Fuerteventura no era tenida en cuenta, con el consiguiente enojo del Alcalde de Puerto Cabras. Y como a perro flaco todo son pulgas, tras la pérdida de las colonias americanas también desapareció el esporádico comercio con América y como resultado

Tal bei Antigua
Valle de La Antigua

In dem folgenden Jahrzehnt benutzten die Majoreros das Blatt *La Aurora* und andere überregionale Wochenzeitschriften als Sprachrohr, um ihre Unzufriedenheit und Ohnmacht kundzutun.

Mit dem Beginn des 20. Jahrhunderts besaß die Insel immer noch kein befestigtes Straßennetz. Die wenigen öffentlichen Schulen, die Ende des vergangenen Jahrhunderts eingerichtet worden waren, blieben unbesetzt oder im verwahrlosten Zustand. Gab es Lehrer, wurden sie meist nicht bezahlt und verließen ihre Lehrstellen schnell wieder.

Von Dr. Mena und ausländischen Besuchern.

Eine weitere markante Figur des 19. Jahrhunderts war ohne Zweifel Doktor Tomás Mena Mesa. Er wurde 1802 in dem kleinen Dorf Ampuyenta, hoch über den Llanos de la Concepción, geboren und studierte Medizin in Las Palmas. Seine Karriere führte ihn nach Paris, Havanna, Amerika und Cádiz. Mitte des Jahrhunderts kehrte er schließlich nach Fuerteventura zurück, um dort seinen Beruf auszuüben. Er verfügte über ein großes Wissen in der Botanik und Landwirtschaft. Seine Charakterbeschreibung läßt vermuten, daß er sich als Wissenschaftler und nicht unbedingt als Menschenfreund verstand. Wer von ihm behandelt werden wollte, mußte sich nach Ampuyenta begeben, egal wie krank er war. Hausbesuche machte er einzig und allein in der „Casa de los *Coroneles*". Seine Dienste ließ er sich niemals entgelten, sondern forderte den Leuten später einen Gefallen ab. Er nahm aktiv an der Inselpolitik teil und hatte viele Feinde, was ihn aber eher anzuregen schien. Sein erklärter Lieblingsfeind war der Bürgermeister des Nachbardorfes Casillas de Angel. Als dieser eines Tages erkrankte, pflegte der Arzt ihn persönlich gesund. Die Dankesbezeugungen des sicherlich verwunderten Bürgermeisters lehnte er mit den Worten ab, daß er ihn nur deshalb geheilt hätte, „um ihn auf andere Weise langsamer umzubringen". Dies war keine Morddrohung, sondern damit drückte er aus, daß er sich den Bürgermeister als ewigen Streitpartner am Leben erhalten wollte. Harte Worte für einen Arzt.

Mit seinem Tod 1868 hinterließ er der Gemeinde ein Legat, um in Ampuyenta ein Krankenhaus zu errichten. Das Geld verschwand seltsamerweise. Später tauchte es wieder auf, aber bis man mit dem Bau des Gebäudes begann, waren mehr als dreißig Jahre vergangen! Seine Fertigstellung dauerte noch einmal so lange. Kurze Zeit darauf wurde das Anwesen für 30.000 Peseten an die Kirche versteigert. Wie der Historiker Jóse Maria Hernández-Rubio Cisneros sagt: „*Qué país Señores....*" (Was ein Land, meine Herren, was ein Land....)

del Pleito insular las exportaciones de grano al extranjero eran dirigidas solamente por las capitales.

En los siguientes decenios los Majoreros utilizarían la hoja informativa "La Aurora" y otras revistas semanales regionales como portavoz para dar a conocer su impotencia y descontento. A comienzos del nuevo siglo la isla carecía aún de una red de carreteras afirmada. Las escasas escuelas públicas, construidas a finales del siglo XIX, permanecían desocupadas o en estado de abandono. Cuando había profesores en contadas veces se les pagaba, por lo que éstos se veían obligados a abandonar sus plazas de maestros.

El Doctor Mena y los visitantes extranjeros.

Otra figura de gran relevancia en el siglo XIX fue sin duda alguna el Doctor Tomás Mena Mesa. Nacido en 1802 en Ampuyenta, cerca de los Llanos de la Concepción, se doctoró en Medicina en Las Palmas. Su carrera le condujo a París, La Habana, América y Cádiz, hasta que a mediados de siglo regresó finalmente a su tierra natal para practicar su profesión. Hombre de gran sabiduría en el campo de la botánica y de la agricultura, la descripción de su carácter permite suponer que se trataba de un científico más que de un filántropo. Así, quien por él quería ser tratado había de desplazarse a Ampuyenta sin importar lo enfermo que estuviera; no realizaba más visitas a domicilio que las imprescindibles a la Casa de los Coroneles. Nunca se dejó pagar sus servicios exigiendo únicamente los favores de la gente cuando los necesitaba. Activo partícipe en la vida política de la isla, se granjeó múltiples enemigos, algo que parecía estimularle, como en el caso del Alcalde de Casillas de Angel. En una ocasión éste cayo enfermo siendo personalmente atendido por el doctor, que respondió al agradecimiento del extrañado Alcalde con la afirmación de que había sido atendido sólo para poder matarlo lentamente él mismo; tan aplastantes palabras de la boca del médico no eran una amenaza de asesinato, tan sólo la expresión del deseo de mantener al Alcalde como eterno rival de por vida.

A su muerte en el año 1868 legó al Ayuntamiento dinero y propiedades para la construcción de un hospital en Ampuyenta, pero el dinero desapareció de forma extraña. Más tarde reaparecería, si bien para la iniciación del las obras habrían de transcurrir treinta y tres años y otros tantos para su culminación. Poco tiempo más tarde la propiedad fue subastada a la Iglesia por la irrisoria cantidad de treinta mil pesetas. Como el historiador José María Hernández-Rubio Cisneros expresó: "¡Qué país, Señores, qué país!".

Im letzten Viertel des 19. Jahrhunderts besuchten auch einige ausländische Wissenschaftler Fuerteventura. Ihre Reiseberichte mögen dem Romantiker idyllisch vorkommen, aber bei allem Lob über die Gastfreundschaft, mit der sie empfangen wurden, und einer gewissen Tendenz zur Idealisierung, standen sie den Notwendigkeiten der Insel keineswegs blind gegenüber.

Natürlich wurden sie nur in den „besten" Häusern untergebracht, das heißt denen von Grundbesitzern oder auch belesenen Majoreros, die lediglich einen winzigen Teil der Bevölkerung ausmachten. Aber die Besucher standen auch mit dem arbeitenden Volk im Kontakt und betonten unabhängig voneinander dessen aufrichtige Dienstbereitschaft und Freundlichkeit. Als reisende Boten Fuerteventuras sollten sie im Ausland ein Interesse für die Insel wecken, das ihre Einwohner endgültig aus der Misere zu befreien vermochte.

Der Wissenschaftler Dr. Robert Verneau erreichte Fuerteventura um 1878 mit dem Schiff aus Lanzarote. Auf dem Rücken eines Dromedars trat er seine Besichtigung der Insel an, auf der es keine einzige Straße gab. Er erzählt von spärlichen, verlassenen Ansiedlungen, großer Trockenheit und der Ergebenheit seines Kamelführers. Auf der Suche nach archäologischen Funden aus der Zeit der Majos durchforschte Verneau die ganze Insel, begleitet von besorgten Reiseführern, die ihn aus mehreren Höhlen wieder ausbuddelten, ohne verstanden zu haben, was er darin suchte.

Dr. Verneau war mit den Empfehlungsschreiben der auswärts lebenden Gutsbesitzer Fuerteventuras ausgestattet. Das Vorzeigen dieser Dokumente löste bei den auf den Feldern arbeitenden *medianeros* oder Tagelöhnern größte Ehrerbietung aus.

Verneaus Hauptaugenmerk lag auf den archäologischen Untersuchungen, ohne den sozialen Verhältnissen zuviel Aufmerksamkeit zu schenken. Am Rande beschreibt er jedoch einige Details, die uns einen Einblick in die Lebensumstände des Majoreros geben.

Verneau wohnte unter anderem in Antigua und Tuineje, die ihm als die wichtigsten Ansiedlungen des Inlands erschienen.

Antigua repräsentierte in seinen Augen einen größeren Wohlstand. Dort wurde er mit *gofio*, Ziegenkäse, Milch und Trockenfrüchten verpflegt und berichtete von der großen Neugier seiner beiden Wirte, zweier hochbetagter Junggesellen.

In Tuineje wurde er Zeuge eines Volksfestes. Es muß zu jener Zeit Hunderte von freilaufenden Dromedaren auf der Insel gegeben haben, schon dadurch erklärlich, daß sie die genügsamsten

Durante el último cuarto del siglo XIX serían varios los científicos extranjeros que visitaron la isla majorera. Sus descripciones del viaje pueden parecer idílicas para los románticos, pero detrás de las alabanzas a la hospitalidad con que fueron recibidos, y a pesar de su tendencia a idealizar, dejaron patentes las necesidades de la isla. No sólo fueron alojados en las mejores casas de los terratenientes y los pocos Majoreros eruditos, sino que establecieron contacto directo con el pueblo trabajador destacando todos ellos su sincera obsequiosidad y amabilidad. Su labor de embajadores de la isla estaría encaminada a despertar en el extranjero el interés hacia Fuerteventura, algo que podría liberar por fin a sus habitantes de la miseria.

El científico Robert Verneau tomó tierra en Fuerteventura durante el año 1878 procedente de Lanzarote, emprendiendo la exploración de la isla, por aquel entonces por completo carente de nada que pareciera una calle, a lomos de un dromedario. Describió los escasos y abandonados pueblos, la enorme aridez y el carácter servicial de su guía de camellos, quien le acompañó en su búsqueda de restos arqueológicos de la época de los majos. Viajaba provisto de una carta de recomendación de los terratenientes que no vivían en Fuerteventura, documento cuya presentación suscitaba gran respeto entre los medianeros o asalariados de los campos. Exploró toda la isla acompañado de sus preocupados guías que en repetidas ocasiones hubieron de sacarle de las cuevas aborígenes sin entender muy bien que es lo que buscaba allí dentro.

Si bien nunca puso demasiado interés en las relaciones sociales, en el margen de sus escritos describe algunos detalles que han proporcionado buena idea de como se desarrollaba la vida de los Majoreros. Durante el tiempo que permaneció en la isla, residió en Antigua y en Tuineje, localidades que le parecían las más importantes del interior. Antigua era, a su modo de ver y comparado con los demás pueblos, el de mayor nivel de vida; durante todo este tiempo fue alimentado por sus caseros basándose en gofio, queso de cabra, leche y frutos secos, relatando como éstos, dos solteros de avanzada edad, eran personas de gran indiscreción.

En Tuineje fue asombrado testigo de una fiesta popular. Existían entonces cientos de dromedarios sueltos que suponían el medio de trabajo y transporte en una isla sin agua ni red de carreteras. Verneau observó como los habitantes del pueblo reunían todos los animales de los alrededores hasta reunir un total de dos-

Lastentiere für eine Insel ohne Wasser und Straßennetz darstellten. Verneau beobachtete, wie die Dorfbewohner sämtliche Dromedare der Umgebung zusammentrieben, immerhin an die dreihundert Exemplare. Schließlich warf man sie mit großer Mühe zu Boden, um sie zu scheren. Bei aller Dienstbereitschaft fand er an diesem Tag keinen Reiseführer, der bereit gewesen wäre, auf das der Schur folgende Fest zu verzichten. Das war nicht verwunderlich, denn solche seltenen, sozialen Ereignisse unterbrachen auf angenehme Weise die Monotonie des täglichen Landlebens.

Jandía beschreibt Verneau als unbewohnt. Nur vereinzelt waren dort Hirten mit ihren Familien angesiedelt. Bei Todesfällen brachte man den Verstorbenen, angebunden auf einem Dromedar, nach Pajara, um ihm auf dem dortigen Friedhof ein christliches Begräbnis zukommen zu lassen. Verneau beobachtete eine solche „Bestattungskommission", die während jeder ihrer Pausen unterwegs ein Kreuz in den Boden schlug. Die Kreuze verblieben an diesen Stellen als Zeichen für die kurze Zeit, die der Verstorbene dort geruht hatte. Der spätere Mißbrauch eines solchen Kreuzes versprach großes Unheil, wie es viele Legenden widerspiegeln.

Für seine Abreise begab Verneau sich nach Puerto de Cabras, wo er im Hause Ramón Fernández Castañeyras seine Post aus dem Ausland in Empfang nahm. Castañeyra zeigte großes Interesse für seine Arbeit und Verneau erwähnt in seinen Aufzeichnungen, daß der Bürgermeister selbst mehrere archäologische Funde vor der Zerstörung gerettet habe. Puerto de Cabras bezeichnet er aufgrund seines Hafens als die wichtigste Ansiedlung der Insel.

Die Engländerin Olivia Stone besuchte mit ihrem Mann Fuerteventura im Februar 1884. Ihr Interesse galt der Natur, vor allem der Geologie, sowie der sozialen Struktur und den Gewohnheiten der Majoreros.

Auch sie bereiste die Insel auf einem Dromedarrücken. Sie beschrieb die Majoreros als hochgewachsen, breitschultrig, mit großen zimtfarbenen Augen, gutaussehend, intelligent, fröhlich und geistreich, ganz im Gegenteil zu den Menschen der anderen Inseln. Gleichzeitig stellte sie fest, daß Frauen so gut wie nie in Erscheinung traten, sondern nur in versorgender Form im Hintergrund verweilten. Zwar waren sie Bestandteil des sozialen Lebens, aber die häusliche Knechtschaft ihrer Pflichten erlaubte es ihnen nicht, an Gesprächen mit den ausländischen Besuchern teilzunehmen. Dies blieb allein den Männern vorbehalten.

Olivia Stone ist ehrlich genug zu vermuten, daß die Männer deshalb so gastfreundlich waren, weil sie die Sorge um die Verpflegung der Gäste ihren Frauen überließen.

Das Ehepaar probierte begeistert die einheimische Küche aus. In dem Haus eines reichen Großgrundbesitzers in La Oliva bekamen sie Lamm- und Schweinefleisch vorgesetzt, während es in Puerto de Cabras über-

cientos cincuenta o trescientos ejemplares, y como tras mucho esfuerzo eran derribados en el suelo para trasquilarlos. Aquel día no encontró ni un guía dispuesto a perderse tal fiesta a pesar del servicial carácter habitual en ellos. No era de extrañar que tan singular acontecimiento social rompiera la monotonía de la vida cotidiana en el campo.

Describió Jandía como una zona despoblada en la que vivían tan sólo aislados pastores y sus familias, describiendo como, tras un fallecimiento, el cadáver era transportado atado a un dromedario hasta Pájara, para poder así darle cristiana sepultura en el cementerio. Verneau pudo observar una de estas comisiones funerarias, y como durante sus altos en el camino se hacían señales de la cruz en el suelo, permaneciendo allí las cruces como símbolos del efímero tiempo que habían sido reposos de los muertos. No son pocas las leyendas que auguran desgracias a aquel que haga mal uso de tan sagrados símbolos.

Verneau partió de la isla desde Puerto de Cabras tras recibir su correo del extranjero en casa de Ramón Fernández Castañeyra, mostrando éste gran interés por su trabajo. No en vano el propio alcalde era el responsable de varios hallazgos arqueológicos, y así lo dejó entrever Verneau en sus notas junto a la reseña de Puerto de Cabras como la población más importante de la isla gracias a su puerto.

La inglesa Olivia Stone visitó Fuerteventura junto a su marido en el año 1884. Le interesaba la naturaleza y muy especialmente la Geología, además de la estructura social y las costumbres de los Majoreros. Recorrió también la isla a lomos de un dromedario, describiendo a los Majoreros como muy altos, anchos de hombros, con grandes ojos de color canela, guapos, inteligentes, alegres e ingeniosos, muy distintos a los habitantes de las otras islas. Constató al mismo tiempo como las mujeres permanecían siempre en segundo plano a pesar de ser parte esencial en la vida social, apuntando a la doméstica servidumbre de sus deberes como causa de que sólo se dedicaran a la atención y cuidados sin tomar nunca parte en las conversaciones con los visitantes extranjeros, algo reservado sólo para los hombres. El matrimonio disfrutó de la cocina tradicional, dejando constancia del agasajo recibido en la casa de un rico latifundista de La Oliva, donde se les sirvió carne de cordero y de cerdo; experiencias bien distintas tuvieron en Puerto Cabras donde no había ningún tipo de carne, en Pájara, donde el sacerdote apenas pudo ofrecerles huevos, queso y gofio, o en Gran Tarajal, localidad en la que tuvieron que echar mano a las conservas de sus maletas.

haupt kein Fleisch gab. In Pájara konnte der Pfarrer ihnen allein Eier, Käse und *gofio* anbieten und in Gran Tarajal mußten sie gar auf die Konserven in ihrem Koffer zurückgreifen.

Olivia Stone erzählt von der Stille des Landes und den Farbkontrasten, die die Landschaft, das Meer und den Himmel widerspiegelten. Die Fruchtbarkeit der roten Erde Antiguas beeindruckte sie zutiefst. Die Felsenge des Mal Paso in Vega de Rio Palmas erschien ihr als einer der schönsten Naturschauplätze der Kanaren.

Trotz aller Bewunderung für die Landschaft, die man mit leerem Magen für gewöhnlich nur einen gewissen Zeitraum lang schätzt, übersah sie nicht die politischen Hintergründe Fuerteventuras. Nach einem Gespräch mit dem Pfarrer in Pájara notierte sie ihre Entrüstung über die Tatsache, daß die Regierung die prekäre wirtschaftliche Lage Fuerteventuras der letzten drei Jahre ignorierte und auf die horrenden Steuerabgaben bestand.

Kurz vor ihrer Abreise fing es an zu regnen. Sie beschreibt, wie alle Menschen in ihrer Tätigkeit innehielten, um den Strömen von Wasser zuzuschauen, die sich auf ihre vertrockneten Felder ergossen. Später sollte das Jahr 1884 wegen seiner häufigen Niederschläge als eines der besten des Jahrhunderts in die Geschichte eingehen.

Verbannung eines Poeten: Miguel de Unamuno.

Mit dem Tod Cánovas de Castillo, jenem spanischen Politiker, der die Verfassung von 1876 erarbeitet hatte, verlor die bourbonische Monarchie ihren letzten Verteidiger. Das Industriezeitalter brach an, und in den großen Städten begannen sich Tumulte durch die Arbeiterbewegungen zu entwickeln. Der erste Weltkrieg und die russische Revolution erschütterten Europa.

An Fuerteventura gingen diese geschichtlichen Ereignisse unbemerkt vorbei. Nichts änderte sich an seiner Wirtschafts- und Bevölkerungsstruktur und somit auch nichts an seinen primären Notwendigkeiten, die weiterhin ungestillt blieben oder nur im Schneckentempo vorankamen.

Ab 1923, unter dem Militärregime Primo de Riveras, wurde Fuerteventura Station für politisch unerwünschte Bürger. So erschien am 10. März 1924 sein berühmtester Besucher, der in die Verbannung geschickte Poet und Direktor der Universität Salamancas: Miguel de Unamuno (1864-1936).

Als großer Schriftsteller und Gelehrter seiner Zeit war er eines der wichtigsten Beispiele für die berühmte „Generation von 1898".

Durch den Verlust des Nationalbewußtseins, das sich jahrhundertelang durch die Identität mit einem Imperium definiert hatte,

Olivia Stone describe la paz de la tierra y los contrastes de tonos existentes entre el paisaje, el mar y el cielo. La fecundidad de la roja tierra de Antigua la impresionó hasta lo más profundo, y el estrecho rocoso del Mal Paso en la Vega del Río Palmas le pareció el escenario natural más bonito de todas las islas Canarias. Pero a pesar de tanta admiración por el paisaje, algo que apenas se aprecia con el estómago vacío, no omitió el fondo político de Fuerteventura. Tras conversar con el párroco de Pájara, tomó buena nota de la ignorancia manifiesta del Gobierno sobre la precaria situación económica de la isla en los últimos tres años y de la despiadada insistencia en las enormes cargas fiscales a que estaban sometidos.

Poco tiempo antes de su partida fue testigo de como comenzaba a llover, describiendo como todas las personas interrumpían sus quehaceres para contemplar como caían los torrentes de agua sobre sus secos campos. El año 1884 sería históricamente recordado como uno de los mejores del siglo gracias a sus frecuentes precipitaciones.

Destierro de un poeta: Miguel de Unamuno.

Con la muerte de Cánovas del Castillo, ilustre político español que había profundizado en la constitución del año 1876, la Monarquía borbónica perdió uno de sus últimos defensores. Comenzaba la era industrial y con ella los movimientos obreros en las grandes ciudades. También la primera gran guerra y la revolución rusa sacudían Europa. Pero tales sucesos pasaron inadvertidos en Fuerteventura; nada había cambiado en sus estructuras económica ni demográfica, ni tan siquiera en las necesidades primarias que continuaban sin cumplirse o avanzaban imperceptiblemente.

A partir de 1923 y bajo el régimen militar de Primo de Rivera, Fuerteventura se convirtió en retiro obligatorio de muchos ciudadanos políticamente indeseables. Así fue que el 10 de marzo de 1924 llegó a estas tierras uno de sus visitantes más famosos bajo condena de destierro, personalidad intelectual de la época por excelencia y por aquel entonces Rector de la Universidad de Salamanca, Don Miguel de Unamuno (1864-1936). Como gran escritor y erudito de su tiempo, fue uno de los partícipes con más peso propio de la famosa Generación del 98.

Después de la crisis de conciencia nacional sufrida, definida durante siglos merced a la identificación con un imperio, esa nueva generación de

Agavenfeld bei Ampuyenta
Campo de piteras cerca de Ampuyenta

brachte diese Generation von spanischen Schriftstellern die Frage nach dem Sinn des Lebens und der Stellung des Menschen darin auf. Unamunos Arbeiten spiegelten den inneren Kampf zwischen stark existentialistischen Strömungen und tiefer religiöser Sehnsucht wider. Seine philosophischen Standpunkte beinhalteten eine scharfe Kritik an der politischen Gesinnung der spanischen Regierung, die ihn vor dem damaligen Despoten, Primo de Rivera, zum Staatsfeind machten.

Unamuno verbrachte vier Monate in Puerto de Cabras. Er war eng mit einem Enkel Ramón Fernández Castañeyras befreundet, Ramón Castañeyra Schamann. Mit ihm unternahm er Ausflüge und Spaziergänge, es wurden sogar *tertulias* (Gesprächszirkel) veranstaltet. Im Juni 1924 arrangierten Unamunos französische Freunde seine Flucht nach Paris. Zur gleichen Zeit gab Rivera ihn frei. Da man ihm jedoch seinen Lehrstuhl nicht zurückgeben wollte, zog der Schriftsteller es vor, im französischen Exil zu bleiben, von wo er wirkungsvollere Kritik an der spanischen Politik auszuüben glaubte. Nach dem Fall der Diktatur Riveras kehrte er 1930 nach Salamanca zurück, wo er bald darauf Jahre 1936 starb.

Vier Monate sind keine lange Zeit, aber für Unamuno waren sie von großer Bedeutung. Der Aufenthalt auf Fuerteventura verhalf ihm zu einem Seelenfrieden, den er zuvor vergeblich gesucht hatte. Er mystifizierte die karge Natur der Insel und fand in ihrer Symbolik Zugang zur göttlichen Präsenz. Diese Erfahrung brachte er in seinem Gedichtband „Von Fuerteventura nach Paris" zum Ausdruck.

Der Gedichtband hatte einen starken Einfluß auf die kanarischen Schriftsteller und brachte Fuerteventura aus der vollkommenen Anonymität in das Licht europäischer Aufmerksamkeit, was der Majorero dem Poeten bis heute nicht vergessen hat.

Dabei war Unamuno, während seines ersten Besuches im Jahre 1910 in Las Palmas zum Anlaß der *Juegos Florales*, für seine politischen Ansichten scharf von den Kanariern kritisiert worden.

Das für Gran Canaria so eminent wichtige Problem des *Pleito Insulares* beurteilte er als unwichtig. Man solle sich nicht als materielle, sondern als geistige Einheit verstehen, die außer einer geographischen, auch eine kulturelle Tür von der Alten - zur Neuen Welt darstellen könne. Die Kanaren waren zu jener Zeit die letzte und erste Station für die Reisen zwischen Europa und Amerika. Wenn dieser Umstand nicht genützt würde, so die Worte Unamunos, könnte sich das Meer anstatt in ihren Verbündeten in ihren Feind verwandeln, indem es sie vom Rest der Welt isolierte.

escritores españoles trajo consigo el interrogante sobre el sentido de la vida y la posición del hombre en la misma. Los trabajos de Unamuno reflejaban la lucha interior entre fuertes corrientes existencialistas y profundas nostalgias religiosas. Pero sus puntos de vista filosóficos y su contenido fuertemente críticos frente al credo político del gobierno español, le granjearon la calificación de enemigo del Estado ante el entonces déspota Primo de Rivera.

Unamuno pasó cuatro meses en Puerto de Cabras. Fue muy amigo de un nieto de Ramón Fernández Castañeyra, Ramón Castañeyra Schamann. Con él realizó no pocas excursiones, paseos e incluso tertulias. En junio del año 1924 amigos franceses de Unamuno organizaron su huida a París al mismo tiempo que Primo de Rivera le concedía el indulto. Pero ante la negativa del Gobierno a reintegrarle en su cátedra, el escritor optó por permanecer en el exilio, desde donde creía poder ejercer más feroz crítica contra la política española. Tras la caída de la Dictadura de Primo de Rivera, regresó a Salamanca en el año 1930, donde murió en 1936.

Cuatro meses no es mucho tiempo, pero para Unamuno tuvieron enorme significación. La estancia en Fuerteventura le proporcionó una paz espiritual que hasta entonces había estado buscando en vano. Mitificó la pobre naturaleza de la isla, encontrando en su simbología una puerta de acceso a la presencia divina. Tal experiencia se expresa en su obra poética "De Fuerteventura a París". Este volumen de poesía ejerció gran influencia en los escritores canarios, trasladando Fuerteventura del completo anonimato a la luz de la atención europea, algo que el Majorero siempre agradecerá al poeta.

Anteriormente había sido muy criticado por la intelectualidad canaria debido a las manifestaciones realizadas durante su primera visita a Las Palmas en 1910, con motivo de los "Juegos Florales". Había hablado entonces del espinoso problema del "Pleito Insular", de tanta importancia para Gran Canaria, como de algo intrascendental; para él las islas no se debían entender como una unidad material, sino como una unidad espiritual, una puerta geográfica y a la vez cultural en la comunicación del Antiguo y el Nuevo Mundo. No se puede olvidar que por aquellas fechas las Islas Canarias eran parada obligada en todos los viajes entre Europa y América. En palabras de Unamuno, si no se aprovechaba ese hecho, el mar se convertiría en enemigo en vez de aliado, en el factor de aislamiento del resto del mundo. Tal pretensión de ideal colectivo le convirtió en adversario de los movimientos regionales. Para él, las metas de dichos movimientos se reducían a la división de un egoísmo local. El devenir político del siglo XX demostraría cuánta razón tenían sus palabras.

Sein Anspruch auf ein kollektives Ideal machte Unamuno zu einem Gegner der regionalen Bewegungen. Für ihn „reduzierten sich ihre Ziele auf die Zerstückelung eines lokalen Egoismus". Wie recht er damit hatte, zeigt die politische Entwicklung im Laufe des 20. Jahrhunderts.

In Las Palmas war man zu jener Zeit auf solche Worte nicht vorbereitet und fühlte sich in der eigenen Wichtigkeit empfindlich verletzt. Sein zuvor so ersehnter Besuch verwandelte sich in einen Skandal. Der Gelehrte möge zunächst einmal die Inseln besser kennenlernen, bevor er sich ein Urteil erlaube, sagte die kanarische Presse.

Um so begeisterter wurde vierzehn Jahre später das Buch „Von Fuerteventura nach Paris" aufgenommen.

War die Mystifizierung der Natur für Unamuno der Weg, seine Selbstfindung voranzutreiben und seinen Gottesbezug (wieder-)herzustellen, so dienten seine Oden an Fuerteventura als Wegweiser für die kanarischen Romantiker, in deren Werken die Verherrlichung der Natur von nun an zu einem wesentlichen Bestandteil wurde.

Die Majoreros haben Unamunos kurze Anwesenheit und sein Werk mit einem Denkmal am Montaña Quemada, einem Berg zwischen Tefía und Tindaya, geehrt. Die Wahl dieses Ortes entsprang Unamunos Wunsch, der sich den „verbrannten Berg" als letzte Ruhestätte ausgesucht hatte, für den Fall, daß der Tod ihn auf Fuerteventura ereile.

Seine Gedichte gaben einer Lebenshaltung Ausdruck, die die Majoreros seit Jahrhunderten durch ihre unbeugsame Beständigkeit kundtaten, ohne dabei größeren philosophischen Gedanken nachzuhängen.

Vielleicht hilft ja die „unamunosche" Sichtweise dem Besucher, Licht in das Dunkel um die Mystik Fuerteventuras zu bringen. Vielleicht brauchte es eines Poeten, der trotz aller politischen Klarsicht den technologischen Fortschritt und den Wert der sogenannten Realität anzweifelte. In seiner Zerrissenheit zwischen Vernunft und der Sehnsucht nach einem vermeintlich verlorenen Glauben neigte er dazu, die Wirklichkeit in den Legenden zu suchen anstatt in der Geschichte. Die Legende empfand er als wirklicher, weil sie als Essenz des Geschehens in der Erinnerung der Menschen zurückblieb. Darin wurzelt die Existenz jeder Mystik.

Unamuno beschrieb Fuerteventura als „...eine Insel, die auf dem Meer wie ein Skelett liegt." Ihr Betrachter „...müsse zu verstehen wissen, wie man in einem Totenschädel einen schönen Kopf entdecken könnte."

En la coyuntura histórica de su primera visita a Las Palmas la población no se encontraba en situación de asimilar aquellas palabras, por lo que no es de extrañar que se sintiera herida en su orgullo propio y que la tan ansiada visita de tan ilustre personaje se transformara en un escándalo. El erudito visitante se vio conminado a conocer mejor la isla antes de permitirse hacer semejante juicio, y así lo volcó como opinión unánime en sus páginas la prensa canaria.

Sin embargo "De Fuerteventura a París" sería recibido en las islas Canarias con gran entusiasmo catorce años más tarde. En esta obra la mitificación de la naturaleza es el camino que culmina en el reencuentro consigo mismo y con Dios; sus Odas a Fuerteventura servirían así como orientación para los románticos canarios, en cuyos trabajos el homenaje a la naturaleza sería parte fundamental a partir de esa obra.

Los Majoreros han honrado la breve presencia de Unamuno y su obra con un monumento en Montaña Quemada, situada entre Tefía y Tindaya. De la elección del lugar es responsable el propio Unamuno, ya que él mismo había expresado su deseo de ser sepultado allí en el caso de que la muerte le sorprendiera en Fuerteventura.

Sus poemas inmortalizaron los sentimientos de la vida de los Majoreros, algo que desde hacía siglos venían manifestando por medio de su inexorable aguante, sin abandonarse por ello en profundos pensamientos filosóficos. Tal vez el punto de vista de Unamuno ayuda al visitante a entender la mística de Fuerteventura. A lo mejor se necesitaba un poeta, alguien que, a pesar de su clarividencia política, pusiera en duda el desarrollo tecnológico y el valor de la presunta realidad. Desde su batalla interior surgida entre fe en crisis y razón, se inclinó por buscar la realidad en las leyendas en vez de hacerlo en la historia, quién sabe si por sentir la leyenda como algo más real, algo que permanece como esencia de los hechos en el recuerdo de los hombres. He aquí el origen de toda mística.

Unamuno describió Fuerteventura en términos de tierra desnuda y esquelética:

"¡Estas soledades desnudas, esqueléticas, de esta descarnada isla de Fuerteventura! ¡Este esqueleto de tierra, entrañas rocosas que surgieron del fondo de la mar, ruinas de volcanes; esta rojiza osamenta atormentada de sed! [...]", cuya belleza aprecia aquel que sepa "[...] buscar el íntimo secreto de la forma, la esencia del estilo,

Strandabschnitt am Playa de Butihondo
Playa de Butihondo

Nicht nur die Insel sah er als skelettartig an, auch die *aulaga* sei das Skelett einer Pflanze und der *gofio* sei das Skelett des Brotes.

In der Kargheit lag für ihn ein Segen und nicht ein Fluch, die Kargheit war für ihn der Schlüssel zur dort verborgenen Wahrheit.

„Diese Erde, diese noble fleischlose Erde, sagt ihren Söhnen die Wahrheit; sie betrügt sie nicht. Und deshalb lieben sie sie."

Ist dies der Schlüssel zu der magischen Anziehungskraft, die die Insel auf ihre Bewohner und Besucher ausübt? Enthüllt ihre Kargheit die Substanz, die aller Üppigkeit zugrunde liegt? Erlaubt sie dem Menschen wesentliche Erkenntnisse zu gewinnen, die er sonst nicht erlangt hätte, verloren in der Ablenkung durch eine üppige Natur oder den hektischen Betrieb des gesellschaftlichen Lebens der Großstädte?

Fuerteventura verführt nicht. Es lädt nicht ein und bietet sich nicht an. Es ist einfach nur da. Die Unerbittlichkeit, mit der jedes Jahr im Frühling das beginnende Grün und der plötzliche Pflanzenreichtum wieder verschwinden, erinnert an die Vergänglichkeit, an den unweigerlichen Tod, dem die Natur und der Mensch ausgeliefert sind, auch wenn er den Gedanken daran meidet. Die beständige Präsenz der Elemente läßt keinen Zweifel daran, daß der Mensch nicht ihr Beherrscher, sondern ihr Untertan ist. Das Meer begrenzt seine Bewegungen, sein Leben ist dem Klima auf Gedeih und Verderb ausgeliefert. Ohne Zerstreuungen sind seine Tätigkeiten auf das Existentielle reduziert.

Birgt die Erfahrung dieser ungeschminkten Wirklichkeit, die für den einen grausam ist und in den Pessimismus führt, für den anderen die Möglichkeit des Friedens von der inneren Suche? Hört die ewige Flucht auf, wenn man den Mut hat, dieser Wahrheit ins Gesicht zu sehen?

Unamuno bejahte das Leben. Und das ist notwendig, um Fuerteventura zu erkennen und zu verstehen. Müde von ständigen Zweifeln und dem nagenden Gefühl des Verlustes des Göttlichen brachte er seiner Umgebung keinerlei Widerstände entgegen, sondern empfing sie mit offenen Armen. In der Betrachtung des Meeres und des Himmels fand er seinen Bezug zu Gott und die Überzeugung der Unsterblichkeit der Seele wieder.

Es mag dahingestellt sein, ob der Majorero seine Lebenserfahrung auf Fuerteventura in einen religiösen Bezug gesetzt hat, aber eine ähnliche Art der Hingabe finden wir in ihm auch.

Für Unamuno war er „feurig und beständig wie die Söhne eines Vulkans."

Der Majorero hat es bereits über Jahrhunderte verstanden, die beiden Attribute, die Unamuno ihm später erst gegeben hat, miteinander zu vereinen. Er blieb „feurig" in seiner Zuneigung zu der Insel und „beständig" in

en la línea desnuda del esqueleto; para el que sabe descubrir en una calavera una hermosa cabeza. [...]".

Consideró como un esqueleto no sólo a la isla, sino también a la aulaga - el esqueleto de una planta - y al gofio - el esqueleto del pan -. La isla recibió su consideración más como una bendición en sus carencias que como una maldición, por ser la escasez el camino a la verdad oculta:

"Esta tierra, esta noble tierra descarnada, les dice a sus hijos la verdad; no les engaña. Y por eso la quieren".

¿Es ésta la clave de la atracción mágica que la isla ejerce sobre sus habitantes y visitantes?. ¿Su pobreza revela la sustancia que se oculta bajo toda opulencia?. ¿Permite al hombre acceder a unos conocimientos esenciales a los que no hubiera podido acceder de otra manera perdido en la distracción de la naturaleza exuberante y en la frenética vida de las ciudades?. ¿O tan solo una especie de paz?.

Fuerteventura no invita ni se ofrece seductora; sencillamente está ahí. La inclemencia con la que primavera tras primavera el verdor incipiente y la repentina vegetación desaparecen de nuevo, nos hace recordar la caducidad, la muerte irremisible a cuya merced estamos hombres y naturaleza, aún cuando nunca pensemos en ello. La continua presencia de los elementos no deja lugar a dudas: el hombre no es señor sino súbdito; el mar delimita sus movimientos y el clima determina su desarrollo y destrucción; sus tareas se ven reducidas a lo puramente existencial sin lugar para distracciones.

¿Acaso la experiencia de esa cruda realidad no es cruel y conduce al pesimismo a unos y es la posibilidad de la paz interior para otros?. ¿La evasión en lo exuberante acaba cuando se tiene el valor de mirar a la verdad cara a cara?. Unamuno respondió afirmativamente a la vida, algo imprescindible para conocer y entender Fuerteventura. Cansado de continuas dudas y del amargo sentimiento de la pérdida de lo divino, no ofreció resistencia alguna a su entorno, acogiéndola con los brazos abiertos; sería en la contemplación del mar y del cielo donde volvería a encontrar su relación con Dios y la convicción en la inmortalidad del alma.

Habría que demostrar si el Majorero experimenta su vida sobre una relación religiosa, si bien su completa entrega no requiere más demostración. Para Unamuno el Majorero era *"fogoso y perseverante, como los hijos de un volcán"*, y ha sabido unir desde

seinem Durchhaltevermögen. Er lernte, sich seinem Schicksal zu ergeben und entging so der Resignation und der endgültigen Emigration.

Der Frieden und die Gelassenheit, die aus diesem Sichergeben entstanden sind, stehen in keinerlei Widerspruch zu dem täglichen Hoffen auf ein „gutes Jahr". In ihren Beschwerden kritisieren die Majoreros nicht ihre Insel, sondern beklagen die Umstände, die es erschweren, auf ihr zu leben. Sie sind fest davon überzeugt, Besitzer eines Kleinods zu sein - und das nicht erst seit dem Erscheinen des Tourismus.

Aus dem Mittelalter in die Moderne.

Mit Francos Tod im Jahre 1974 und dem Beginn einer demokratischen Regierung ist im Laufe der letzten Jahrzehnte auch auf Fuerteventura das Moderne Zeitalter angebrochen. Einige fordern lautstark die Überarbeitung einer Lebenshaltung, die sich über viele Jahrhunderte bewährt hat und von bösen Zungen als Passivität bezeichnet wird. Eine umfangreiche Infrastruktur hielt mit der touristischen Industrie ihren Einzug. Es wäre arrogant, die Entwicklung des 20. Jahrhunderts auf Fuerteventura nicht als Segen für seine Einwohner zu betrachten. Zum ersten Mal in der Geschichte dieser Insel, seit der spanischen Eroberung, herrscht die Aussicht auf ein sicheres wirtschaftliches Einkommen. Wieder einmal ist das tägliche Brot des Majoreros von den klimatischen Verhältnissen abhängig, nur im umgekehrten Sinne. Statt Regen braucht man jetzt so viele Sonnentage wie möglich!

Die Generationslücke zwischen den Alten und Jungen ist groß. Den Alten fällt es schwer, die andere Seite der Münze zu erkennen und die Besorgnis der nächsten Generationen zu verstehen. Die Jungen kämpfen um eine Stellung in der Führungspolitik der Insel, auf der sich, bei den ersten Zeichen wirtschaftlichen Aufschwungs, auswärtige Zuwanderer mit dem entsprechenden Know-how festsetzten. Nicht schnell genug gelingt es, den Ausbildungsrückstand aufzuholen, um sich in der modernen Welt behaupten zu können.

Ratlos fragt sich die ältere Generation, was sie ihren Kindern und Enkeln mit auf den Weg geben sollen. Ihre Traditionen und Erfahrungen haben scheinbar ihren Sinn und ihre Notwendigkeit vor dem Tourismus verloren. Die einfache Tatsache, daß es Arbeit, Schulen, Straßen und eine Sozialversicherung gibt, empfinden sie als lang ersehntes Wunder. Die Jungen versuchen, das Wunder zu ver-

siempre ambos atributos. Los hijos de esta tierra se impregnaron de esa forma de ser y permanecen *apasionados* en su sentir hacia la isla y *perseverantes* en su capacidad de resistencia; aprendieron a rendirse a su destino con todas sus contrariedades, escapando así de la resignación y del auténtico destierro definitivo.

La paz y la tranquilidad resultantes de esa serenidad no son opuestos en absoluto a la diaria esperanza de un mejor futuro. Los Majoreros no critican su isla en sus quejas sino que se lamentan de los inconvenientes que hacen tan difícil vivir en ella. Están absolutamente convencidos de ser los propietarios de una joya, y no precisamente desde la era del turismo.

De la Edad Media a la Edad Moderna.

Con la muerte de Franco, en el año 1975, y con el nacimiento de la democracia despuntó en los últimos decenios en Fuerteventura la Edad Moderna. Con ella se redescubre una actitud frente a la vida, demostrada por sus habitantes siglo tras siglo; algo que las malas lenguas definen como pasividad, posiblemente las mismas que necesitan repasar su propia posición vital.

La industria turística trajo consigo nuevas infraestructuras. Sería demasiado arrogante no calificar la llegada del siglo XX en Fuerteventura de bendición para sus habitantes; por vez primera en su historia desde la conquista española domina la perspectiva de un ingreso económico seguro. Resulta irónico pensar que una vez más el pan de cada día de los Majoreros está sujeto al quehacer de los elementos, sólo que en un sentido contrario: en vez de lluvia ahora se necesitan tantos días de sol como sean posibles.

El abismo generacional entre mayores y jóvenes se antoja insalvable; a los primeros les resulta difícil reconocer la otra cara de la moneda y entender la inquietud de la próxima generación, mientras que los jóvenes luchan por conseguir un puesto de mando en la política, donde ya se manifestaron ante el primer atisbo de auge económico inmigrantes foráneos. Aunque quizás no de forma suficientemente rápida, se trata de recuperar el tiempo perdido al nivel de formación para poder tener un lugar propio en el moderno mundo competitivo.

Los mayores se preguntan que deben dejar para el camino a sus descendientes. Sus tradiciones y experiencias parecen haber perdido su sentido y necesidad ante el turismo. El solo hecho de que exista trabajo, colegios, calles y seguridad social se revela ante sus ojos como un milagro largamente añorado. Los jóvenes intentan administrar el milagro, pero tie-

Westküste
Costa Occidental

walten und müssen einen Weg finden, die Lebensweisheit ihrer Väter und Großväter in die Moderne zu übersetzen. Ein Beispiel dafür ist, daß Unamunos Warnung von den Juegos Florales, sich nicht im Inselstreit untereinander zu verzetteln, ihre Aktualität nicht verloren hat. Trotz der Generationslücke verbindet den jungen Majorero kein geringeres Identitätsbewußtsein mit Fuerteventura als das seiner Vorfahren. Schließlich und endlich verwandelt sich auch jeder Auswärtige irgendwann in einen Majorero. Er muß nur lange genug bleiben, um ausreichend Sand zu schlucken.

Mit welchen Attributen sollte ein Zugereister ausgestattet sein, um einen längeren Aufenthalt auf der Insel in Erwägung zu ziehen?

Er sollte das Leben bejahen, wie Unamuno, auch wenn er nicht auf der Suche nach Gott ist und dabei Gedichte schreibt. Sobald er sich von seinem zivilisierten Überangebot an visuellen Reizen erholt hat, muß er die Kargheit, zumindest beim zweiten Hinsehen, als wohltuend empfinden. Er braucht eine gewisse Bereitschaft, die Insel „hereinzulassen", um ihre Schönheit mit der Zeit entdecken zu können. Außerdem muß er über ein gewisses Maß an Mut verfügen, denn auch ihm wird der Blick in den Spiegel nicht erspart bleiben. Ein kulturelles Angebot wie in Großstädten zu suchen, wäre vergeblich, daher steht nichts im Wege für eine Begegnung mit sich selbst. Der Zugereiste verfügt somit über reichlich Zeit, sich selbst kennenzulernen und zu beobachten. Diese Begegnung führt mit Sicherheit zu Spannungen, die zu ertragen man gewillt sein muß. So mancher hat die Insel fluchtartig wieder verlassen, weil er damit nicht fertig wurde.

Die folgenden, hier allgemein bekannten Sprichworte über Fuerteventura treffen genau den Punkt:

„Man kommt einmal und immer wieder - oder nie wieder."
„Fuerteventura betritt und verläßt man mit Tränen in den Augen."
„Fuerteventura liebt man oder man haßt es - Gleichgültigkeit gibt es nicht."

Eines steht trotz vieler Worte außer Zweifel: Die Begegnung mit dieser Insel ist ein Naturereignis - unaufhaltbar, beeindruckend, atemberaubend.

nen que encontrar un camino para traducir al mundo moderno la sabiduría heredada de sus padres y abuelos. Un buen ejemplo es el consejo de Unamuno de los Juegos Florales tan vigente aún hoy en día, no dispersarse en la disputa entre islas. A pesar del salto generacional, el joven Majorero está unido a Fuerteventura por una conciencia de identidad idéntica a la de sus antepasados.

Con la llegada de la nueva época no sólo el modo de vida ha cambiado, también la población lo ha hecho, pasando a formar parte del paisaje nuevas gentes llegadas de lugares muy dispares. Cada uno de esos forasteros corre el riesgo de convertirse alguna vez en Majorero; sólo tiene que permanecer el tiempo suficiente para tragar los granos de arena necesarios.

Varias son las características que ha de reunir un recién llegado para llevar a buen fin una larga estancia en la isla. Debe decir "*sí*" a la vida al igual que hiciera Unamuno, aunque no esté buscando a Dios ni escriba poemas. Tan pronto como se haya recuperado de su civilizado exceso de sensaciones visuales, tendrá que descubrir la isla de forma positiva y, en vez de oponerse a su aridez, estar abierto a ella para reconocer su belleza. Además habrá de armarse de un cierto estado de valor: buscar una oferta cultural como en las grandes ciudades es un esfuerzo que pronto se revela inútil. Sin embargo nada se opone a la oportunidad de poder encontrarse con uno mismo. Dispone de mucho tiempo para observarse y reconocerse. Este encuentro posiblemente de lugar a tensiones que hay que estar dispuesto a soportar. No son pocos los que han abandonado la isla a la desbandada por no poder resistirlo. El saber popular ha expresado con inmejorable acierto los sentimientos despertados en los forasteros por esta tierra:

"Uno vuelve una vez y vuelve siempre o nunca jamás."

"A Fuerteventura se llega y se abandona llorando."

"A Fuerteventura se la quiere o se la odia, la indiferencia no existe."

Pero al margen de tantas palabras, una cosa es, sin lugar a dudas, innegable: el encuentro con esta isla es un fenómeno irresistible, impresionante y sensacional.

BIBLIOGRAPHIE
REFERENCIAS BIBLIOGRÁFICAS

AZNAR VALLEJO, EDUARDO.: (1981) "Documentos Canarios en el Registro del Sello", 1476-1517, La Laguna de Tenerife.

BAS, CARLOS.: (1995) "La pesca en Canarias y áreas de influencia", Las Palmas de Gran Canaria.

BÉTHENCOURT, A., DE, Y RODRÍGUEZ, A.: (1992) "Ataques ingleses contra Fuerteventura" 1740, Puerto del Rosario, Segunda edición.

CASTAÑEYRA, RAMÓN F.: (1991) "Memorias sobre las costumbres de Fuerteventura", Puerto del Rosario.

CABRERA PÉREZ, JOSÉ CARLOS.: (1993) "Fuerteventura y los Majoreros", Centro de la Cultura Popular Canaria, Tenerife.

DEL CASTILLO, PEDRO AGUSTÍN.: (1948-1960)"Descripción histórica y geográfica de las Islas Canarias", Tomo I, Fascículo 4, Madrid.

FERNÁNDEZ DE BÉTHENCOURT, FRANCISCO.: (1952) "Nobiliario de Canarias I"., La Laguna de Tenerife.

FÉRNANDEZ DE BÉTHENCOURT, FRANCISCO.: (1952) "Nobiliario de Canarias, II"., La Laguna de Tenerife.

GLAS, GEORGE.: (1982) "Descripción de las Islas Canarias" 1764, Instituto de estudios Canarios, Goza Ediciones, Tenerife.

HERNÁNDEZ-RUBIO CISNEROS, JOSE MARÍA.: (1983) "Fuerteventura en la naturaleza y la historia de Canarias", Cabildo de Fuerteventura, Fuerteventura.

HERNÁNDEZ RUBIO-CISNEROS, JOSÉ MARÍA.: (1991) "Fuerteventura hasta la abolición de los Señoríos" 1477-1837, Cabildo de Fuerteventura, Fuerteventura.

MARTÍN LUZARDO, JUAN P.: (1998) "Los orígenes de la propiedad del suelo de Jandía", Edición Prema, S.A., Revista Malpaís.

MARTÍNEZ HERNÁNDEZ, MARCOS.: (1992) "Canarias en la Mitología, Historia Popular de Canarias", Tenerife.

MILLARES TORRES, AGUSTÍN.: (1977) "Historia General de las Islas Canarias", Tomo II, Cedirca, S.L., Tenerife.

NAVARRO ARTÍLES, FRANCISCO.: (1990) "El Buen Cacique - Ramón Fernández Castañeyra", Edición Prema, S.A., Revista Malpaís nº 16, Dic.

ROLDÁN VERDEJO, ROBERTO.: (1966) "Acuerdos del Cabildo de Fuerteventura" 1729-1798, La Laguna de Tenerife.

RODÁN VERDEJO, ROBERTO.: (1967) "Acuerdos del Cabildo de Fuerteventura" 1660-1728, La Laguna de Tenerife.

ROLDÁN VERDEJO, ROBERTO.: (1970) "Acuerdos del Cabildo de Fuerteventura" 1605-1659, la Laguna de Tenerife.

SERRA, ELIAS y CIORANESCA, ALEJANDRO.: (1964) "Le Canarien, Crónicas Francesas de la conquista de Canarias", La Laguna de Tenerife.

STONE, OLIVIA M.: (1995) "Fuerteventura 1884, Marcos Hormiga.

TORRIANI, LEONARDO.: "Descripción e historia del reino de las Islas Canarias", Santa Cruz de Tenerife.

UNAMUNO, MIGUEL DE.: (1980) "Artículos y discursos sobre Canarias", Puerto del Rosario.

UNAMUNO, MIGUEL, DE.: (1998) "De Fuerteventura a París", Puerto del Rosario.

VARIOS AUTORES.: (1995) "Una Cuidad Joven- Puerto del Rosario", Puerto del Rosario.

VERNEAU, ROBERT.: (1987) "Cinco años de estancia en las Islas Canarias", Ediciones J.A.D.C., La Orotava, Tenerife.

I JORNADAS DE HISTORIA DE FUERTEVENTURA Y LANZAROTE, PUERTO DEL ROSARIO DE FUERTEVENTURA, 1987.

II JORNADAS DE HISTORIA DE LANZAROTE Y FUERTEVENTURA, ARRECIFE DE LANZAROTE, 1990.

III JORNADAS DE ESTUDIOS SOBRE FUERTEVENTURA Y LANZAROTE, PUERTO DEL ROSARIO DE FUERTEVENTURA, 1989.

IV JORNADAS DE ESTUDIOS SOBRE LANZAROTE Y FUERTEVENTURA, ARRECIFE DE LANZAROTE, 1995.

V JORNADAS DE ESTUDIOS SOBRE FUERTEVENTURA Y LANZAROTE, PUERTO DEL ROSARIO, 1993.

ERLÄUTERUNGEN ZUM DEUTSCHEN TEXT

24. Caballero de Sevilla	Militärischer Titel, der vom König vergeben wird. Alcalde Constitucional Höchster Beauftragte des Verwaltungsapparates der Inselregierung, der im Zuge der spanischen Konstitution den "Alcalde Mayor" des Cabildos ersetzen sollte.
Alcalde Mayor	Höchster Beauftragte des Cabildos, ernannt durch den Señor.
Alfarera	Töpferin
Apañada	Zusammentreiben der wilden Ziegen
Artesanía	Kunsthandwerk
Artesano	Kunsthandwerker
Aulaga	Dornlattich
Barilla	Salzkraut
Barranco	Schlucht
Besugo	Meerbrasse
Bogas	Silberfische
Bonito (del norte)	Thunfischart
Cabildo Insular	Inselverwaltung
Calado	Hohlsaumstickerei
Calima	Nebelartige Klimaerscheinung aus Staub- und Sandpartikeln
Caña de Punta	Angel für den Fang von Papageienfischen
Capitán General	Generalhauptmann oder Stadthalter
Cochinilla	Schildlaus, setzt sich an Kakteenblättern fest
Cofradía	Fischereizunft
Condesa	Gräfin
Coronel	Oberst
Coronel de Guerra	Kriegsoberst
Coronel de Reales Ejércitos	Oberst der Königlichen Heere
Corral	Korral
Correrillos	Postschiffe, die zwischen den Inseln verkehrten und diese auch mit Wasser und Lebensmittel versorgten.
Cosco	Ersatzpflanze für das Salzkraut
Chicharros	Schleppnetzart
Chopa	Brandbrasse
Churros	Eigentlich süsses krapfenähnliches Fettgebackenes, in diesem Fall auf Grund Spitzname für gerollte "Tonwürste"
Cuajada	Quarkartige Substanz, die bei der Fermentierung der Milch entsteht und die später zu Käse verarbeitet wird.
Diezmo	Zehntabgabe
Erbanense	Versteinerter Strand
Escribano	Schreiber
Finca	Grundstück oder auch rustikaler Landsitz
Frangollo	Süsse Nachspeise aus geschroteten Weizen
Gambuesas	Korrale, in denen die wilden Ziegen gesammelt wurden
Gavias	Felder für den Anbau, meist terrassenförmig angelegt
Getúlica	Schneckenart
Gofio	Getostetes Mais- oder Weizenmehl
Goteo	Bewässerungsart mit tropfenartiger Berieselung
Guanil	Wilde, freilaufende Ziegen
Gueldera	Netzart zum Fang von Köderfischen
Inciensero	Ofen aus Ton zur Weihrauchverbrennung
Islas marginadas	Inseln der Randgebiete
Islas menores	Die kleineren Inseln
Jandiense	Versteinerter Strand
Juegos Florales	"Blumenspiele", Fest mit literarischem Wettbewerb
Le Canarién	Aufzeichnungen französischer Missionare über die Eroberung der Kanaren durch J.P. Bethencourt
Lebrillo	Tonschale für das Ansetzen von Brotteig
Mal País	Landschaftsform, die durch die Erkaltung von Lavaströmen entanden ist, die nicht einem Vulkanausbruch, sondern dem langsamen Hervorquellen aus Erdspalten entspringen
Medianero, -tum	Pachtverhältnis, in dem der Pächter die Hälfte seines Einkommens an den Besitzer abgibt.
Mimo	Spitzname für Tabakbaumpflanze
Misperos	Mispel
Moros	Synonym für Afrikaner

Nasa	Reuse
Olla	Schüssel, in diesem Fall aus Ton
Orchilla	Flechtenart, die roten Farbstoff abgibt
Palangre	Mutterfangschnur mit vielen einzelnen Haken
Pajar	Heuhaufen, der innen hohl ist und in dem Vorräte gelagert werden
Patio	Innenhof
Patrón	In diesem Fall der Kapitän
Personero	Kontrollbeamter der Gemeinde
Peto	Pfauenlippfisch
Picon	Vulkanasche, die zum abdecken der Anpflanzungen benutzt wird
Pila	Stein zum Filtern von Trinkwasser
Pleito Insular	Inselstreit zwischen Gran Canaria und Teneriffa
Pósito	Öffentliche Getreidekammern
Potera	Angelart für Tintenfisch
Quesero	Holzverschlag, in dem man Ziegenkäse trocknet
Queso curado	Getrockneter Ziegenkäse
Quinto	Fünftelabgabe
Rabil	Thunfischart
Regidor	Vogt, Ratsherr
Regidor cadañero	Einzigen Ratsherrn, die vom Volk gewählt werden durften
Señor	Feudalherr
Señorio	Feudalherrentum, bzw. Ländereien über die der Feudalherr regierte.
Siroco	Heisser Wüstenwind
Suero	Molke
Tabaiba	Wolfsmilchpflanze
Tabajoste	Tonschüssel mit Schüttvorrichtung, die zum Melken benutzt wird, auch Tofio genannt
Tablero	Hochplateau
Talla	Tonschüssel für den Wasserauffang
Tarajales	Tamarisken
Teberites	Markierungen der Ziegen
Tertulias	Geprächszirkel
Tofio	Tonschüssel mit Schüttvorrichtung, auch Tabajoste genannt.
Torrija	Süsses Fettgebäck aus Weizenmehl mit Anis gewürzt
Tosca Blanca	Kalkstein
Tostador	Tonschüssel zum Rösten des Weizen oder Mais
Torta	Lehm
Trainas	Schleppnetz
Trasmallo	Fangnetz
Vernegal	Tonschüssel für den Wasserauffang
Veroles	Pflanze aus der Familie der Aeonium
Viejas	Papageienfisch

DANKSAGUNG

Am Anfang gab es nur die Idee. Aber wie jedes kreative Werk wurde es immer lebendiger und der Kreis der Personen, die daran Teil hatten, begann zu wachsen.

Ohne das Lektorat von Ilona Krone hätte der deutsche Text nie sein heutiges Format gefunden. Auf jeder Seite erkenne ich ihre Gewissenhaftigkeit und Geduld wieder, mit der sie viele, viele Stunden ihrer knapp bemessenen Zeit diesem Buch gewidmet hat. Weiterer Dank gilt ihrem Mann Bernd, der ihr die Ruhe dafür ermöglichte.

Nachdem die Idee der Übersetzung Gestalt annahm, konnte ich mich nicht dazu entschließen, die Arbeit einem «Nicht-Insulaner» anzuvertrauen. Zu meinem Glück fand ich in nächster Nähe Angelika Vogel und Concha Rodriguez Manotas, die bereit waren, trotz all ihrer sonstigen Verpflichtungen. sofort ans Werk zu gehen.

Zu guter letzt gesellte sich Roberto Fernández Castro zu uns, der sich freiwillig anbot, den spanischen Text zu redigieren. In seiner kargen Freizeit machte er das Unmögliche möglich.

Dabei sei betont, daß ich niemals Wert auf eine wörtliche Übersetzung meines Textes gelegt habe. Im Gegenteil, die Übersetzerinnen und Roberto sollten zwar eine inhaltliche Treue zum Text bewahren, hatten aber stilistisch vollkommen freie Hand. Jede Sprache birgt ihre eigene Kultur in sich, und so ist glücklicherweise ein eigenständiger spanischer Text entstanden.

Die Menschen, die an dem schriftstellerischen Teil mitgearbeitet haben verbindet, daß sie trotz ihrer umfangreichen beruflichen und familiären Verpflichtungen bereit waren, für dieses Projekt ihre Freizeit zu opfern. Keiner von ihnen ist gebürtiger Majorero, aber sie haben diesen Ort vor vielen Jahren zu ihrer neuen Heimat gewählt. Die Magie dieser Insel macht auch vor Zugereisten nicht halt. Uschi und Chris verschenkten Urlaub und Freizeit, um mir in der Endphase beizustehen.

Sie alle teilen mit mir die Liebe zu Fuerteventura und hoffen, durch ihre Mitarbeit einen Teil dazu beigetragen zu haben, daß die bewegte Geschichte dieser Insel und der mutige Charakter seiner Bewohner nie in Vergessenheit geraten mögen.

NOTAS DE AGRADECIMIENTO

Al principio solo había una idea. Pero como es propio de cada obra creativa, no tardó en tomar vida propia haciendo que el circulo de colaboradores creciera desde su origen.

Sin la supervisión de Ilona Krone el texto alemán nunca hubiera tomado su forma actual; cada página es buena muestra de la escrupulosidad y talento dedicados en tantas y tantas horas de su preciado tiempo. Gracias a su marido Bernd, su marido, quien no ha escatimado esfuerzos proporcionarle la tranquilidad necesaria.

Cuando caló la idea de la traducción se hizo inevitable la decisión de no dejar este trabajo en manos de un no-isleño. Por fortuna Angelika Vogel y Concha Rodriguez Manotas estaban cerca de mi, dispuestas a afrontar sin demora tan ardua labor sin importar el resto de obligaciones a que debían de hacer frente.

Finalmente se unió a nosotros Roberto Fernández Castro, quién se ofreció desinteresadamente a repasar el texto español para darle su forma definitiva, haciendo posible lo imposible. en su escaso tiempo libre.

Es de gran importancia hacer hincapié en que jamás estuve interesada en una traducción literal del texto alemán: tanto las traductoras como Roberto han gozado estilísticamente de mano libre, manteniéndose fieles a un mismo tiempo al contenido del texto original. Cada idioma alberga su propia cultura y y en este caso tenemos la suerte de encontrarnos con un texto español independiente.

Todas las personas que han colaborado en la parte literaria de tienen en común el haber el haber sacrificado buena parte de su tiempo libre en interés de este proyecto a pesar de sus obligaciones familiares y profesionales. Ninguno de ellos es Majorero por nacimiento, pero todos han hecho de esta isla su nuevo hogar desde hace ya muchos años. Todos ellos comparten conmigo no sólo el amor a Fuerteventura sino también la esperanza de haber aportado su granito de arena, para que la historia de esta isla y el valiente carácter de sus habitantes nunca llegue a caer en olvido.